SIMPLIFYING TRAINING

減法訓練

減去不適合的方式 科學化高效體能訓練

從喜愛「運動」到認真「訓練」，還有多少似是而非的想法？

廖歆迪　著

第 1 部 訓練的理論基礎與科學根據
CHAPTER 01　訓練不是加法

CHAPTER 02　體能交互關係

CHAPTER 05　耐力訓練

CHAPTER 06　專項需求

第 2 部 5 大熱門專項訓練與應用技巧
CHAPTER 07　健身專項應用

CHAPTER 08　攀岩專項應用

懂得善用「減法」
重組你的訓練

在肌力與體能訓練的範疇裡，舉凡功能性訓練、肌肥大訓練、大重量肌力訓練和特殊族群訓練等皆有各自的擁護者，使新手在接觸訓練的初期，往往以「神農嚐百草」的精神，對各種方法都想嘗試。但人都是獨立個體，身體組成與目標都不同，在生活環境的配合程度與目標也不盡相似；即便是同一種運動，在業餘愛好者和職業運動員的訓練模式也不能一招打遍天下。

相信喜歡肌力體能訓練的讀者，常存有「訓練量太少」、「No pain, no gain」的迷思，甚至對身體組成只有「增肌減脂」的粗略概念。

這本《減法訓練》闡述各類運動科學理論，深入淺出地介紹體能、力量、速度、耐力及各種專項需求，並告訴讀者「偽科學」及臨場實務的經驗；如果你運動時間有限，那更需要這本《減法訓練》，學習增加訓練效率、減少運動傷害，拉長身體自我修復的時間。

我是一名熱愛運動的復健科醫師，與作者廖教練雖出身不同領域，但理念相似，喜歡追求各類領域知識，隨時抱持好奇與懷疑，融入自身實務經驗，不擁抱特別的訓練教派。期待讀者看這本書時，也能擁抱各種運動知識，並用「減法」重組你們的訓練模式。

復健科醫師
部落格「健身醫，二三事」作者
卓彥廷

訓練累不保證一定會進步
要用聰明的方式達到目標

　　對廖教練的第一印象是嚴苛的退伍軍人形象，但後來真正認識他後，感受到他對於自行車的熱忱，把所學的訓練知識運用到自身，並且參與了許多全國賽事，而不是學術和實務分開的研究生而已。

　　在這資訊發達的年代，我們很容易接收到許多相關訓練的資訊，每種訓練法都各有其優缺點，也針對不同的目標，有不一樣的變化與安排。但每個人時間是有限的，不可能照單全收，再加上訓練並不完全是1+1=2 的效果，有時反而會互相牴觸。如果能了解書中提倡的減法訓練，判斷哪個訓練項目可以先放下，讓時間有更好的運用，更可以有效率的達到所規劃的訓練目標。

　　《減法訓練》這本書中，廖教練讓我們重新認識三大體能元素（力量、速度、耐力），釐清其定義，以及相關的生理機制與訓練方法，更清楚這三大體能元素的交互影響。作者從自身參與的各項運動中，來分析不同運動項目所需的能力，提供執行體能訓練時的方向。最終我們了解到，不應抱著 "No pain ,no gain" 的心態來設計訓練課表，訓練不是為了賺累，累也不是進步的保證，可以用更聰明的方式，達到我們想要的訓練目標。

自由教練暨物理治療師
李永逸

了解科學只是一個開端
懂得應用才是知識的價值

　　非常開心分享這本書，除了廖歆迪是我體大的學長之外，加上這本書是從科學的角度搭配學術理論做為開端，並於後半部整合出他多年的實務經驗交互組合而成，因此，在閱讀起來相當的流暢易於上手，甚至懷念當初唸書的場景。

　　在運動與訓練這條路上，我想每一位讀者做法應該都差不多，初期接觸肌力與體能訓練的過程，都會依循著教科書或文獻研究的方法來執行；但這個資訊便於取得的年代，不停尋找對選手有幫助的訓練是身為教練的職責之一。可是隨著訓練經驗的增加我們才真正地意識到，實際一對一或者一對多的操作中，總有著與教科書上所寫的知識理論不同的出入點，所以我很喜歡作者在開頭提到的第一句話「訓練沒有最好的方法，只有最適合你的方法」。

　　然而，在運動科學理論的大架構下，教練都會有針對每個訓練者進行微調的必要性，廖教練除了不藏私地把他長年訓練的經驗分享給我們外，也同時讓大家有著身歷其境的感受，並講述在各個不同單項訓練中追求進步的心路歷程。

　　這是一本在實際應用上非常好的訓練工具書，值得走在訓練路上的朋友們一同閱讀，也能檢視在訓練過程中，是否走在正確的路上。了解運動科學只是一個開端，懂得應用才是知識賦予給我們的價值。

2019 世界棒球 12 強 中華隊體能教練
林衛宣

減法訓練

點燃初衷
科學化體能訓練的入門寶典

　　身為教練，不管是 coach or trainer，必定希望能協助學生完成設定的目標，逐步穩健地邁向未來願景。鑑於語言隔閡、以及運動市場需求大幅領先運動教育體系的發展，台灣的教練科學推廣，與西方先進國家相比，仍然在磨合階段；即便到了 21 世紀的台灣，我們還是會看到許多近乎土法煉鋼的訓練案例。訓練安排沒有充足的理論基礎，也無法連結明確的訓練目標，有時甚而適得其反，造成不必要的運動傷害。

　　這本書成功地將教科書等級的教練科學專業內容，轉化為深入淺出的入門工具書，從基本觀念、能量系統、課表安排到不同運動專項應用，一應俱全。讓教練們在面對學生的運動表現需求時，能夠更加對症下藥，並用科學角度切入合理預期的訓練成果。

　　即便是面對大眾客群，這本書亦能夠有效提升教練的教學涵養，並藉由科學訓練帶給學生正面且甜美的訓練成果，點燃心中的火炬，進入運動訓練的新視界。畢竟每個人都希望自己變得更好，就如同敝品牌的一句格言 "We Empower The Fighting Spirit in You." 這也是所有教練們的天職，以及共同的努力目標。

UFC GYM Taiwan 創辦人

吳怡翰

用一個原則
貫穿全書的優質訓練書

　　這本書是談論體能與力量訓練中，少見由國內教練自己撰寫，內容扎實而且有其自成一格的訓練架構與脈絡，重點是設定了明確的訓練原則，這些都極為難得。

　　在讀這本書的過程中，十分感動，一來是很少有看到有國內的教練願意花這麼多精力把自己的知識與經驗整理成冊向大家分享，光這點就值得敬佩。再來是看到作者已經演化出自己一套訓練框架與脈絡，並且在理論與訓練法之上形成一個高層的訓練原則—「訓練是減法，不是加法」，對所有的訓練內容形成規範，這更是難能可貴。

　　《減法訓練》這本書可以幫助我們把當前訓練的優先順序排出來。這並不容易，知道「不練什麼」需要智慧，也需要勇氣。正如同作者的經驗：「在決定我『不要』什麼的時候，往往都非常困難。因為所有的方法，聽起來所能達到的效果都如此誘人！」

　　這本優質的訓練書雖然沒有琳琅滿目的訓練動作讓你學習，但它可以幫助你從「減法」的視角做出判斷，去掉多餘的訓練，幫助你在訓練之路上，避開路上誘人的果實，勇往直前，向著最終的標竿前進。

KFCS 總教練

徐國峰

頂尖的訓練
需要高強戰鬥力

　　廖教練是我國立體育大學的學長，他像每一位前輩一樣，在我作為競技體能教練的前方，用背影引領著我不斷的前進。在以往開始學習訓練時，我如同有人格分裂般的情況，其中一個我，追求訓練方法，但不明白他背後的生理機制以及原理，在訓練中途遇到要調校時，往往會困惑不已；而另外一個我，探究訓練觀念，但沒有掌握實際訓練的人事時地物等各項限制，在真的要開始訓練那一刻，腦海一片空白。競技體能訓練是一門「理論上可行，但實務上也要可行」的應用科學。

　　從事競技體能工作轉眼之間也邁入第八年，訓練方法與觀念日新月異，無論「理論」還是「實務」上的更新，都需要在原先具備的「體能訓練架構」上作出修正，然而，所謂「體能訓練的架構」又是什麼？往往很難說的清。

　　廖教練透過《減法訓練》清楚的章節，搭配淺顯易懂的說明文字，讓訓練架構這塊神秘的百慕達三角洲，漸漸地隨著閱讀過程，顯露出他美麗且清晰的樣貌。

　　你如果想要做好體能訓練工作的話，可以做些什麼準備？關於這句話，我想模仿投資大師巴菲特（Warren Buffett）所說：「每天像這樣讀500遍《減法訓練》，真功夫就是這樣累積的」。所以，推薦這本好書給你，一定要買回家，三餐、如廁，反覆詳讀。

狂猿競技體能
鍾忻宸

沒有最好的方法
只有最適合你的方法

身為教練，我們經常期許自己是在做教育工作；而往往在為了申請任何東西必須要填寫個人資料的時候，我們也很喜歡把自己的職業別勾選為「教育訓練業」而非「服務業」，我們常把自己的客戶稱呼為「學生」，而每年的九月二十八號，也總是不免俗地會有幾個學生送上「教師節」禮物或卡片。

久而久之，我們似乎真的把自己是以「教育者」的身分在看待；若經歷一段長時間的教課而沒有讀書或參與研習學到新的工具或手法，我們就會感到空虛或甚至恐慌，覺得自己原地踏步，沒有資格繼續拿同樣那套自己僅會的一招半式來「教」我們的學生。

結果某一次在錄製 podcast 節目的時候，受訪來賓是格鬥選手；而他們圈子裡的做法，是選手會經常在不同健身房或拳館擔任客座教師。當我問道：「你喜歡教學的工作嗎？」結果來賓的回答是：「沒有！我喜歡分享。我有好東西給你，你如果喜歡就拿去用。」

是啊！如果仔細想想，在本質上「教學」和「分享」是有著很細微不同的兩件事。教學是有著「我比你高明」的意味在裡面，你學的人要有義務去學會，而且最好你以後都是使用「我的版本」去做事情；而分享則是我相信我的東西很好，你可以考慮採用，而且是用最適合你的方式，融合到你現有的架構裡面。

對我而言，擁抱教派是種自我侷限，而不預設立場但依然對所有理論和做法保持懷疑與批判的眼光，才是能持續精進的正道。

所以為什麼會想要出書？曾經我也覺得，在運動、健身和體能訓練

的領域，我會的東西幾乎沒有一樣是自己原創或發明，反而都是我去跟別人學習而來的。而如果我不是創造了什麼九陰真經之類的武林絕學，又何德何能可以去跟大眾吹捧說我的做法如何好用？

　　不過現在的我明白，正因為我的長處在於把新學到、聽到或看到的方法，以最適當的方式融合到自己的現行做法裡面；而這種區辨的能力和做出這些區辨所需依循的背景架構，可能在現今的健身族群當中較為困乏。

　　健身和運動的參與人口，在過去幾年呈現爆炸性的成長；然而在這個圈子裡所流傳的相關知識，依然是相當片面地公說公有理、婆說婆有理。也導致了有些時候，我們會看見各種抱持不同信念的運動愛好者們互相抨擊和謾罵，但卻缺乏理性討論與對談，以致難以認清各種方法其實都有它適用的範圍和條件；如果脫離了這些應用範圍，再好的方法都會變得毫無用武之地。

　　甚至較為可惜的是，許多行之有年的誤解或迷思，依然在圈子內廣泛流傳，只因為人們傾向於相信自己所想要相信的事情，或者是把「言論與立場」錯認與「自己的存在價值」劃上等號，進而盲目地捍衛這些說法，不願意多方觀察證據做出修正。

　　因此，在 2019 年底開始製作「SSE 訓練漫談」podcast 節目的初衷，就是希望終極能夠創造出一個運動圈內「各領域專家」對談的平台，讓不同身分角色的人們能夠對互相的工作範疇更為理解；並且讓廣大的運動愛好者們不僅能擁有更多獲得知識的管道，更重要的是能夠對這些知

識內容做出適當的區別判斷，以培養出更好的市場。

　　到目前為止，創造對談平台的這件事情，我依然持續在以 podcast 的形式努力著；而緣起於我所受的研究所教育、那一門稱作「訓練學」的必修學科，所架構出來幫助我分辨各種不同訓練方法的應用價值，這種類似於大學「概論課」的背景知識，我則希望能夠透過書籍的方式，用更加清晰的條理與次序介紹給讀者們。

　　這是一本寫給教練和運動員的書，但其實只要你是運動愛好者，希望脫離「只是單純動動流個汗」的模式或讓自己的運動更有成效，相信閱讀本書依然能夠有很大的收穫。

　　我先前曾任職於一間格鬥風格的健身房，它有一句格言是說："Everyone is a fighter." 意思就是，你不一定要進到鐵籠裡被人家打，只要你的生活中滿挑戰、就可以用戰鬥的態度去克服，每個人都有屬於自己的 fight。

　　同樣的，不管你這一輩子有沒有要參加任何運動競賽，只要你希望變強，這本書的觀念與資訊都會對你有所幫助。

　　而如果你目前的身分正是教練或運動員，那麼我誠摯歡迎你加入思考訓練的行列。以前研究所教訓練學的老師，最喜歡在給我們看過某種運動項目、某個訓練方式或某項檢測數據之後，問我們一句：「你要怎麼練？」

　　這也成為我日後給自己的一個期許！身為一位體能教練，我的目標就是盡可能拓展自己的學識和經驗，讓未來無論任何項目的運動員找上

我，我都能夠分析他的需求、評估他的強項和弱點，並用我的方式為他帶來進步且告訴對方「你要怎麼練。」

我始終相信在訓練上，沒有最好的方法，只有最適合你的方法。期望本書的內容，是能夠協助你找到最適合運動與訓練方法的一個開端！

CHAPTER

第**1**部

訓練的理論基礎
與科學根據

1

訓練不是加法

　　所謂的「訓練」（training）和「運動」（workout/exercise）到底有什麼差別？主要是在訓練當中我們講求目的，而這個目的，不僅是單純的「我想要感覺身心舒暢／玩到一個很有趣的項目／獲得極大的成就感」等等，而是有想達到的境界，有時程的限制，並且與自身目前的現狀有所差距，必須詳細規劃過程中的每個步驟，還要不斷透過各種測驗來追蹤進度與修正計畫上或執行中的錯誤。它是透過科學的方式，把過往經驗上「身體接受負荷、疲勞恢復與運動表現提升」的過程，透過觀察並且善用數據化的紀錄，整理歸納出各種指導原則。

從事「訓練」的意義

　　所以既然是我們要做「訓練」，想必對於練的「方法」就要斤斤計較。雖然很多時候我們會講「過程的重要性勝過結果」，但想必沒有誰會故意使用較差的方法，意圖去獲得很差勁的成效。

　　追求「有效」的執著，往往讓人深信存在「最有效的方法」也就是「最正確的訓練方法」！然而科學演進的本質，就是從前的方法會不斷被後來的方法修正或推翻；所以長遠看下來，沒有任何一個方法是絕對「正

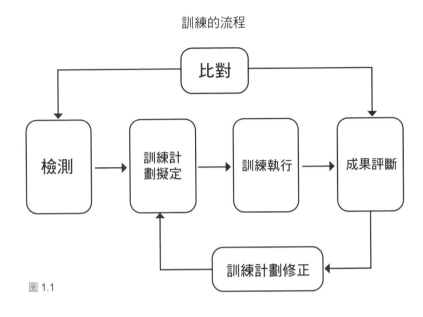

訓練的流程

比對

檢測 → 訓練計劃擬定 → 訓練執行 → 成果評斷

訓練計劃修正

圖 1.1

確」的，而是「在那樣的時空背景條件下」最適合「你這個人」來採用。

有時候會碰到人家問我，教練你的學生一定都是專業運動員喔？其實不是！在業界從事私人教練的工作將近 10 年，我的客戶估計有七成以上是沒有參與任何形式的競技運動；包含絕大多數以遠端課表執行功率訓練的自行車客戶，除了可能每年一次參加挑戰類型的活動做為成果驗收之外，也幾乎半數以上是不比賽的。那麼針對不比賽的客戶，為何需要用到這些好像是拿來給頂尖運動員做的訓練？

對這個問題，我的回答是：不比賽的客戶，我不會刻意把你變成運動員。但，難道休閒運動就不能做「訓練」？就不能有明確目的？不能追求進步嗎？當然不是！答案恰恰相反，所有讓一般大眾能夠受益的訓練原則與方法，都是源自於教練在幫頂尖運動員追求進步時的堅持和執著，最終以更平易近人的版本、讓平凡如你我都能從中受惠。就像在賽車場上對引擎馬力、油耗、電控系統和撞擊安全的諸多追求，到最後都

能夠科技下放，讓你在家用的四門房車上也可以享有。

退一萬步說，普羅大眾都應該要有「接受訓練」的權利和資格！但如果你只是想要簡單地動一動，對「目的」和「成效」不抱有太多想法，單純只為了接觸新奇活動的樂趣或感受刻苦努力後的暢快感，我其實完全樂見也全力支持。

但是過往於商業健身房任職的經驗，許多「教練」經常為了達成銷售，必須要想辦法替會員設立目標和規畫出令人興奮的願景；特別是對於前述「沒有目標」與不抱有太多想法的新會員，好像幫他們生出目標來就變成教練的責任！

廖教練講故事

我跟幫我籌畫這本書的出版經紀人認識，是在我剛踏進業界的第一份工作；當時經紀人的兒子是甲組的高中棒球投手，上場的機會不多，希望藉由體能訓練來提高球速並爭取出賽機會。在此，「提升球速」就是明確的目標，「讓教練願意派你上場」則不在我們的掌控範圍之內。

但透過「爆發力訓練」和改善「身體的活動度」顯然是個合理的做法；當練出了這些與球速相關的基本體能之後，再協助轉介給我認識的技術教練來修正投球方式，就有機會真正達到球速改善。

至於從一開始評估此目標是否有達成的可能性？以及在雙方達成共識之後，用盡一切方法、使命必達地去幫客戶設計以及執行訓練內容，就是我做為教練的職責；若沒有把握達成，或是「明知無十足把握，卻仍沒有做好全力以赴的打算」，就不該勉強接下來以免浪費彼此時間。

> 不幸的是在從業生涯中，看見教練辜負或者利用客戶的這一份信任與期待，儘管心裡想著「我帶他這樣練應該沒什麼用」卻依然課照上，錢照收……此種現象也看了不少！

以前每當要做到「幫學生想目標」這件事情，不管是出自於部門主管的要求或是由學生自己說「教練你幫我訂個目標好不好？」，我都相當地困惑和頭痛；因為以我個人的運動經驗，目標總是從一開始就明確定在那裡的。

當我抱著目標去找教練，我的預期是教練會幫我評估這個目標是否實際、告訴我為了達成目標必須花多少的時間與辛勞血汗，以及有沒有比我現階段所能想像還要更好的方法；甚至最終，也許可以因為教練的引導，讓我更加認清其實我必須追求的是什麼？

所以成為自由教練以後，我總是告訴剛指導的新學生，我的教學理念是姜太公釣魚，願者上鉤。在你沒有目標以前，我會用我的觀察將「我認為你需要學會」的方法和「我覺得你應該具備」的身體能力，幫你練下去；但我不會自動自發負責去幫你畫一個大餅，試圖說服你去達成「我幫你設立」的每一個里程碑！

如果你找不到目標，過一段時間之後你可能會因為感到學得夠了或覺得無聊了，而結束與教練我的合作。而若你有明確的目標？英文有句話說："Your wish is my command."（君之所想，吾之所望），身為教練，當以使命必達的心態，替你達到你所想望的目標。即使這意味著，學生可能會因目標的達成而離開教練？無所謂！因為達到目標的成就感是我們雙方所共同擁有的。

因為追求與達成目標，本身就是訓練最迷人與最過癮的地方。

越加越多卻彼此「衝突」的訓練方法

回想起自己剛開始練腳踏車的年紀，常常會聽到車隊裡的前輩說：「迴轉速要踩得順，騎乘效率才會好，大概要把平路120rpm能夠維持一分鐘作為基本標準。」不然就是「想要有足夠的腿力，就必須要經常踩重齒，爬坡最多只允許自己使用到後面倒數第二片的齒片，這樣在關鍵的時候，才有儲備的多一個爬坡檔可以用。」

等等！所以騎腳踏車到底是練重踩比較對、還是輕齒迴轉比較對？還是說要先練輕齒、再練重踩？可以兩個一起做嗎？還是說，目前的我比較需要練哪一個？

隨著參加的比賽項目越多樣化，類似資訊上的衝突也一再發生。有些前輩鼓吹要做扎實的長距離低強度（LSD, Long Slow Distance）訓練，騎的時候禁止心跳超過130bpm，而有些人說做高強度間歇最有效了，練的時候就是要衝到心跳180bpm以上；有些人說比賽前要吃牛肉，有的則是說吃素耐力才會好。有的說不要做重量，因為肌肉變大爬坡會變慢；有的則說預防傷害就是需要重量訓練，尤其若想保護膝蓋就特別需要強化大腿的股四頭肌。有些人說訓練應該要重質不重量，良好的恢復勝過一切；但又有些人說你就是練不夠，想那麼多騎就對了！

抱著諸多的疑惑也缺乏一位教練的正式引導，我就這樣瞎練四、五年；不但常常「奮發圖強」沒多久之後就發生中斷，也很少能夠在少見的整段規律訓練期間採取特定方法並且從一而終。即使從一些小比賽中獲取到好成績後，也不曉得要如何從這次的成功經驗繼續，反而鬆懈或者怠惰，讓進一步趁勢突破的大好機會就這樣從指間溜走。

唸研究所之後，也經常在文獻搜尋的過程中，針對同一個議題找到許多不同結論的論文，其中一個範例就是「力量訓練」之於「耐力運動表現」的效果。由於我的項目背景是自行車公路賽，之後才轉到場地車的短距離項目；練場地之後習慣了做重量的各種好處，就滿腦子想要把

這種「我覺得特別好用」的方法推薦給耐力運動員。

結果想不到文獻蒐集一做下去，才發現學術界對於「從事力量訓練可以提升耐力」的講法，持反對意見或不置可否的居多，支持的卻很少；多半都是在實驗與對照兩組「耐力表現相同」的結果之下，以「最大力量」或「爆發力」（甚至肌肉量）的提升，來佐證「有外加做重量訓練很好」的觀點。

而且在多方涉獵相關證據之後，居然覺得連我都對少數這些支持「力量訓練可以提升耐力素質」的論文不甚滿意！可能一方面是因為自己的訓練背景，會從教練和選手的角度，去檢視論文的實驗設計是否符合實際應用狀況？而非只單純接受論文作者的觀點，從他想要我看事情的眼光去解讀實驗結果；另外一方面也要歸功於高中大學時所受的理工教育，能夠以批判思考的方式去對新的資訊做出評價。

也就是說，雖然我「希望相信」做重量對騎腳踏車有許多好處，但是在檢視相關的科學證據時，卻總是刻意換位思考，假設自己是持反對意見的學派，去試著用「雞蛋裡面挑骨頭」的心態找尋這些論文的弱點；就好像當兵時班長說的，要知道自己的防禦陣地有沒有做到良好的隱蔽，就是要「以敵方視角反瞰」進行測試。

結果，還真的被我找到許多讓這些論述站不住腳的地方，以致當時就打消了學位論文要做這個主題的念頭。（不過話說回來，在剛畢業出社會的那幾年，此議題又有了許多令人興奮的新證據出現，重新改變了我的看法，詳見第五章「耐力訓練」內文（P.155）說明。）

從上述情節我們可以知道什麼？首先，許多聽起來很棒的訓練方式，比方說「空腹訓練可以提升脂肪燃燒」、「運動後要攝取高蛋白才能促進肌肉生長」、「做最大力量可以提升方向變換的敏捷表現」、「練高強度間歇能改善有氧耐力」或「強化臀肌可以避免下背痛」等等，它們其實都很對，但也都可能有不好用的時候。然後如果你刻意去找尋反方

向的例證，你幾乎百分之百都可以找到聽起來也一樣很有道理，但做法上完全衝突的建議。

再來就是，其實人類是感情動物，連對抽象的理論我們都可以有不理性的喜好；而無論出自於自己本身過往經驗的關係（先入為主），或是出自於追求同儕認同的部族主義（tribalism, 或稱作派系之爭），這些喜好都會影響我們對於知識的判斷；除非有扎實的理論基礎、和清晰的邏輯思緒，否則在面對新資訊的時候，我們的判讀都難以公正客觀。

話題回到單純的訓練上面，如果你知道「練 A 會導致 B 的效果」和「練 C 會有 D 的效果」，而這兩個講法感覺上都很有道理也很吸引人；那問題來了！你要怎麼練？

你會 A 和 C 都做嗎？如果是這樣的話，A 訓練要做多少？C 訓練又要做多少？這樣判斷的依據是什麼？（是因為你 B 和 D 的能力都很缺乏嗎？）以及要怎麼評斷練出來的成效好不好？還有如果時間不夠用，或者身體負荷不來，那你應該優先放棄 A 還是優先捨棄 C？

在這裡我們就碰到了兩個問題，首先是你「假設」訓練跟數學上的加法一樣，把 A 和 C 疊加在一起就會得到 B 加 D 的成果。

然而事實是，你不知道同時進行 A 和 C 訓練會不會產生什麼反應，也許是互斥，也有可能是擴大加乘！（就像大家應該都熟知，吃止痛藥會增強抗凝血藥物的作用，所以如果某人平常就有在服用心血管疾病的藥物，頭痛時隨便吃個普拿疼可能會意外的搞到引發胃出血。）

再來是，當我們要判斷自己該首重加強 B 的能力還是 D 的能力？在進行這個判別的時候，無可避免地會受到個人喜好的影響。而這個喜好，往往影響我們冷靜客觀的決策能力；再加上若沒有極為良好的紀律，又缺乏事前的規劃，訓練內容常常是變成「今天想到什麼」才做什麼，那麼經過一段時間回過頭來看，往往發現我做的都是我最喜歡和最擅長的內容，而主要的弱點卻都沒練到。

所以許多即便是成績頂尖突出的運動員，自己過往的訓練經驗既豐富、又熟知許多理論與方法，他們依然會聘請教練來規劃自己的訓練內容；目的就是找到公正客觀的第三者，在進行這些判斷的時候避開因自身喜好所產生的盲點。

接下來，我們會一步一步帶領你，認識訓練的幾種基本原則與思考邏輯，希望讓你自己就可以成為那公正客觀的第三者。

廖教練講故事

許多年前我帶過的一位高中羽毛球選手，後來在國內知名體育院校的球類系就讀。某次他放假回來找我訓練，說到他的比賽後半段都會衰退，來回多球數的體能也不夠好。詢問他隊上有沒有在帶體能訓練？他回答：「有啊！都做很多的跑操場，200、400 或 800 公尺間歇衝刺。」

我當時問：「你們有規定這課表要跑到多少秒數嗎？」他的回答是沒有。於是我告訴他：「那你稍微應付一下，不要最後一個回來就可以了，千萬別全力衝！」

球類最需要的耐力體能，是 5 秒內最大速度爆發的「磷化肌酸」無氧能量系統，以及低強度慢跑的「有氧系統」。而做 200、400 或 800 公尺衝刺，練到的是會大量產生乳酸堆積的「無氧醣酵解」系統，以羽毛球選手來講根本就不對；所以我們就先把他從訓練中「減掉」，不但減少疲勞與破壞，而且還可以保留珍貴的體力資源，去讓其餘的訓練可以更有效。

在寫稿的這個當下前不久，這位選手終於奪得全國排名賽的冠軍。作為一個專業的體能教練，你必須知道教選手不要練什麼；儘管這樣要求可能意味著他要去「偷懶」或「假裝」做做樣子！但很多時候在台灣常見的傳統訓練方式之下，最會偷懶的選手反而成績都最好。

資源有限但欲望無窮

在聽到什麼訓練方法都覺得很好、覺得什麼效果都想要的時候，你很快的就會發覺時間不夠用、金錢不夠用以及體力也不夠用，硬要通吃的下場就是什麼都練不到位。因此，我喜歡用經濟學上的「資源有限」來描述這個現象。

簡單舉第一天加入健身房的新手為例，他當初簽約是因為被業務推銷「增肌減脂」的講法所吸引，所以入會之後迫不及待的就想要達到這個目標。結果教練告訴他，依據絕大多數訓練體系的教科書建議，要有效增加肌肉就必須每週訓練 3 次，此外為了減脂必須提高總熱量消耗，因此最好再加上每週 2 次、每次 90 分鐘的低到中強度心肺訓練，差不多等於報名 2~3 堂團課。

結果這位新會員卯起來一週要訓練五天，都快要比上班還認真，任何需要經常出差加班、有男女朋友、已結了婚要顧小孩的人⋯⋯幾乎可以保證做不到。他的「資源」是時間，每個禮拜就是只有兩天，也許硬擠可以湊出三天的空檔可以運動；此外他的資源也有可能是體力，因為以前從來沒有運動過，所以體力不好，勉強一週練 5 次的下場是完全無法恢復，從第二個禮拜就嚇到了，吵著找業務要解除會籍。

另一個比方是我從事過的競賽項目「場地自由車」。場地賽的短距離項目，比的長度從 200 公尺到 1 公里不等，而且場地賽的腳踏車沒有變速器，比賽要用的齒輪比在上場之前就必須先選好裝上。

短距離賽制有很多項目，包含爭先賽、競輪賽、團隊競速和 1 公里（女生是 500 公尺）個人計時。舉 1 公里個人計時為例，這個項目需要很高的極速、極強的加速爆發力，起跑瞬間必須要有踩得動重齒的最大力量，賽程後半段要有抵抗肌肉衰退的速耐力，而為了應付平日大量的訓練，要能夠課表「吃得下」吸收得了且不會消化不良外，還要有強大的有氧耐力，才能在每一趟和每一天的訓練後恢復過來。

也就是說最大速度要練、爆發力要練（包含騎車的加速衝刺訓練和健身房裡的跳躍訓練）、最大力量要練、速耐力要練以及有氧耐力要練，如果再加上技術訓練（修正起跑動作、實驗不同齒輪比對成績所產生的效果、調整座艙設定追求減低風阻和追著摩托車練習高速操控等等），也是隨便數一數就有十幾件事情要做。

既然同時要全部做到肯定是沒辦法，那麼只好分在不同的時期做重點加強。但是，又該怎麼去決定哪個時期要先做哪幾項或不做哪幾項？

<u>訓練就像做生意</u>，是拿資源（時間、金錢和體力）去換取滿足欲望（訓練成果）的算計；<u>而經濟學告訴我們，資源是有限的，但欲望是無止盡的</u>，所以本書的名稱才會定為「減法訓練」。它不是一個新的訓練學派，而是要傳達一個重要觀念：很多時候，好的訓練設計不是在於搞清楚「我要練什麼」這麼單純，而是在於決定「我先不要練什麼」！

人都是貪心的，因此在決定我「不要」什麼的時候，往往都非常困難。因為所有的方法，聽起來所能達到的效果都如此誘人！因此貫串本書的理念，就是要教會各位讀者，如何做出哪些東西「先不要練」的正確判斷。

畢竟人生在世，最自由、最瀟灑及最任性的態度為何？不是保證「我能做到什麼」，而是說出「我可以，但是我不要！」

邊際效用遞減

所謂的邊際效用遞減，是我從經濟學借來的另外一個例子。每一筆生意，都會有它的效應；但隨著同樣的生意越做越多次，它的「邊際效應」也會隨之遞減。比如說你今天運動完肚子超餓，花 79 元買一個大麥克，吃下去感覺好爽啊！但是只有大約七分飽怎麼辦？再花 79 又買一個大麥克，但這第二個大麥克吃下去，卻感覺不像第一個那麼好吃了。這時候如果再逼你花一次 79 元，你可能就會想翻臉了，就算是我幫你出那

79 元買來請你吃，你大概也只吃得下一半。

　　訓練也類似，剛入門的新手怎麼練就怎麼進步，但隨著越練越多，你就必須開始斤斤計較我練到的是什麼生理機制（吃進哪些營養素）、多練一點是不是效果會變差（第二個漢堡會不會變難吃）、是否會產生負適應（第三個漢堡硬吞下去會不會吐）之類的考量。

　　為什麼要計較？因為有成本要算啊！買漢堡要花錢，訓練要消耗體力嘛！而且你請教練要比買漢堡還要花上多好幾倍的錢，而花這些錢並不是在「賺累」耶，要練到有效才算數，甚至是光有效還不夠，最好還要能比別人練得更有效。

　　所以在此想讓各位思考的是，既然每多吃一餐的邊際效益都有限，那麼你多吃的那餐到底該如何做選擇？要吃漢堡、牛排、薯條還是義大利麵？

　　簡單來說，你若是長跑選手，跑步就是你的主餐；你若是柔道選手，柔道訓練就是你的主餐；你若是籃球選手，基本動作、戰術跑位練習與對抗賽就是你的主餐。世界上有多少種競技運動，上面的照樣造句就可以再寫多少次；專項永遠會是你的「主菜」；而體能訓練都是加上去的附餐。

　　在本書裡面，會不斷強調「排列組合」的重要性，期望透過最佳組合可以利用到體能交互關係（Interaction）這個原則，讓練出來的效果最好。所有體能訓練的模式或方法，它的實務應用價值都應該要以這個前提來判別；因為體能訓練是支持專項訓練的基礎，它只是個手段，不是目標本身。

　　所以，選對訓練內容就很重要，因為「邊際效應」會遞減。健美先生在做的肌肥大訓練拿去給籃球員照做，得到的效果會是很差的；因為籃球員有練籃球專項的體能負荷，無法「吃得下」健美先生那麼大量的訓練內容。（甚至，如果你把某個籃球員的專項訓練完全停掉、只讓他

做跟隊友一樣的肌力課表，他增長肌肉的效果可能還會稍微好一點；因為總熱量消耗變少了，而多餘出來的、因為捨去籃球訓練而省下來的能量，就更能夠幫助新的肌肉組織合成。）

同樣是專項訓練佔掉很多時間的籃球員，如果在安排重量訓練的時候是以最大力量為主、穿插單邊的功能性動作為輔，每個動作限制在 2~3 組之內，則不但時間效率很好，對身體的負荷也較少，又會對場上表現有極佳的效果。因為這些訓練所刺激到的身體機制，與球場上的能力更直接相關；但在球場上遭遇的負荷不會像做重訓這麼強大，因此雖然用這種方式做重訓乍看之下好像練的量不多，但對人體是一種新穎的刺激方式，就會有較佳的邊際效用呈現。

很多時候，我們訓練上的內容一成不變，是因為過往成功的經驗。但是身體會隨著訓練的進程而產生改變，上次用了有效的方法，無法保證現在拿來用也依然有效；而停滯不前會導致運動員適應能力的僵化，越久缺乏變化，下次得到突破的機會也就越加困難。

而因為人每次只能集中精力做少數幾件事情，還有每隔一陣子同樣的訓練方法得到的成效就會變差，必須做出改變。因此訓練上必須要分期、分階段，每個階段有不同的重點；此即所謂「週期」的概念，在第二章將會詳細敘述。

教練不是科學家

在一開始我們提到，訓練的特點是有明確目的，其使用的方法是經過科學研究歸納所得到。因此好的教練，必須接受過科學的教育和具備有科學家的素養。

然而，在實務工作上，教練不必同時也是科學家。教練在設計訓練的方式必須符合科學精神，包含依據過往經驗與證據搭配目前手上狀況，大膽做出合理推測並且進行嘗試；但最後決定施行下去的方法，卻不一

定需要先經過「科學驗證」的步驟，也不必如同科學實驗的設計般，要在特定小細節上經過百般思量。

因為科學研究本身是嚴謹的，也經常是繁瑣而冗長的；而訓練工作所遭遇的環境等各種外在條件隨時都在快速變動，無法停下腳步來等待。因此從事「訓練」需要極佳的臨場反應，往往不能對各種條件有良好控制，也無法等待到科學研究的驗證程序結束，才決定是否採納特定方法和手段。

直觀上，對於訓練效果最佳的驗證就是比賽成績！但是比賽成績，又往往不會只受到訓練成效的影響；包含機運、氣勢、戰術的決策及隊友間的合作程度，乃至於賽事裁判的判決，都能影響到比賽結果。所以最終，訓練中所曾採取的一些作為，到底對比賽成績起到了什麼作用？其實很難確知。

那麼既然「訓練成效」對「比賽結果」的影響，原本就容易分不清楚的話，刻意要去用最嚴謹的方式分析檢討，似乎又沒什麼太大意義。因為更要緊的是，這場比賽雖然才剛結束，但針對下一場比賽的訓練又已經要開始了。

科學家的任務，是拓展現有知識的疆域；而教練的任務，是要把現有的訓練知識做最佳化的選擇與運用。從根本上來說，兩者的身分不同，因此也無須強求某方要去具備對方的能力。但值得注意的是，這樣的描述，往往會使人誤以為科學家肩負著教育和引導教練的責任。

然而在現實世界中，這順序往往是顛倒過來的！因為教練的工作領域充滿著各種靈活的變動，因此他的做法也會有許多臨機應變的發揮（improvisation）；而常常是在選手的成績出現突破性的進展或取得指標性的勝利之後，眾人才會開始注意他的訓練方法有何特殊之處？而科學家也才會開始介入，進一步研究為何這樣的訓練方法有效，從舊有的理論中找尋合理解釋，並潛在提供開創嶄新學說的契機。

理論是對現實的邏輯化描述

在訓練工作上，最忌諱抱持理論去扭曲現實；當兩者看似互相矛盾的時候，應該探討是否現實狀況的條件與理論前提不同，或者回過頭去檢討是否應該對理論提出修正。因此，教練「可以」同時也是科學家，但「作為一位科學家」不應該是我們對教練的要求。

欲做好訓練的本業，教練必須要熟悉科學研究的流程和方法，並且要能夠掌握科學家所使用的語言，以便溝通意見、對科學家提出他對訓練方法研發和驗證上的需求；但他可以不必自己去參與執行這些研究過程。而當科學家提出了研究的結果，教練要必須能夠看懂這些數據所代表的意義，並負責將這些意義傳達給他的運動員理解。

猶如大家所熟知的，課堂上自以為聽懂了老師的講解，常常做習題或考試之後才會發現自己學習上的盲點；而學完了一門課和實際能把課程內容應用到工作上，又是兩碼子事。從這個觀點來解釋，教練應該要接受完整且扎實的科學教育，才能夠有助於精進他的本業；但是「做科學」也就是從事研究，則不是教練的事情，應該要交給科學家。

換言之，教練在做的是訓練；他可以兼著做科學也可以輔助科學家進行研究，但最終負責回答運動員「我要怎麼練」的，是教練，不是科學家！

CHAPTER

體能交互關係

　　本書是圍繞著「體能訓練」這個主軸所撰寫的。而當我們談到「體能」的時候，你會想到什麼？在談論體能的時候，要知道它是相對於運動的「技術」來說的。所謂體能，就是要發揮運動技術所需的「身體能力」；而技術，則是為了完成特定動作或任務，在準確度、力量與速度的最佳展現。體能與技術兩者互相依存，共同支配了專項運動的場上表現。

三大體能元素

　　技術的訓練，基本上屬於各個專項的範疇；所謂隔行如隔山，即便外表看起來相似的運動項目（例如美式足球與英式橄欖球），其技術特性依然具有相當大的差異。但相對地「體能」訓練，在不同專項之間依然有著高度的通用性，因為我們在試圖改變一樣的人體、應對類似的生理機制和運用相同的訓練原則。

　　因此，作為一名優秀的體能教練，必須具有分析專項特性的能力；要能夠知道眼前所面對的這個運動項目，需要哪幾項體能元素的的支撐。當然，體能教練若是有從事過同一項競技運動，那麼在訓練內容設計上

經常有加持效果。不過「曾經做過這項運動」並非能替運動員設計體能課表的必要條件；甚至是在不同的專項之間，也可能因為觀察事物的眼光，比較不受到該項目傳統做法的「包袱」所限制，有時候甚至有助於突破訓練作法上的盲點。

不同專項運動之體能與技術對照

運動專項	體能	技術
短跑 （100~400公尺）	速度 爆發力 速耐力	起跑 加速跑 彎道跑 終點壓線
網球	ATP-PC 無氧耐力 爆發力 有氧耐力	發球 抽球 上網截擊
公路自行車	有氧耐力 無氧耐力 力量耐力	過彎 跟車 / 躲風 高速控車 卡位 拿補給
攀岩	上肢力量 核心穩定性 有氧耐力（先鋒賽） 無氧耐力（先鋒賽 / 抱石賽） 速度（速度賽） 爆發力（速度賽 / 抱石賽）	Layback Cross-over Drop knee Pogo Hand/Foot Jam
射箭	上肢力量 軀幹穩定性 神經系統抗疲勞能力 有氧耐力	拉弓 瞄準 放弦

表 2.1

依據德國科隆運動大學出版的「訓練學」教科書，可量測的體能主要有三個組成元素：力量（Strength），速度（Speed），與耐力（Endurance）。所有的運動，都必須以這三個體能的角度進行分析，才能夠進行全面而有效的體能改善，進而協助支持或突破運動場上的水準。

至於其他還有哪些身體素質是與運動的發揮有關？平衡、柔軟度、肢體協調能力、敏捷度、視覺及空間感，乃至於核心穩定度和動作模式。這些「身體素質」並非不重要，但為何似乎較少被歸類在「體能」的範疇？我個人的詮釋，是因為力量、速度和耐力，最容易以簡單且客觀的「量化」（也就是數據化）方式描述與追蹤。

不過，強化平衡、柔軟度、協調與敏捷等等身體素質的工作，通常也是落在體能教練的頭上。雖然在技術訓練上，這些能力也可以被加強；但比較理想的做法，是透過技術教練的眼光，觀察和識別選手在這些身體素質上的不足，然後再交由體能教練來協助選手進行強化。這種分工模式，主要是由於技術教練的優勢和體能教練所使用的工具方法各有擅場；但缺點就在於，若是雙方對彼此的工作內容在認識上不足就容易起衝突。

不過在雙方見解發生歧異的時候，多半是由專項技術教練（也就是總教練）的意見為依歸，體能教練則必須設法配合隊伍、選手和專項教練的需求。這樣的做法並非來自於屈服權威，而是因為體能教練所扮演的角色是「輔佐」支撐選手，在技術發揮的背後要有相對應的體能水準。

而既然在分工上的主客角色相當鮮明，在思考訓練內容的設計時，體能教練就要能適度的放下堅持避免反客為主，在追求自己心目中最理想的訓練時、對最終要「達到好的技戰術發展」產生妨礙。

右圖顯示了體能三大元素彼此間的交互關係。在訓練上，若巧妙地應用到此種組合效益，將會是非常省時而有效的做法，也方便於幫助決定「先不要練哪一個」能力，先「減掉」哪種訓練方式。

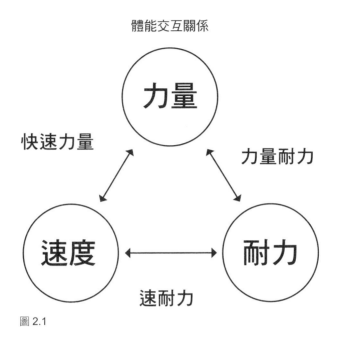

體能交互關係

圖 2.1

三種體能元素的可訓練性

但值得注意的是，此三種體能元素，在經過訓練後潛在可進步的空間（即「可訓練性」）差別頗大。比方說，想像一個這輩子從來沒有喜歡做過任何運動的年輕人，剛開始讓他持續慢跑 10 分鐘以上，不要停下來用走的，都可能因為側腹痛或喘不過氣來等原因而無法完成；但在經過當兵的入伍訓之後，就有辦法在 18 分鐘以內跑完 3000 公尺。若以「持續運動的時間」為指標來計算進步幅度，這幾乎是達到原先水準 200% 以上的突破！

若以類似的概念，要讓一個未經訓練的成年男性躺在板凳上做「仰臥推舉」，可以推得起的最大負荷也許在 30 公斤上下；但同樣以類似於

入伍訓的一個月時間訓練，則在訓練週期結束後可能只進步到 42 公斤，而非「兩倍」的 60 公斤。

這就說明了「力量」的可訓練性比「耐力」還要低；以類似的時間和體力消耗投入訓練後，練耐力得到的進步幅度會比力量大得多。然而「速度」的可訓練性則在三大體能元素當中屬最低，同樣以未經訓練的成年男性舉例，假設他現階段 100 公尺可以跑 16 秒整，那麼同樣地練了一個月後，可能只進步到 15 秒 50 而已！以半秒鐘的成績來計算，只達到 3.12% 的進步，簡直是只有前面兩項的零頭。

由於三個體能元素的「可訓練性」不同，故在制定訓練計畫的過程中，「可訓練性」也經常被納入該「減掉」哪幾種訓練的考量。比方說以車齡不到 2 年的休閒自行車騎士，六個月內想要挑戰從南投地理中心碑騎上海拔 3275 公尺的武嶺，他的主要訓練內容就是會以耐力為大宗，力量訓練只占 5~10% 的總訓練時數，而速度方面的訓練則會被我「減」掉。

▎何謂可負荷性？

與「可訓練性」相對地，則是體能的「可負荷性」。所謂可負荷性，意指身體在受到訓練負荷之後，能否以不生病及不受傷的前提承受這些負荷？並且以合理的速度，在生理層面上達成再生與恢復？此與訓練對象的生理特徵、訓練年資甚至是短至 1~2 天前所做過的訓練內容與疲勞狀況都有關。

同樣以前面的休閒騎士為例子，假設週一的課表內容是兩趟 40 分鐘、心跳維持在 80% 最大心跳（Zone 4）的中強度訓練，則隔天尚未達到免疫系統與內分泌功能上的恢復，肌肉收縮蛋白也受到某程度的破壞，則不適合安排力量訓練。

以完全相同的例子，若是套用在經常參加比賽的菁英選手，則因為

有氧耐力好和恢復速度快，同樣在週一練 2 × 40min 80%HRmax 的課表，隔天也許就可以照常做重量訓練，甚至可以在重訓之後增加 1.5 小時的緩和騎乘，以加速排解做重量所帶來的疲勞。這就是因為菁英選手的「可負荷性」高過初學者許多，因此以同樣的「兩趟 40 分鐘中等強度訓練」安排，需要的恢復時間與隔日課表安排可以完全不同。

廖教練講故事

　　我自己親身訓練過的一名自行車客戶，在過去的數年內參加過幾場相同路線、但是分別由不同賽事單位所主辦的西進武嶺。剛開始他參加的是新北市自由車協會的 "Never Stop" 系列活動，屬於自我挑戰性質；但在 2019 年他改選擇了國產輪胎廠 Kenda 所冠名贊助的「建大武嶺盃」，而這場的競賽氣氛就較為濃厚，參賽者的普遍水準也較高，更類似正規的比賽。

　　從挑戰賽到正規賽事，最主要的不同在於對手的體能和技術水準，與強調自我實現的挑戰賽相比都提高不少，因此在賽程的前半段會有所謂的「集團」產生；也就是大家會騎成前後簇擁與肩並肩的一大群，互相合作以求減低風阻及提高速度。

　　但是集團騎乘也有其壞處；因為行進的速度是由「大家的默契」所共同決定的，所以如果這個速度比你的個人能力稍快，騎士將會面臨我要放慢下來依照自己的配速？還是勉強辛苦一點，搭上這班特快車來取得均速的優勢？兩難的局面。

　　此外，騎士在集團內的位置，也對於擋風的效益或者發起回應攻擊的靈活度有決定性的影響。但是好的位置有限，當大家都想搶那幾個位置的時候，就會有許多微幅的加減速動作產生！

　　這位學生是個竹科工程師，對於計算瓦特輸出、營養補給、體重以及監控心跳區間等生理上的數據都非常熟悉，Never Stop 的比賽也參加過好幾次，因此對賽程路線並不陌生。但是他很少參加

正式的公路賽，也不擅長緩坡丘陵地形，對於集團騎乘沒有多大把握。

更糟糕的是，他的爆發力很差；雖然在集團內爭位置不需要全力衝刺，但是在關鍵時刻多用力踩個兩腳的巧勁，也是屬於偏向速度和爆發力。

所以記得在本節先前的內文，曾說過騎腳踏車爬武嶺我通常會優先把速度訓練給「減掉」嗎？但在這個例子，我反而鼓勵這名學生去參加很多的平路團騎，提升速度能力和在集團內的穿梭技巧，結果當年的武嶺盃果然再次達到成績的大幅突破，而事後學生的回饋是「前半段真的很好騎，有練公路賽真的差太多了」！

訓練沒有標準答案，對不同的運動員往往有不一樣的解法。

體能訓練流程與超補償假說

體能訓練的流程分為獲得、維持及消失三個階段（Zatsiorsky & Kraemer, 2006）。沒有任何事物是恆久不變的，而訓練的成果也是一樣。在大多數討論訓練的資訊當中，大家的關注焦點都在「怎麼練才能進步」這件事；然而我們忽略的是，「怎麼練才能避免退步」其實也很重要。

「維持體能」的訓練，經常出自於現實的考量。譬如出差、旅遊及休假等工作與生活上的改變；或者如先前所描述，若將訓練上的不同時期著重在不同的體能元素，那麼後續階段除了要在新的元素繼續取得進步之外，也必須確保先前已達到的訓練成果能夠維持。

身體承受負荷之後，為何會導致體能水準的提升？這個現象可以從很多不同的生理機制加以解讀；但最廣為接受的一個簡化說法，是由前蘇聯學者 Nikolai N. Yakovlev 所提出的「超補償原理」。（所謂的原理，在科學上是指「沒有什麼辦法可以證明為真，但用在解釋大部分現象都行得通」的假設性前提。）

廖教練講知識

文獻中較常看見超補償概念的發明者為 "N. N. Jakowlew"，其實這就是俄國學者「尼可萊 · 雅可烈夫」名字的德文音譯（德文的字母 W 發音與英文的 V 相同），因為此一概念最早出現於科學文獻中是以德文發表在 1944 年的 "Leistungsport" 期刊。先前本人曾經在網路文章誤稱為「雅可路」。

早先，Yakovlev 發現的是動物肌肉和肝臟中肝醣的含量在運動後變低，並且在休息恢復之後高於開始的水準。但是光以肝醣含量的變化，尚不足以解釋所有運動能力的提升。因此之後的學者們開始把這個原理擴大解釋，認為人體若受到刺激，破壞了自身機能原本維持的恆定狀態，造成機能下降；那麼在恢復的過程中，機能的回升並不會停止於「回到原有水準」而已，而是會短暫向上延續超越初始狀態。而且這個超越的現象是可逆的，當人體沒有繼續接受刺激，生理機能就會退縮到先前的水準。

換言之，如果這個外在的刺激強度不夠大，不至於「超過」生物體現有所能「承受負荷」的程度，那麼在恢復機制作用結束之後，生理機能的「補償」就不會「超過」原有的水準；也就是說，「超負荷」是「超補償」能夠發生的前提！

這樣的理論，似乎完美詮釋了「身體接受負荷 ▸ 疲勞恢復 ▸ 運動表現提升」的過程。然而，疲勞是必然的嗎？如果我們能夠想辦法欺騙身體，讓它「認為」自己現在太弱，不趕快變強的話會無法抵禦外在壓力等等；但實際上在這個過程中，卻能夠不造成真正的破壞及不產生太嚴重的疲勞，以避免生理機能和運動表現大幅下降呢？

又或者，同樣程度的擾動和破壞是否有可能在更短時間內達到恢復？還是說即便破壞的程度和恢復所需時間相同，但可不可以透過恢復

過程中一些手段的採用，讓超補償的效果更為顯著？相信這是所有教練想要知道的答案。

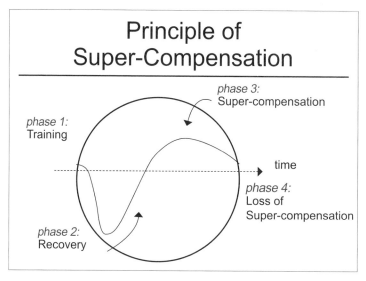

圖 2.2「超負荷－超補償」的過程（取自 Olbreht, 2013: "The Science of Winning"）

　　因為超補償作用所產生的體能頂點只是暫時的，若能有效掌握到超補償的節奏，將下一次的訓練刺激安排在超補償曲線頂端，那麼就可以成功將體能水準漸次往更高的程度推進；而如果下一次的訓練是被安排在整個超補償曲線已走到盡頭，體能已退回到訓練前的水準，則此種訓練的安排就僅能維持目前的能力狀態，不致繼續退步。這就是本節開頭所提到最重要但也最容易被忽略的「維持運動能力」的訓練模式。

　　根據右圖 Jan Olbrecht 所提出，不同類型的訓練或競賽負荷，所達到超補償的天數也不同；此外依據（Zintl, 1994）所提出，運動後身體各項

元素再生所需時間，從最短的 3~5 分鐘至長達數週都有。因此儘管我們每天都能夠安排訓練，但是一個好的訓練設計若考慮到上述恢復再生與超補償所需時間長短，則每天的內容安排必定會有所不同。

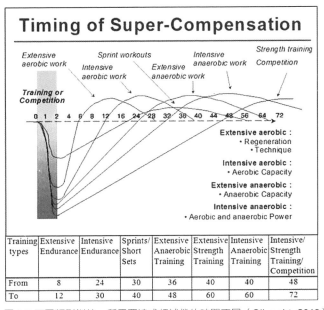

Training types	Extensive Endurance	Intensive Endurance	Sprints/ Short Sets	Extensive Anaerobic Training	Extensive Strength Training	Intensive Anaerobic Training	Intensive/ Strength Training/ Competition
From	8	24	30	36	40	40	48
To	12	30	40	48	60	60	72

圖 2.3 不同類型訓練，所需要達成超補償的時間不同（Olbrecht, 2013）

　　以下試舉團隊運動項目的例子進行說明，下圖是一個假設的球類運動專項期訓練內容安排，層級是大專乙組校隊，每週訓練六天、每天可以訓練的時數上限為 2.5 小時，總時數約 8~10 小時。由於重量訓練所需花費的恢復時間最長，因此優先安排一週 2 次的頻率、其餘訓練內容則圍繞重量訓練的需求進行安排；其次技戰術會是最重要的練習主軸，每週可安排多達 4~5 次，但必須注意做完力量訓練之後的身體狀況較為疲勞，因此若要安排技戰術應該以量少及難度低的輕度訓練即可。

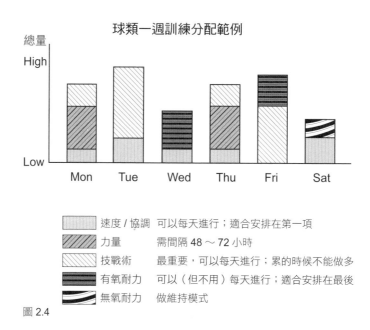

圖 2.4

　　其次，有氧耐力訓練對身體負擔不大，但由於球類的技戰術練習本身已包含耐力的體能負荷元素，因此每週安排有氧耐力的次數不用多，並以「訓練目標明確」（啟動 ATP-CP 能量系統的有氧恢復機制）的方式設計，不可強度過高以免動用到無氧醣酵解能量機制。此外在所有的練習當中，耐力訓練在稍微疲勞或精神不集中時仍會有效，因此適合安排在每天最後一個項次實施。

　　速度與協調訓練，主要改善機制是屬於神經控制，因此必須在狀況最佳或集中專注力最高時進行，故每天訓練應做為第一個項次。好的神經系統刺激不可練到疲乏；而也因為練完之後身體尚未疲乏，因此後頭接續技戰術或力量訓練是可行的。最後，無氧耐力訓練的身體負擔較大、並非本階段的主軸，但仍是球類競賽必須要具備的體能環節（視項目特性）；因此每週只練一次，且安排與力量訓練間隔 48 小時以上，在休假日之前進行。

如何評價一個「好」的訓練安排？好的訓練必須要有相當高的時間效率。以大專乙組運動員為例，參與的學生有極高的熱情，希望比賽能獲得佳績；然而乙組球員想必不會以運動作為未來的畢生志業，因此在追求競技成就的同時，訓練時間也絕不可過長，必須顧及學生的課業本務；故每天的訓練時數最短可能會在一個小時以內，且週六假日也不會長時間操練。

　　此外技戰術的組合僅占整體訓練時間不到一半，但由於總量不高，因此保留球員有進行個人自主訓練及針對重要技術弱點個別加強的空間。最重要的是，由於每天的訓練安排不同，除了符合超補償所需的時間特性之外，也維持運動員心理上的新鮮感，可以期待每天都有不一樣的練習，下次再練到同一個內容的時候也比較容易發現自己的進步與改善，不易因為枯燥不變的練法而產生疲乏。

▌超補償原理也適用中週期

　　最後值得一提的是，超補償原理不僅適用於以小時或以天為時間單位的範疇，它也適用於對「中週期」（meso-cycle）連續幾天甚至好幾個禮拜的綜合訓練，其累積的慢性疲勞與恢復效果及賽前減量調整策略。事實上，在耐力運動訓練中，每三個星期的密集訓練通常會安排一星期的減量訓練，已是各理論學派在週期設計上習以為常的作法（Allen & Coggan, 2010）；而針對賽事所進行的賽前減量，則通常會在最後一個週期的正規訓練（可能長達四個星期）結束之後，搭配一到兩週的超負荷，再接續兩週的減量程序（Mujika, 2009）。

　　雖然在訓練應用上，能力越好的運動員越需要應用連續的訓練，以達成教練理想上「足夠」的超負荷；然而連續數週的超負荷或連續多日的高強度刺激，也帶來另外一個風險即過度訓練（overtraining）的可能性。

　　訓練上所謂的過度訓練症候群，並沒有單一明確的成因，但通常與

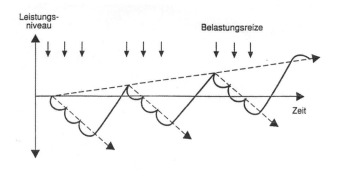

圖 2.5 連續多次的訓練，刻意產生更強的超負荷，適用於能力較強的
運動員（Heemsoth, 2009）

1. 訓練量與訓練強度同時增加、2. 恢復不確實以及 3. 多重複合的身心壓
力等等有關，進而造成賀爾蒙與免疫系統功能失衡，且呈現「長時間停
止訓練依然難以回到先前水準」的現象。

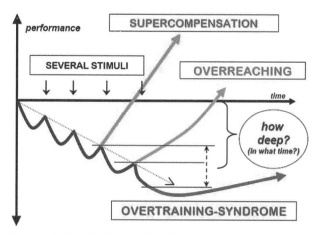

圖 2.6 超負荷與過度訓練只有一線之隔（Olbreht, 2013）

而在實務上，與「過度訓練」有著相似的生理跡象（力量與爆發力下降、安靜心跳提升、最大心跳降低、心跳律變異性減低、淺眠與訓練動機低下等等）；但只在短期間呈現這些症狀，經過減量調整就即可恢復又可稱作 over-reaching，部分文獻中翻譯為過度延伸或超量訓練。

廖教練講知識

某些學者與教練認為，藉由達到 over-reaching，可以讓能力較佳的運動員達到更有效的超負荷；雖然需要較長的時間走完恢復過程，但也可以因此達到較佳的超補償效果，因此適合在重大比賽的賽前減量進行操作。然而在科學研究上，這方面的證據目前尚相當分歧。

超補償原理並非完美，它也有很多缺點，如果硬要在所有現象上去套用，也很容易發現到許多與現實情況矛盾之處（Hottenrott, 2010; Krüger, 2014）。在做為一個基本的指導原則上它依然非常好用；也因此在這個理論被發明出來的半個世紀後，仍是所有教練在設計訓練時，最優先參考的學說。

訓練與適應

對於一再重複出現因訓練或競賽所導致的生理壓力，剛開始身體可能會感到無法承受，每次都覺得在超負荷。而同樣的壓力，持續一段時期以同樣的頻率累積總次數和運動的總時間，突然某一天忽然覺得不再困難可以承受了？這就是生理「適應」的基本概念。

在訓練過程中，是不斷對良好適應結果，也就是所謂「正適應」的追求。適應的程序包含：1. 生理平衡受到干擾、2. 身體內部對干擾訊號所做出的調整與機能提升、3. 組成新的組織進行修復、4. 擴大適應系

統的穩定、5. 反應作用在減輕訓練負荷的「適應程序」轉變（張嘉澤，2018；Neumann, Pfutzner & Berbalk, 2000; Neumann, 1993）。

從表面上看起來，適應程序所描述的就是前一節所談到的超補償原理。然而，適應的真正價值在於先穩定身體感到「這個負荷可以承受了」的狀態，並且以此狀態做為下一次適應程序的基礎。

隱含的意義是，在每個訓練階段，所使用的負荷和施予刺激的頻率，不應有太明顯的增加；要等到身體的能力準備好了，更適合承受「超負荷」打擊的時候，才一口氣增加訓練強度或負荷總量。

用登高來打比方，人要往高處爬，走樓梯一定會比爬斜坡來得簡單。即使宏觀上看起來，可能兩者的「爬升率」、也就是垂直爬升量對水平位移的比值相同，但實際上若有平平的台階可以踩，每一步在腳底下就可以踏得更扎實；萬一不小心踩空了，也還有底下一階的樓梯可以把自己接住，重新站穩，不至於一口氣滾回坡底。

訓練適應的進程

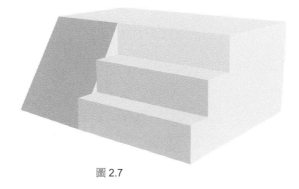

圖 2.7

特別需要強調的是，在承受新的生理負荷之後，初期感到同樣訓練的「負荷減輕」通常在兩個星期左右開始。此時，絕大多數的差別是發生在生物化學的層次（即第 2. 步驟：身體內部對干擾訊號所做出的調整

與機能提升），而非肇因於身體器官組織在結構上的改變。

例如，經過三天高強度訓練，可以改善在相同負荷強度之下的體循環系統壓力，效果顯現於心跳率降低；其主要原因是來自自律神經系統對心跳率調控的作用改善、血漿量增加或能量代謝相關的酵素活性提升等等，而不是因為心臟變大、肌纖維週遭的微血管密度增加和肌肉粒線體增生。

▎不更動負荷強度與訓練方式

由於生化性質的改變屬於「應急」措施，效果較不穩定，故此時不應該貿然更動負荷強度或訓練方式。但是在訓練量則可以做適當調整（增高或減低），以應對前述的生理適應各個步驟之需求。

事實上，根據 Neumann（2000）所指出的耐力適應程序，在「擴大適應系統的穩定」這個關鍵步驟（約發生於中週期的第 20~30 天）時，必須適當減低訓練總量；以利協助同一器官內已達到功能提升或結構改變的不同組織，在作用上達到最佳化。例如：快縮肌纖維得到了較佳的抗疲勞能力之後，在同一負荷強度之下，不同運動單元的徵召模式也隨之改變。

而因應負荷改善了功能的作用肌群，對能量的需求也產生改變，有氧及無氧代謝的「切換」效率亦提升。若能遵照訓練總量下修的指導原則，則於此階段高強度的訓練和競賽是可以被接受的，但「總量的減低」仍是重要關鍵。

此時，運動員主觀的感受經常會帶有假象；若感覺「狀況很好」則容易讓運動員傾向於繼續增加訓練總量，而導致忽然的適應結果不穩定（運動表現下降、疾病或傷害）。因此，訓練量降低的時期，應依據適應程序預先安排，不宜太過倚賴個人的主觀感受倉促決定。

也因為上述的原則，故在安排訓練課表的時候，應避免每天及每次

漫無目的地變換。相反地，除非是賽前減量期或者比完賽、高量訓練之後的過渡期，否則課表最小的變化單位應該是 2~3 週；意思就是，2~3週內的每週訓練內容會相同，第一週的星期三和第二週的星期三訓練課表相同，依此類推。

這樣安排的概念，是要讓「適應」的效果得以達到初步穩固，身體不會永遠都在產生「應急」的變化。就像前面所舉的比喻，樓梯的每一階要先踩得穩，才能夠往上爬得更高更遠。

訓練上，我們要的是「長期」爬得更高更遠，而不是短期內「爬得更快」。然而這往往和商業利益有所衝突；新客戶都希望能看到立即的改變，因此常會迫使教練選擇更立竿見影的訓練方法和負荷強度。

抓緊客戶並沒有錯，你總是要先成交，才有機會替客戶做出長遠的改變；所以對健身房內的私人教練而言，最大的考驗也許就在於設計出長遠能夠「穩定」且「有效」進步的訓練內容，又不至於讓學生感覺枯燥乏味。

認真練不等於成效好

綜合本章所述，如果你無法掌握「超補償」的原則，搞不清楚「體能」和「技術」的分別，對於訓練計畫也缺乏合理安排，甚至根本沒有任何計畫，就很有可能會越練越差勁。此即所謂「負適應」的現象，最終的結果是身體能力下滑而非提升。

因為就算以比較差的身體機能，仍足以應付你所給出的這些訓練架構與負荷強度，那麼就不需要再花費更高額成本來提升自己的性能；又或者是根本來不及從破壞的狀態重生再造，所以儘管好像練得很認真，成效卻不如預期。

所以既然適應的結果也有可能是體能退化，那麼要如何有效地利用人體各種機制，才得到進步提升的效果呢？那就必須要擬訂完善的訓練

計畫，並且運用檢測來訂定精準的負荷強度「劑量」（就如同醫生開藥的概念）；並且要把搭配各種練法的休息時間給抓對，不能太多，也不能休不夠。

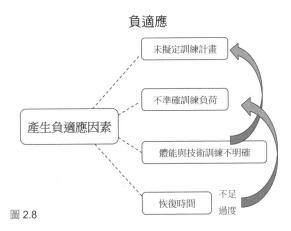

圖 2.8

換句話說，「有練就有差」這種話，絕對不是一位具有專業素養的教練所應該講的。如果教練的功用就只是加重量、開強度或是幫學生喊加油，那他找個訓練夥伴就可以擁有以上功能，不需要額外花錢。

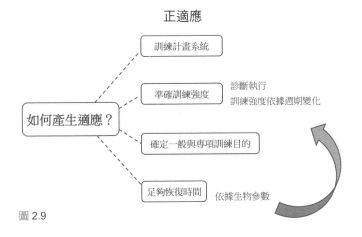

圖 2.9

目標導向的訓練安排

三大體能元素的概念，在以「肌力發展」為優先的美國 NSCA 知識體系，現今鮮少被提及；但早在東德和蘇聯的知識經由冷戰結束進入到北美之前，諸如羅馬尼亞學者 Tudor Bompa 等人早在七〇年代就將此一歐陸系統的訓練觀念帶往英語系國家。

三大體能元素在不同專項的比重

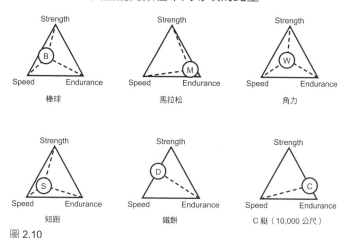

圖 2.10

減法訓練

上圖所示為不同運動專項對於力量、速度與耐力三大體能元素的倚重程度。在當中可以看到，除了少數如鐵餅投擲幾乎不需要耐力展現，以及一萬公尺划船幾乎沒有速度成分之外，其餘各項運動多數都需要三種能力的綜合搭配（Bompa & Buzzichelli , 2014）。

當然，如果你的運動項目是如同馬拉松一樣以耐力為重，在訓練上的選擇就越發有可能選擇「先不要練」力量與速度；或是以短跑一樣首重速度與力量，就可以選擇「先不要練耐力」。這就是我所謂概念上把某一種訓練模式「減掉」最粗淺及最直觀的例子，也是將本書名為「減法訓練」的緣由。

但是，必須特別強調，在訓練實務上的組合是比重問題；實際上短跑選手依然需要某種程度的基礎耐力，特別是與排除乳酸相關的有氧恢復力，才能夠重複承受強度極高的訓練。否則可能隊友休息完 15 分鐘，可以做第二趟課表的時候，你就已經跟不上！

另外一個例子是，隨著競技成績的一再突破，現代馬拉松選手的平均比賽速度已達到將近 21km/h 之譜，2 個多小時就能跑完；若沒有相當好的速度能力，意味著完全不可能跟上領先集團，那麼就算你耐力很好、能夠持續用 18km/h 跑 4 個小時，也沒有任何意義。

因為比賽配速是由第一名決定，其他人只能選擇跟上；當 42.195 公里的長距離賽事可以在 2 個小時就結束，那麼可以維持 4 個小時「跑很快」的耐力，在面對 2 個小時「跑得非常快」的速度面前，依舊沒有任何勝算。

訓練遇到的瓶頸

事實上，三個體能基石，都有可能是導致你訓練進展上碰到瓶頸的限制條件；而若是你的「瓶頸」與競賽專項體能越不相關，在訓練程序上就越要即早開始。同樣以馬拉松為例，現代國際上頂尖的選手幾乎早年都是田徑 5000 或 10000 公尺「中長」距離專項的好手；因此若期望在成年的階段有菁英馬拉松實力，青少年時期不可避免都需投入 1~2 年特別做速度的加強。為了專門進行速度的強化，可能在這幾年間長距離的耐力訓練反而會是被視為「暫時不那麼重要」、「先不要練」的東西。

若再舉我個人練過的自由車場地 1 公里為例，以它的能量供應路徑來說，有氧代謝和無氧代謝大致各占總作功的 50%（Craig & Norton, 2004）；從訓練角度來看，速度能力很重要、加速期的快速力量很重要，定點起跑的最大力量很重要，賽程後半段抵抗衰退的速耐力很重要……此外還要有強大的有氧耐力，才能夠承受大量的訓練。那假設情境是距

離比賽只剩下六週，選手的速度和最大力量有中上水準，快速力量很好但速耐力很不好，試問應該以哪兩個體能元素為最優先訓練重點？哪些以維持模式即可又有哪些不要練？

由於速度與耐力的組合可以達到速耐力加強，再加上選手的速耐力差，直覺的做法是速度和耐力都練。但是速度的養成在進展上是極為緩慢，且突破空間不大；因此正確做法是分成兩個階段，前兩週以改善無氧耐力，調整一週之後再進行約 10 天的速耐力訓練，最大力量以維持模式為主，快速力量和速度可以不做。

如果同樣的一名選手，但是備賽期間拉長到六個月，那麼就能夠先規劃二個月的速度與基礎有氧及無氧耐力週期（準備期），此時速耐力完全不做；進入專項 I 期，則開始以最大力量結合起跑技術訓練，速度的訓練模式改成以維持為主，持續時間約一個半月，末尾進行一兩週的小型減量調整與檢測。接著下一個月（專項 II），改以快速力量為主軸，最大力量改成維持模式，並進行第二次的無氧耐力加強；最後進入三週的比賽期，以速耐力為重點，技術與快速力量採維持模式，最大力量則完全不做。貫穿全部週期的是輕度有氧訓練，以 20~30 分鐘促進恢復的模式為主，最長不超過 120 分鐘。

以六個月的例子，準備期雖然速耐力沒有練，但是可以透過速度和無氧耐力的成果組合出來；而在專項 I 期，由於最大力量與速度可以組合出快速力量，結合到專項 II 的重點加強，等於總共有兩個半月以上時間在強化快速力量。最後，由於假設情境是該名選手的速耐力很差，因此在賽前密集進行速耐力訓練、並將其他種類的體能訓練負荷減到最低，以求好的適應效果。

若再假設同樣條件的選手，備賽期程拉長到 2 年，則至少會安排穿插 2 次十二週的增肌訓練，以完整的肌肥大▶最大力量▶快速力量▶專項轉換訓練流程，來獲取長期的最大效益。因為現代 1 公里個人計時的

競賽趨勢，是以越來越重的齒輪比為主，首重最大力量和快速力量。而最大力量，在缺乏肌肉量的前提之下，突破的空間有限，因此必須增加體重與提高肌肉量，並且要接受在增肌訓練的期間其他各種訓練狀況都很差的事實。

由上述的假設例子，可以知道訓練的安排跟專項特性、選手條件與時間期程等息息相關，絕對不可能把同一套標準套用在全部的情境。比方說如果以肌力訓練為優先的思維，六週內就要比賽是完全無法規劃的；而若沒有掌握到體能交互關係的原則，六個月也會很不夠用。最後，如不能認清專項競賽的訓練趨勢，以及長期訓練勢必要突破肌力的瓶頸，則在 2 年這麼長的期間就容易迷失方向原地踏步。

換言之，訓練的設計應該以目標為導向，用每個狀況的特殊需求、搭配理論去進行安排與設計，並視情況捨棄不適用的策略以及訓練方式。而非反過來先追求完美的理論，再硬把訓練計畫的內容套用在自己想要施行的理論框架。

訓練單元先後次序

所謂的「訓練單元」，在概念上可以把它想像成是一餐或一堂課；在同個單元內有相同的訓練目的、大致相同的動作規劃方式與同一個訓練方法的選擇。在同一天當中，可以安排數個訓練單元；而在同個時段的訓練（晨操、下午或晚上），也可以視時間長短、訓練需求以及選手能力，安排一個或多個訓練單元。

要給出明確的週課表編排，教練必須給出每天的每個訓練單元，並且在每一個訓練單元內給予：

1. 訓練目的：說明本單元所期望達到的效果或作用。
2. 訓練方式：重複式／間歇式／持續式／遊戲模式／模擬比賽模式。
3. 訓練負荷：重量以百分比或公斤數，速度以執行秒數，耐力以區間或心跳率列出。

4. 訓練範圍：說明練多少，共練幾組、每組重複幾次或多少時間。

5. 休息時間：每組休息和同一組內（如果有）及每趟休息時間長度。

　　訓練單元在課表中的安排，必須依照表定的先後順序操作不可調動；這是依據生理機制的交互關係、所選的訓練方式是否容許身體已有疲勞的狀況，以及疲勞對訓練品質的影響。但在每一個單元之間，可以不必強制規定休息時間長度；若是超過一個半小時或間隔正餐時間，則必須在結束時先收操，待下一次開始前再重新做熱身。缺漏的訓練內容原則上不在隔天「補課」，每次皆以「實施當日預排的內容」為優先；但在經過學員與教練間的討論之後，也可以做出適當修改。

　　在考慮體能之間的交互關係時，訓練方式的組合在先後順序上也有可能對成效造成影響，這是另一個「訓練不是加法」的例證：A＋B 不等於 B＋A。

　　例如，做完最大力量之後進行有氧耐力訓練，可能對興奮的交感神經系統達到壓抑，並相對提升副交感神經活性，可視為一種動態恢復或「收操」手段，幫助練完後的休息品質提升；而特別對耐力型態運動，也可能透過緊接著練耐力時的動作，協助將前面練肌力所提升的神經機制，做專項技術的最佳整合。但假若順序對調，先做耐力訓練再接最大力量訓練，則可能因為肌肉運動單元的疲勞，造成最大力量訓練的品質不佳。

訓練順序的判斷原則

　　而除了上述所舉的生理機制以外，在考慮訓練單元的順序安排中，還應秉持「重要性高的先做、重要性較低的後做」為判斷原則。再次舉力量與耐力的例子，自行車或鐵人三項運動員的專項訓練重要性比較高（尤其是跑步訓練，強度高的時候衝擊性也較大、反應力量強，不適合在快縮肌運動單元已經疲乏的時候才做），故耐力訓練應該放前面，重量訓練放後面；如果是球類運動員，爆發力是決勝的關鍵，耐力只是每次爆發之間協助恢復的輔助角色，因此就應該先做重量訓練，耐力則放在後面。

　　特別須注意的是，協調與速度訓練主要改善的生理機轉都是在於神經的層面；因此在單日的所有訓練當中，特別適合放在第一順位，待熱身完畢之後立即操作。然而因為牽涉到神經系統的訓練也必須考慮疲勞問題，而且神經的疲勞並不會顯著反應在主觀的「疲累感」上；因此在當天有多重不同訓練內容時，速度訓練的總量宜減少為正規課表的一半以下，並以交換頻率、加速、反應與變換為主，每趟秒數約5秒以內即可，並且避免速耐力型態的負荷。

　　而在同一個時期之內連續多日的安排，也可能會因應疲勞狀況與生理參數恢復所需時間長度不同，而有不一樣安排。例如2000年雅典奧運，自由車的1公里個人計時金牌Jason Queally，在賽前一個月的減量計畫基本上就是依循每次連續三天的節奏：在狀況最佳、神經與內分泌系統尚未累積疲勞的第一天，以強調中樞神經系統的速度（輕齒短距離俯衝）與最大力量（定點發車）為主，第二天則以加速與爆發力為主（機車引導）；第三日則因為疲勞開始顯現，因此改以速耐力（俯衝＋比賽距離配速）為主。三天結束之後，則是一至兩天的休息，如果包含移動日則休息至少會拉到兩天以上（Queally, 2009）。

此外，考量不同型態訓練所共同啟動的生理機制，這三種主要的力量訓練模式也必須搭配相對應的體能訓練內容，才能更有效率的提升訓練效果，其關係如下表所示：

訓練模式組合與訓練效果

力量型態	配合	效果
最大力量	速度訓練	中樞神經驅動力
快速力量	跳躍訓練	反應力量
力量耐力	間歇訓練	無氧醣酵解

表 2.2（改編自張嘉澤，2018）

▌訓練課表的安排邏輯

接下來，我們來看一個以「間歇訓練」搭配「力量耐力」的週課表安排（右頁範例）。在進行如此高強度的訓練期間，除非是全職運動員，否則應該安排每週有兩天以上的全休日。範例中是選擇禮拜三和禮拜天。此外，即便主軸是高強度間歇，但每週的安排次數仍不應超過2次；再來，考慮到疲勞的慢性堆積，即便是在週三的休息過後，第二個訓練區塊（三天）的整體負荷量仍低於第一個區塊（兩天）。

同樣一份課表，如果我們把裡面某些重複出現的內容上色，就更容易看出設計上的邏輯了。首先，這份課表所列出的是整個月分內容，在這個月裡的每一週都是以同樣的順序、做同樣的訓練菜單；這是因為同個時期之內要「先專心做一件事情」，才能夠符合生理適應程序。

自行車課表範例

Day	單元	1	2	3
Mon	目 的	速度	無氧耐力	有氧耐力
	方 式	重複	間歇	持續
	負 荷	滾筒最大迴轉	230W	心跳 140
	範 圍	3x 10s	5x 5min	20min
	休 息	3min	3min	無
Tue	目 的	力量耐力	有氧耐力	
	方 式	循環	持續	
	負 荷	見附錄	輕齒 90rpm	
	範 圍	三組	45min	
	休 息	1min	無	
Wed	目 的			
	方 式			
	負 荷			
	範 圍			
	休 息			
Thu	目 的	無氧耐力	有氧耐力	
	方 式	間歇	持續	
	負 荷	300W	心跳 140	
	範 圍	2x 3x 2min	20min	
	休 息	1min	無	
Fri	目 的	有氧耐力		
	方 式	持續		
	負 荷	心跳 140		
	範 圍	60~90min		
	休 息	無		
Sat	目 的	力量耐力	有氧耐力	
	方 式	循環	持續	
	負 荷	見附錄	輕齒 90rpm	
	範 圍	三組	45min	
	休 息	1min	無	

表 2.11a

視覺化的週課表設計邏輯

Day	單元	1	2	3
Mon	目 的	速度	無氧耐力	有氧耐力
	方 式	重複	間歇	持續
	負 荷	滾筒最大迴轉	230W	心跳 140
	範 圍	3x 10s	5x 5min	20min
	休 息	3min	3min	無
Tue	目 的	力量耐力	有氧耐力	
	方 式	循環	持續	
	負 荷	自身體重	輕齒 90rpm	
	範 圍	三組	45min	
	休 息	1min	無	
Wed	目 的			
	方 式			
	負 荷			
	範 圍			
	休 息			
Thu	目 的	無氧耐力	有氧耐力	
	方 式	間歇	持續	
	負 荷	300W	心跳 140	
	範 圍	2x 3x 2min	20min	
	休 息	Rep=1min Set=3min	無	
Fri	目 的	有氧耐力		
	方 式	持續		
	負 荷	心跳 140		
	範 圍	60~90min		
	休 息	無		
Sat	目 的	力量耐力	有氧耐力	
	方 式	循環	持續	
	負 荷	自身體重	輕齒 90rpm	
	範 圍	三組	45min	
	休 息	1min	無	

表 2.11b

減法訓練

基本上，除非是賽後的過渡期、訓練週期上安排的減壓週期或是賽前減量，否則課表的變動最短是兩個星期變換一次。如果每週變換或每天都不一樣，就不容易讓生理適應有明確的目標與一致的方向，造成訓練效果不穩定。

　　雖然絕大多數的私人教練，每次上課給學生練的內容都力求新鮮變化，而許多遠端規劃課表的教練也習慣透過線上系統，滾動式給出幾天後或者下個禮拜的訓練內容（我個人也嘗試過經由 Training Peaks 軟體聘請美國的自行車教練幫我開訓練菜單，試行之後成效也很不錯）；但是滾動調整屬於比較先進的做法，需要教練的學識、執教經驗和對學員的掌握都很高，不容易做到精準的安排，往往反而為了盲目追求變動而迷失原定的方向。

▌設計週課表的關鍵

　　設計一週的課表，最重要的是重量訓練要先抓出來；不是因為重量訓練最重要，而是因為重量訓練對肌纖維的破壞最大及恢復時間最久。所以應該先把最適合練的那兩天訂好，間隔確保 48~72 小時，然後其他的項目，再圍繞著重訓去安排。再來是速度（或協調）訓練；這些是屬於對神經系統要求很高的操課內容，必須要在狀況最佳的時候做，因此安排在休息日結束後的第一天，而且要放在其他高強度課表的前面。

　　至於本週期為什麼每個禮拜只練一組三趟的速度？這是因為速度在先前的週期已經重點加強過了，因此目前只需要維持就好。這也是不容易從單張課表看出來的小細節。

　　最後是無氧耐力，也是本階段所欲加強的真正重點。雖然週一和週四練的內容架構看起來不同，但都一樣是以高強度的方式動用無氧醣酵解系統；所以最好也是間隔 72 小時左右，而且要擺在做重訓的前一天。

　　因為跟重量訓練相比，耐力課表對於自行車運動員還是比較重要，

所以必須放在狀況比較好的日子；相較之下重量訓練只是輔助，所以累的時候再練是可以的。

這樣排完，基本上一週的主架構就都完整了，剩下缺的時間就通通都安排用低強度耐力來塞滿，如此才能達到耐力運動訓練所需的基本時數要求；尤其是要重視高強度後的緩和（所以指定心跳需降低到有氧閾值）及做完重量之後的肌肉協調（所以要規定迴轉速必須維持在至少90rpm）。

通通安排完畢記得回頭再看一眼，這樣的訓練總量對嗎？是否符合需求？重點訓練有沒有對應到階段目的？是否保有調整的彈性？有沒有自主訓練的空間？這樣的檢查完成之後，才是設計工作的結束。

廖教練講故事

已退休的綜合格鬥傳奇選手、前 UFC 次中量級冠軍 Georges St-Pierre 曾經提到，神經的反應速度是對格鬥運動最重要的一個體能環節。透過對影片的畫格分析，Georges 的教練可以計算，從 A 選手做出攻擊舉動到 B 選手做出閃避、格擋或反擊的畫格數，統計出誰在聯盟內擁有最快的神經反應，精準到幾毫秒誤差以內。

然而，猶如肌力或心肺耐力，神經系統的反應越快，回復到高度集中專注度的所需時間也就越長。因此 Georges St-Pierre 在面對神經反射極快的對手時，會在第一回合採取許多的假動作變化，讓對方忙於猜測；無形之中這些猜測的錯誤會漸漸累積，而反應的速度也會下降，在還沒造成實體攻擊的成果、也好像還沒讓對方消耗體力「累到」的前提下，就能默默占到上風。

這與訓練單元的先後安排有什麼關係呢？ Georges 以自身的訓練經驗舉出例證，如果當他某天先做了針對燈光等視覺信號的快速反應訓練，即便這個訓練單元看似沒有造成任何身體上的疲勞，

之後也已經休息了好幾個小時；如果後面接續做的是翻滾或跳躍類型的體操訓練，則第二個訓練單元的執行品質依然會非常糟糕。

因為神經系統已經疲乏，訊息接收與傳達的速度大減，做出判斷的過程也受到延遲，因此對於瞬間要產生出爆發力與做出精準方向判別的體操訓練就非常不利。

由這個例子我們可以知道，速度、協調和最大力量訓練等等，只要牽涉到「神經傳導機制」特別重要的訓練類型，都必須要在身體狀況絕佳和疲勞程度最低的時候，才能獲得最佳效果；而這裡的疲勞可能是無形的，不是僅只有肌肉痠痛無力、容易喘或者「很慢熱」這些容易察覺的身體狀況。

體能發展順序

是否常聽到各種針對台灣現行「體育班」制度的批評呢？其中一個最常被探討的，就是「過早進行專項發展」的問題。除此之外，諸如「不要太小開始重量訓練」及「過度拉筋會長不高」等等迷思，也在老一輩之間廣為流傳。

所以到底為什麼會練太多？為什麼不能及早進行基本功的扎根？為何以前認定是錯的東西現在被推翻了，而現在我們認定是對的科學知識與建議，在往後是否也同樣需要被更新呢？

欲探討此一問題，必須從兒童與青少年發展的程序來著眼。首先是青春期因為性激素的分泌，在這階段的力量和爆發力都會突飛猛進，恢復機制也特別好；因此對於需要肌肉量的運動來說，在這個時期進行增肌形式的力量訓練是最容易收效的。

但是對於許多成功的運動員來說，回顧他們的青少年時期卻往往都還在自我探索、發掘潛能與興趣的階段，因此絕對不是學理上認定這時

期適合大量加入重量訓練，就每個人都應該在這時期首重力量與肌肉量的發展。因為最終，能決定競技場上最後成就，其實是訓練動機、紀律與關鍵時刻的使命感等等心理方面素質，才能夠區分出「普通好的選手」和「了不起的運動員」；如果這些屬於「軟體」方面的條件不到位，那麼就算你的「硬體」準備得再好，也很難有好的結果。

所以青春期首重力量訓練，是「理想」但非「必要」的做法。那麼反過來在兒童和少年時期就介入肌力訓練呢？

其實，除了考慮絕大多數的阻力訓練器材，尺寸和負荷都是設計給成人之外，從兒童時期就開始從事力量訓練並沒有任何問題，甚至是適度的力量提升還有助於預防傷害。只是因為這階段的體能訓練重點，應該在於速度與協調性；因為從幼兒時期開始到青春期之前，人體的神經系統發展是最快速的。

所以任何牽涉到神經系統發展程度的體能元素，都應該在青春期之前，視為重點進行加強，而且訓練的安排需盡量多變。這除了是有助於全方位的神經系統發展及避免太早讓技術「精緻化」（因為技術的簡化與自動化，意味著「多餘」的神經傳導連結被淘汰）之外，也要考慮到兒童的心智成熟度。太精緻注重細節的訓練內容，對青春期之前的孩子往往是效用極低的；甚至於如果過度硬性規定，還有可能會抑制思考發展，減低未來的創造力。

因此兒童時期不應著重訓練，而是要以遊戲及玩樂性質的方法多方面嘗試不同運動項目，並且只在關鍵的年齡層進行性情陶冶，譬如說：三到五歲的小朋友要教他不可以咬人、打架和尖叫，小學低年級開始要教育注重自身安全，中高年級時開始學習服從運動場上的規則以及不輕易放棄等等心理素養。

體能發展的平衡點

由於前述神經系統發展上的考量，以及為了避免心理層面的疲乏，過早進行專項化的訓練是不理想的。但在另一方面，當你給予成長中的兒童和青少年太多自由的選項，也容易培養出只有在順境能夠有所發揮的選手；只要遇到事情一不如意，轉換項目就可能成為一種逃避的藉口。那麼該如何取得平衡呢？

我們往往在思考生理發展的層面時，太過單一地只有從「競技運動」的最終目標，來作為標竿去衡量自己的一切想法與作為；但藉此章節，我們可以來稍微探討比較接近哲學層面的競技意義。其實對於絕大多數參與競技的人們，包含至少一半以上菁英層級的運動員，最終都無法以運動維生；因此競技運動的價值，應該是在訓練與上場比賽的這些過程中，可以帶走一些什麼來豐富自己的人生。

從這個角度，兒童與青少年的訓練目標，也應該以「對人格素養」的培育，為主要的出發點；反倒身體能力的發展是次之。因此回到「怎樣豐富孩子的選項，但又不至於讓他們太過自由以至於缺乏韌性」的問題，個人看法是，不允許他們在表現差心情低落的時候放棄，而是要求他們要轉換跑道之前，至少先拿出一場好的表現。這樣才不會讓孩子們養成「事情太難的時候總是可以逃避」的態度，而是主動的對現狀嘗試做出改變。

而到了青春期結束之後，速度與爆發力的發展大致已過，可以將體能的重點聚焦在力量與耐力的進一步強化，開始逐年提升訓練的總量，並且在技戰術的層次進行更細膩的調整；而在競技能力達到巔峰之後，重點則轉換為如何應用最適當的刺激方式，延長運動生涯。

任何有長期觀察和參與學生運動的人，相信都能夠同意，在青年到成年的這個轉換階段，有太多極具「天賦」的選手是無法完全發揮的，最後只能流於當個泛泛之輩，甚至提早退出。

也許這是本來就應該會發生的事情，而作為教練若無法自我調適，太過擔心流失選手，也許反而不容易把焦點放在「正確」的訓練架構；甚至如果過早開始追求競技場上的成就，可能反而加劇中途退出的現象。

但另一方面，由於體能發展速度的個人化差異，同齡的學生不一定都適用相同練法；因此若發覺到具有天分「且訓練動機強烈」的青少年選手，也不必限制訓練上的作為，應該大膽給予更高強度、更高品質的訓練內容和更頻繁的訓練次數。只是單一次訓練的時數和訓練量，仍應避免加高；因為在成年之前，雖然體能的恢復速度較快，但承受負荷的韌性（可負荷性）畢竟依然低於成年人。

追根究柢，兒童和青少年並不只是「比較小的大人」，不能把成年人的訓練方式直接以「縮小版」拿來套用。不同時期有發展不同體能的最佳機會，錯過了這些所謂的黃金窗口，再怎樣好的天分都會被浪費。

動作學習理論

以兒童和青少年的生理發展而言，嬰幼兒時期是體格成長最快速的一個時期；待進入到兒童階段直至青春期以前，都是神經系統發展最快速的階段。隨著青春期的開始，體格成長得到第二波急劇加速，此時力量、爆發力和肌肉量，都隨著性成熟而跟著展開。

也因為青春期以前的生理發展是以神經系統為主，所以在此時接觸的運動種類，最好是游泳、體操、攀岩或舞蹈之類，教會你「學習怎麼運用肢體」的大類別；肢體動作的學習，也像幼兒牙牙學語一樣，剛開始都有著類似的模仿、理解和組合階段，但過後如果缺乏持續的與人接觸和溝通，以及像課堂報告、成果發表、公開演講及訪談主持之類的歷練，其實人是沒辦法天生就把話講得好。

而每當接觸到一種新的或有特定規則的運動項目，也如同學習第二外語；越早開始學，以及這種語言跟你原本會講的話相似度越高，就越

容易熟習。因此及早開始運動不只是著眼在未來的運動生涯，而是包含不以運動員作為人生目標，甚至是運動員退役之後如何維持良好的身體素質到老，都有非常重大的價值。

所以早期補教業者有所謂「讓孩子贏在起跑點」的銷售話術，但實際上隨著時代和觀念的演變，未來的父母將越來越能體認到：趁早讓孩子接觸運動，才會是他們一輩子的資產。而可以想見的是，運動市場也將更為蓬勃的發展，有更多的成長和獲利空間。

以傳統的動作學習理論來說，新技術的學習必須經過認知階段、肌動階段及自動化階段。而這三個階段所分別代表理解、思考和調整的複雜程度由高至低、精確度由低到高以及執行速度由慢到快的流程；最終的結果，就是類似我們口語所講的「不經大腦」做出反應。

做出這些反應所需的動作程式（motor program），也就是控制所有參與肌群、調控收縮力道和發力順序的一連串神經信息，儲存在記憶中。當需要執行動作時，這些動作記憶會被直接「播放」，用不需要經過思考決策的方式完成任務。

而越是複雜的動作流程和越加開放式（也就是會遭受外在狀況與條件決定動作執行）的任務與技巧，則需要由許多這些簡單且自動化的動作程式來組合出來。所以動作程式的種類越多元及每個動作程式的精簡度越高，在組合出複雜動作策略時就有越多選項，也可以有越少的回饋步驟和決策複雜度。

舉例來講，從來沒做過家事的右撇子，你叫他炒菜洗碗搓抹布，他一定仍是右手來做會比較順；這並不是因為他學過如何用右手做家事，而是由於他的日常生活中透過刷牙及寫字等等任務，在右手的動作控制上儲存了更多可用的精細動作程式，以至於要學習新任務的時候有更多的「拼圖」可以被叫出來，組織成為接下來所需的新技能。

回到運動這件事情上頭，如果我們在學習一個新的專項動作時，有

更多過往的動作經驗可以參考，則新技術的學習及新專項的熟悉肯定會更為順暢。例如玩過滑板的人學起衝浪一定很快，騎過登山車的人讓他去玩越野摩托車，往往也特別的藝高人膽大。那麼如果在最基礎的動作層次，是由一些沒有經過刻意指導和學習就已經具備的動作程式，來做為最基礎的那幾片拼圖呢？

基本運動模式的建立

相信大家小時候在上體育課，都有聽過「田徑是運動之母」的講法。為何田徑訓練特別有意義推廣？除了器材設施相對便宜之外，也是因為人類的基本運動模式（跑、跳、推、拉、擲），都可以藉由田徑的各個基本項目學習到；如同前述「基本語言」的例子，在學習一個語言的時候，總是要當詞彙豐富了，才會能夠表達語意，後面再來講究文法正確和寫作架構，最後才是追求文辭創作的美妙。

同理，在體能訓練的領域，我們往往也一頭就栽進了「重量訓練」的工具與方法，或者急於思考什麼樣子的動作才跟專項技術動作有最大的相似之處，並且以認真、努力及加油的方式去要求訓練執行。但是即便在許多高層級的運動員，回歸到人體幾種最基礎的動作層面，譬如翻滾、爬行與起身，也許依然不夠高效，甚至可以說是存在有缺陷的程度。

這一方面可能是太早訓練專項化的影響，另一方面也有可能是因為缺乏良好的輔助訓練設計，而導致了基本動作的弱化。而如果連高層級運動員都容易有這些基礎「動作模式」（movement pattern）的缺陷，更遑論生涯早期缺乏運動也不愛動的族群！這些人也許在出社會之後，出於興趣、追求體態或者迫於健康的需求，才開始接觸運動，那麼他們的一生當中，在最適合發展動作能力的時期呈現一段空白；則此時體能教練更要先從整合性的動作模式開始練起。

但這並不是說，動作模式的建立特別重要，必須先把「基礎打好了」

才能再練進階的東西。這種狹隘的做法，輕則讓客戶感到無趣及延緩體能進展，更有可能是特定知識門派教練「擁護」自身基本教義的無謂堅持；甚至可以說，為了要掩飾自己不會教其他東西，才一再對學生強調你的基礎還不夠好，更高層級的訓練你不能做！

也因為動作模式的訓練是屬於長遠來講可能「很重要」，但在取得訓練效果上可能「並不緊急」的內容。所以課程的編排上，無論是商業健身房的團課、私教課或者是運動隊伍的體能訓練，都應該占有適當比重，在熱身時少量加入以求主課表有更好的執行成效；又或者是在主課表結束之後，以輔助訓練的形式編排。

而這些「動作」的訓練，也要以類似新技術的學習為目的，而不是想著「施加生理負荷」，它可以不用做得很多，但是必須做得很頻繁，並且盡量多樣化地設計。更多關於身體素質如何影響專項運動的「體能訓練」內容編排以及各個項目須注意哪些重點，請參照本書的第二部分章節。

技術訓練

本章開頭曾經提到過，專項技術可視為是為了完成特定動作或任務，在準確度、力量與速度的最佳展現。但是在此所謂的「最佳展現」其實包含了許多面向，包含內在的（基礎動作模式的純熟化）和外在的（對於環境條件和對手的判別，以決定該如何施展某項技術）各種條件。

由於技術是一項精緻化的動作展現，因此技術的養成通常都必須要在身體狀況良好及不受疲勞影響的狀況下進行，並且切割成許多組的有限重複次數來施行強調回饋與修正，避免在早期就開始無限制與漫無目標地「自動化」執行動作。

更重要的是，技術訓練必須要掌握「打鐵趁熱」與「乘勝追擊」的要領；也就是說，做完一次特別好的動作執行後，在體力可負擔的前提

之下立即追加 2~3 次的複習，以強化神經記憶。

　　相對地就是，不管每一組原訂練習多少趟數（比方說桌球的 10 顆發球），只要是在過程中產生明顯的錯誤或無法在 1~2 次之內修正回來，就必須立即暫停，以打斷動作習慣的累積。過去我們可能會誤以為，做不好就是「練到能夠做好為止」，其實是相當浪費時間的一種策略。

廖教練講故事

　　日本的 NHK 公共電視台，曾經在 2014 年的「Miracle Body」運動科學系列節目中，對巴西足球金童內馬爾（Neymar da Silva Santos Júnior）做過完整的解析。其中針對技術的部分，節目分析了大腦皮質在執行簡單和複雜技術時的活躍程度，把世界頂尖的內馬爾拿來跟日本國家級的足球運動員做比較。

　　結果發現，在簡單任務執行（腳踝繞轉）過程中，內馬爾大腦皮質活化區域是極小的，意思是他神經系統對簡單動作的控制已經熟練到極度精簡的程度，絲毫不浪費額外的「CPU 計算力」。

　　然而，在執行較為複雜的場上戰術分析模擬（採用觀看「帶球過人」的實際比賽影片）時，內馬爾的大腦皮質整體活躍區域，卻又明顯比日本國家級水準的球員大上許多，顯示他注意到更多的技術細節，並且在腦中模擬了更多種假動作的可能選項，在轉瞬間就做出執行決策。

　　這個實際例子，某種程度上展示了「技術」的形成與施展過程；好的技術需要精確且最簡單不費力的基礎動作來構建，才能夠在動作指令的執行上耗費最少的大腦計算能力，而把關鍵的效能留給「微調」動作，收集與分析場上資訊，調動既有的動作資料庫各種選項，並且組織出臨場應變策略。

　　相關的科學研究成果，也被日本的研究團隊發表於當年度的「Frontiers in Human Neuroscience」期刊上（Naito & Hirose, 2014）。

此外，技術的訓練應該要先從小的「範圍」開始練起；意思就是說，每一次不要練太多種動作，以求大腦在組建和熟悉動作的過程與負擔是輕鬆的，也避免同性質的類似動作互相干擾。

而在一項技術初步建立之後，立即要做的是在與之有關連性的前提之下做「串接」式的訓練；例如籃球在訓練完大量跳投之後的隔天，做運球急停跳投。如此先從小的範圍逐步擴大，可以養成技術在施展時的判別、選擇與連貫，而在此「連貫」的生理學基礎，就是後面即將談到的協調能力。

專項技術練習與連貫綜合訓練範例

	星期一	星期二	星期三
上午	速度 or 協調 or 反應	專項訓練（4-5 項）	專項技術綜合練習（1-2-3-4-5 項連貫）
下午	專項技術（1-2-3 項）	體能訓練	體能訓練

表 2.3（張嘉澤，2018）

┃學習降階技巧與拆解流程

對於複雜的技術動作，則可以選擇「降階」或拆解技術所需的各項元素，分別進行練習。比方說自行車的山路下坡過彎，是一項高風險與高複雜度的專項技術，不容易直接拿來練習。因此在教學上，可以拆解為「平衡感、車上姿態、剎車、抓地力掌握、手把操控、重心轉移、路線選擇及回頭看」等不同技巧元素，分別獨立加強之後，再組合應用。

以較高層級的技術眼光來看，有時候會在教學上產生困惑，認為「你怎麼連這麼簡單的事情都不會？」。因此上述的拆解流程就相當重要，但更關鍵的是要能區分與辨識出技術盲點。

比方說七年級才剛接觸到腳踏車的小朋友，可能不像從幼幼班就開始玩滑步車的學齡前幼童那樣，知道車身傾斜與過彎之間的關連；因此就要教他「往左彎的時候把左腳從踏板上放開在地面上拖」，以自動建立車身向彎內傾倒的傾向（因為腳準備觸地可提供安全感，加上要內傾才能達到觸地拖行的效果），以及本能地把外側踏板維持在下死點位置，提供穩定車身的壓力。同時也協助養成良好習慣，避免在未來因發生「內側踏板撞擊地面」而摔倒。

　　關於降階、拆解與連結的工作，考驗著教練的經驗與創造力。雖然這看似是屬於專項訓練的領域，而非體能範疇；但是同樣的原則，也適用於初學者操作體能訓練動作的學習流程，以及「專項轉換訓練」的動作設計與選用之反思。

自由車專項技術訓練，習慣在低速行進中與其他選手互碰，提升未來高速控車的技巧與安全性。

協調訓練

什麼是協調能力？簡單來說，它是一個串接三大體能元素以及決定了對不可預期的外界條件如何做出判別，並發展出應對策略的能力。更白話一點來講，就是俗話所說的「運動神經」；缺乏運動神經的人，我們常說他身體很僵或只知道用蠻力。

在前面的幾個章節當中，我們都有提到神經系統的發展應該及早開始，那麼如果是已經過了青春期的運動員呢？對於此種看似「基本動作很好但比賽發揮不穩定」的選手，就最適合利用協調訓練增加神經系統的應變能力。

然而，協調訓練的設計原則，是每趟持續相當短的時間（約6~10秒）、較少的「陣型」或工具變化（2~3種），充足的休息時間以及經常變換的模式，每一種模式熟悉之後，就必須立即改變方式，讓被訓練者接受全新的刺激。

協調能力元素

轉換能力	
協調	韻律（節奏感）
	反應能力
Coordination	方向感
	平衡穩定能力
	動作連結
	區別能力

表 2.4（Hirtz, 1985）

協調訓練的方式包括視覺、聽覺與觸覺的反應，加上瞬間的訊息判斷及節奏掌握等等。常見的方式有繩梯、角錐，燈光或拋接球，以及各種不同的遊戲模式；共通的特點是陌生和新鮮感，以及時間和空間上的挑戰譬如動作被迫加快、反應時間長短不一、障礙物的擺放距離拉長或縮短及操作過程中無預警下達變換指令等等。

協調訓練顯現時間

	協調能力顯現情況		
	開始練習	維持時間	顯現程度
反應能力	晚	短	微
身體控制能力	早	長	強
韻律（節奏）	早	非常長	非常強

表 2.5（張嘉澤，2018）

指導協調訓練的原則，在於快速、精準、放鬆以及最精簡動作。以神經生理學的觀點來說，在極高專注度（high arousal）和相對較低壓力（low stress）的情境下，於試圖執行精確任務的時候產生誤差，是誘發神經重塑的最佳情境。所謂神經系統的可塑性（neural plasticity），是指人類的神經元可以生長出更多的突觸及產生新的神經連結，並且將動作執行或思考決策的流程最佳化；而協調訓練的目的就正是要誘發這個過程，以求技術層面更多元與變換更靈活，去應付運動場上未知的挑戰。

因此用最快速但緊張「硬拚」的態度去執行協調訓練，其實是不對的。譬如說我以前帶過民間俱樂部足球隊的小朋友，他們每一節練球上場之前都會做繩梯訓練；但是因為教練只要求用「最快速度」去完成，而忘了強調肢體放鬆與動作精簡，結果卻造成選手很用力地去踩繩梯。這樣就無法誘發神經傳導路徑「最佳化」的過程，而無法幫助提升技術動作的純熟度，與降低同樣一個技術對選手的難度。

此外，協調訓練應盡可能避免選用與專項過度相似的動作或器材設備，以免對現有的技術特徵產生擾亂或引發「我怎麼做不好」的負面聯想。換言之，在執行協調訓練動作產生失誤的時候，選手的心態應該要是「咦？我怎麼做不到」或者「太好笑了！怎麼會卡成這樣」，誘發他們更高的動機。

最後值得一提的是，許多人會把「協調」和「敏捷」搞混。雖然協調的訓練往往是強調快速位移，但它的訓練目的卻不是在位移動作本身；相對地，敏捷運練最重要的目標，就是要練出快速高效率，最適合這項運動的位移和方向變換技術。譬如說以籃球來講，敏捷訓練可能是滑步、倒退跑和四點折返，而協調可能是雙手同時運球，或者是禁止運球只允許傳接和跳投的變形賽制。

廖教練講知識

　　世界上把敏捷訓練做得最細膩、最精緻的單項運動，可能非美式足球莫屬了。事實上在美式足球職業聯盟每季的聯合選秀（NFL Scouting Combine）全部六個體能鑑測項目當中，就有四項是專屬於敏捷性的測試，包含二十碼折返跑（5-10-5），四十碼定點起跑衝刺，以及 L 型繞錐等等。

　　針對要如何在這些選秀測試中拿到好成績，美國的民間也有許多私人訓練機構，以類似補習班的形式，將每一個檢測內容進行針對性的加強；比方說以 L 型繞錐為例，三點式起跑的動作光從左腳在前改成右腳，就有可能把第一段五碼的距離從五步縮短成四步。

　　雖然，這些鑑測項目究竟在多大程度上能代表一名選手的價值，近年來也越發受到批判；有許多專家認為，選秀最具有參考意義的，是球員在大學球隊時期「打球」的成績，而非鑑測時的體能水準。不過，撇開太過專精、「惡補」性質的技術化訓練不談，若能以系統性分析並強化單項訓練所需的位移能力，這樣的「敏捷訓練」確實也能起到關鍵性的作用。

　　掃描 QR 碼觀看參考影片：

3

力量訓練

在探討力量之前，我們必須要對「力」先有所認識。什麼是力？力是一種物理量，它能夠改變物體的運動狀態，由牛頓第二運動定律所描述，力的單位是質量（kg）乘上加速度（m/s²）；而為了要紀念艾薩克 · 牛頓爵士，1kg·m/s² 又被定為 1N（牛頓）。

在運動中，力的表現無所不在。當我們在「用力」的時候，可能是為了是要改變自己的運動狀態（跑動、跳躍、爬升、減速、改變姿態或轉變方向），也可能是要改變外物的運動狀態（投擲、打擊或推移），也有可能是為了要對抗阻力（譬如角力、體操吊環、美式足球或拔河）以維持自身的姿態與位置。

廖教練講知識

在地球表面的引力場當中，當我們拿著 1 公斤的啞鈴，因為地表的重力加速度大小為 9.8m/s²，所以你拿著「1 公斤重」的東西所需維持不動的力，就等於 9.8 牛頓。這個 9.8 的數字，經常在進行與「重量訓練」相關能量計算時會被不小心忽略，必須要留意。

力量的定義與測定方式

　　而什麼是力量？力量是人在特定條件之下「產生力的潛能」，通常即是以測量條件下所輸出的最大力值作為定義。故每當我們在討論「力量」的時候，就必須理解到這個名詞自動就隱含了「最大輸出」的意思在裡面。

　　比方說，如果你現在把手上的書闔起來然後從椅子上起身站立，掌心朝上把這本書托在手中，這個動作是否需要力的輸出？肯定是要的！但這個動作，算不算是一個充滿力量的動作？當然不是！相信這種概念非常容易理解。

　　前面說到以「測量條件下所輸出的最大力值」作為力量的定義，而這個「特定條件」是什麼呢？它可能是：

1. 抵抗地心引力所能夠舉起最大的重量，也就是傳統在重量訓練所說的1RM（One-Repetition Max）。測量 1RM 往往是以多關節與大肢段的動作，例如健力三項蹲舉、硬舉、臥推，或腿部推蹬（leg press）等等機器，才會實施 1RM 的量測，單關節的肌力訓練動作通常不進行 1RM 的測定。

　　相對地，在訓練上的應用也會有「舉三下的最大重量」（3RM）或「舉 5 下的最大重量」（5RM）等等；在增肌或健美訓練的領域，你可能還會看到 8~12RM 這種範圍的描述。

　　1RM 力量的測定，依受測者的訓練經驗和體能狀況不同，流程也會不一樣；若是在日常訓練不習慣接觸大重量的受測者，則建議在熱身完畢後，3 次以內就要測得最大力量，且每次測試之間必須有 3~5 分鐘的休息，以確保完全恢復。如果流程拖得太長或測太多次，則將會因為神經系統疲勞導致失準。

　　練到「力竭」雖然在健美運動的領域經常被使用，然而它並非增加肌肉量的絕對必要條件；而若以純粹提升力量的神經機制，力竭訓練法反而容易造成不良的影響。由於本書是以提升運動表現的角度為出發點撰寫，因此不會討論以 RM 做到力竭的訓練方式。

2. 抵抗固定慣性負荷，所能夠施加的最大力道。舉跳躍動作為例子，因為前述「力」的單位組成有加速度的元素，因此在運動員起跳的過程中，必須產生比自身體重還要大的力，才能夠脫離地球重力加速度的牽引短暫離開地表。

　　此種力量的量測，需要透過精密的力學儀器，例如測力板或者必須透過加速度的回推（需仰賴 3D 動作擷取技術）。因此其定量的分析，在教練端不容易執行。然而，相對應的訓練方法及器材，在業界依然能夠被廣為使用，譬如藥球、戰繩、沙袋及滑橇。

　　類似的訓練方式，也有應用氣壓或液壓式阻尼（damper）系統，其特性是隨著速度增高時，系統所回饋給人體的反抗力量幾乎能夠維持不變；而相對地，對於慣性質量進行全力加速時，往往移動速度越快人體所能夠施加在該物體的力量就越小。但是阻尼式的器材，經常以功率（每單位時間人體所對外界輸出的機械功）呈現數值，因此顯示的單位是「瓦特」，不是公斤重或牛頓。

　　無論是以慣性負荷，或者油壓／氣壓阻尼系統，在訓練應用上，都是「阻力維持恆定」的前提下，要以「更快的速度」去執行動作。

3. 在極短時間內，快速提升力量輸出的能力，或稱作發力率（Rate of Force Development, RFD）。是透過對測力板數據所呈現的「力量─時間曲線」進行微分，所得到的最大值；這是最直接對肌肉「加速」能

力的量測方式，也是德國訓練學對於「爆發力」（Explosivkraft）的定義。

由於 RFD 是一個針對檢測結果再次進行計算分析所得到的產物，過去會認為這不是一個可以直接訓練的力量素質，必須由「最大力量訓練」配合「速度訓練」的效果去組合出來。然而，近期已有不少商用的「速度依循訓練」（Velocity-Based Training, VBT）套件被開發市售，可以讓教練直接在訓練場上針對器材被選手推動的速度，進行簡易的生物力學分析，從而選擇最適合選手的負荷，讓爆發力的訓練效果最大化。

4. 針對某個不可動的物體，所能施加的最大對抗力道，又稱為最大自主等長收縮（isometric maximal voluntary contraction strength, IMVC）力量。此種做法源自於前蘇聯的舉重隊訓練方式，用意是在於克服個人技術上最弱的角度。此外這個檢測方式，也最適合用來解釋力量的關節角度特殊性（joint-angle specificity）和肌肉長度特殊性（muscle-length specificity）。

以舉重動作為例，首先是當我們把那根「不可動的槓子」分別架設在選手的小腿中段、膝下緣、膝上緣、大腿中段、口袋位置和腹股溝等不同高度，分別讓運動員出全力去拉，那麼測量到的力道會依位置而不同。此即為力量的「關節角度特殊性」。

其次，當我們在特定肌肉長度和特定關節角度進行訓練，比方說我們只讓運動員經常在大腿中段拉；那麼儘管該位置的力量會明顯出現進步，但此進步成效並不能有效轉移到其他的角度，比方是槓鈴才正開始要離地的高度。

但話又說回來，如果這位舉重選手在爆發點（power position, 瞬間功率呈現峰值的位置）的發力不佳，這時若選擇暫停式的輔助訓練動作，

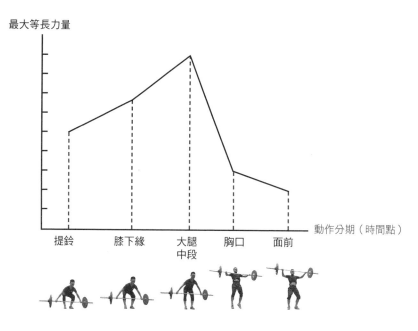

圖 3.1 不同槓鈴位置以及舉重選手所能施予的最大上舉力量

強制在到達爆發點之後，先停滯 3 ～ 5 秒再重新啟動，則又可以改善
運動員在爆發點的施力。這就說明了除了單次測定的力量值具有關節
角度特殊性以外，訓練的「成效顯現」也具有所選動作的關節角度和
肌肉長度特殊性。

最大等長收縮力量，視動作的選擇通常會大於或接近等於 1RM 最大力
量。因此若跳脫學術研究的範疇，在訓練上追求精確地測得最大等長
肌力，反而並沒有太大的實際應用價值，因為架設和測量最大等長力
量的流程繁複，倒不如直接測定動態的 1RM 還比較省事。

而訓練當中，動作位置的正確選用，以及應用的時機和正確判別需要
改善的技術缺點等等，在實務上的重要性遠大於實際在這些固定位置
「能出到多少力」，所以儘管進行等長收縮檢測的價值不高，但反而
經常在訓練中直接應用。

除了用於克服技術環節上的弱點之外，透過類似原理也可以在「矯正訓練」過程中達到誘發特定肌肉的功能，以改善動作的執行與基礎動作模式（movement pattern）的最佳化，通常運用在傷害的預防或傷後回場的訓練中。但由於傷害防護或復健治療的領域已超越本書範疇，故在此不多做討論。

5. 先透過肌肉的離心收縮（意指出力的同時，肌肉長度拉長）進行減速，然後快速轉變為向心收縮，量測此一過程中所能夠產生的最大力道，學理上又稱之為「反應力量」。

由於牽涉到了肌腱的能量儲存與釋放，以及肌梭、腦幹、阿爾發運動神經元的神經反射機制，此種模式所能產生的力量，會比從靜止狀態開始的主動發力還要大上許多。這個效應很容易以實驗證明：各位讀者可以試試，先坐在椅子上將身體打直，雙腳直接蹬地往上跳起來，接著以相同坐姿但把雙腳微微騰空，先往下踏蹬，踩到地面之後再跳起來。可以發覺用第二個方法，不僅感覺輕鬆得多，跳起來的高度也高很多。

此種反應力量的模式，訓練上的應用稱為增強式訓練（plyometric training），概念上可視為身體彈性的訓練。其實 plyometric 這個英文字的組成是拉丁文「長度增加」的意思，用於描述動作過程中的「離心」階段；中文會稱作「增強」推測應該是早期體育教科書在譯介時發生的謬誤。這個命名方式很容易讓人產生誤解，會以為是在指這種訓練方法很威，對「增強體能」特別有效。

以上簡述的五種「力量」素質，除了第一項可以直接以訓練工具（重量器材）進行檢測之外，其餘四種都必須藉由科學儀器的輔助才能夠測定，也因此或多或少限制了直接應用的價值。因此在實務上，對運動員

力量的評斷，依然以「1RM 最大力量」作為主流。然而，由於這五種力量素質代表了對場上「運動能力」五種不同的影響與改進路徑，因此在思考訓練設計時，絕不可只著眼於最大力量提升。

該從哪個力量著手訓練

了解完五種「力量」素質之後，相對地，我們應該要試著去釐清：什麼狀況下應該從快速力量著手？運動員缺乏的是彈性能的運用，還是肌肉本身快速發力的機制太差？是否有必要捨棄重量訓練，改從速度訓練下手？怎樣才能在維持最大肌力的水準之下，持續給予適當的肌肥大訓練刺激？以大於 1RM 的重量進行離心收縮訓練，有沒有應用價值？針對姿態維持的肌肉，訓練方針應該以高強度設計，還是要增加持續收縮時間？動作要選擇靜態還是動態？又該如何決定目前需要的是肌力平衡還是整體強化……等諸如此類的問題。

舉例說明，當想要了解一位選手下肢垂直方向的跳躍能力時，如何區別該選擇最大力量訓練，還是快速發力（RFD）的訓練？此時可以選擇蹲踞跳（squat jump, SJ）與下蹲跳（countermovement jump, CMJ）兩種測試的高度差，來協助進行判斷。

所謂蹲踞跳，是先半蹲到運動員習慣起跳的深度之後，暫時停止動作再行起跳；下蹲跳則是沒有暫停階段，直接依習慣動作快速淺蹲後直接起跳。先前在反應力量的段落，曾說明藉由快速的離心—向心「伸縮循環」（SSC）機制，可以獲得較大的起跳高度；亦即 CMJ 的高度會大於 SJ。

由於經過「下蹲」這個動作後，下肢肌力在向心收縮前就已被激發，因此會增加下肢在向上騰躍的「推進期」所作的功。同時因為作功時間長（離心＋向心），所以肌肉能有較充裕的時間達到或接近它的最大收縮力道，也就是說 CMJ 的表現較可以代表一個人下肢最大力量的能力。

相對地，SJ 因為無法藉由「作功時間較長」的機制、累積較大衝量，因此在離地瞬間的速度較 CMJ 低，較能顯示肌肉在「極短反應時間內」瞬間對大腦驅動訊號產生反應及輸出力道的「爆發力」（RFD）機制。

綜合上述我們可以推論，如果 CMJ 與 SJ 的差距過大，代表 RFD 的能力不足，因此訓練上應著重快速力量的訓練，以具有爆發性的動作增強下肢 RFD 的素質；或者簡單地直接選擇以速度訓練，改善肌纖維的快速收縮機制。而如果 CMJ 與 SJ 的差距過小，就表示最大力量不足，訓練上的負重就應該以接近 1RM 的重量為主，以增強最大肌力。

類似的概念，在俄羅斯運動生理學家 Vladmir Zatsiorsky 的著作中被稱為 "Explosive-Strength Deficit"（ESD），也就是快速力量峰值與 1RM 最大力量的差距。當這個差值越大，代表繼續追求最大力量就越發地沒有意義，因為運動表現的「限制因素」已經變成是快速肌力的產生。因此在競技能力水平相近的同儕當中，1RM 力量層級越高的運動員越應該注重在快速力量的訓練上。

影響力量的生理因素

力量的表現，受到中樞神經驅動力、運動單元的徵召模式（肌內協調）、賀爾蒙機制、結締組織的機械特性、肌纖維型態的分類、肌肉形態學（肌肉橫斷面大小、肌腱長度、纖維羽狀角度）以及不同肌群之間的協同作用（肌間協調）等因素所影響（Komi et al., 2003; Eisenhut et al., 1980）。限於篇幅，以下針對中樞神經驅動力、肌纖維型態和肌內協調等三種機制略作說明。

▎中樞神經驅動力

有沒有碰過騎機車發不起來的狀況？當車子發不動時，牽去車行首先檢查的前兩項不外乎電瓶和火星塞。人體的神經系統就是一個「電

系」。動作產生的過程，在信號的起始端（中樞神經）給的驅動信號越強，就像電瓶的電量越飽；而在信號的接收端，神經終板的數量越多及面積越大，就像火星塞的火花越旺盛。電瓶和火星塞若得到改善，往往還不必動到引擎，車就能跑得更順。

這就是為何「神經肌肉系統」常常被講在一起的原因。但是，尋常人思考「力量」的時候，卻往往只想到「肌肉的訓練」上面，而不會去考慮神經面的事情；相對地，在發生疲勞的時候也往往只想到增加「肌耐力」或心肺功能，而不會去聯想到神經系統的疲乏衰退。

人類的所有骨骼肌動作，都來自中樞神經系統的發起和控制，新的或複雜精細的動作控制都必須由大腦組成；而純熟化的技術和快速的反應，則是透過腦幹控制；而更加快速則須透過肌梭訊號所激發的 SSC 機制，則是由脊髓主導。

而「大腦、腦幹和脊髓」就是所謂的中樞神經系統；它的訓練必須透過高速、高爆發力或者接近最大阻力的刺激，才能夠要求到瞬間的最大放電。此外，還必須在身體狀態相對較佳及沒有連續多日的累積疲勞，並且每一組或每一趟的訓練中要達到完全的休息。

▎神經系統也是會疲勞的

為何完全休息很重要？因為其實神經系統並非純粹的「電系」；雖然在每個神經細胞（又稱「神經元」）當中，訊息是以電脈衝的形式傳遞，但是在神經元與神經元之間，則須要透過化學物質的釋放與擴散。而每一次強大的放電結束之後，這些大量耗損的神經傳導物質，都需要時間來恢復；產生電脈衝的鈉離子和鉀離子也需要重新交換位置，才能夠應付下一次放電的需求。

神經系統的疲勞是很無形的，不會喘不會大量流汗，加上這時候肌肉也不會有燒灼、腫脹或痠痛感，所以較容易被忽略。舉個例子，下次

你要做下肢的大重量深蹲訓練之前，可以試看看先在翻轉過來的 BOSU 球上面原地踏步 1 分鐘再開始操作。（警告：蹲舉失敗的機率極高，記得先架好保護桿！）

也因為訓練中樞神經系統的這個特殊需求，故在安排每日訓練順序當中，最大力量或協調、速度的訓練必須安排在第一個訓練單元，剛熱身完畢、疲勞程度最低的時候，才能夠奏效。

▎肌纖維型態

獨立的骨骼肌細胞又稱作「肌纖維」，大致上可以分成兩種型態；橫截面較粗、粒線體數量較少的第二型或「快縮肌」纖維（白肌），和橫截面較為細小、粒線體數量較多的第一型或「慢縮肌」纖維（紅肌）。而這裡的「快」和「慢」，是來自於接受同樣的電訊號之後，量測纖維抽動的力量與速度。

最早期的這種肌肉生理實驗，是把肌纖維用解剖的方式分離出來，浸泡在一個鹽浴裡面，末梢綁上一個小重物，然後用電流去刺激它。而對於同樣的重物，如果觀察到的抽動速度快，自然就可以推論收縮力量也比較大。這也是我們說白肌力量大速度快，而紅肌力量小速度慢的原因；然而在此必須要注意到兩個微妙的細節。

首先，白肌和紅肌並非絕對的分類，也不是只有一種判別的方式。許多肌纖維同時擁有紅肌與白肌的特性，並且透過訓練可以讓其中的一種特性更加鮮明。而同一條肌肉在收縮的時候，並不是所有肌纖維都同時一起在用力，而是由部分的紅肌和部分的白肌通力合作；隨著訓練的成效顯現，同樣的負荷力道也會導致某種肌纖維被「叫醒」（專業術語叫做徵召）的數量多一點或少一點。

再來就是，人體動作的力量和速度輸出是綜合了許多因素的結果。這包含你想要多用力（中樞神經給出多大強度、長什麼樣子的訊號）以

及用力了第幾次，在執行這次動作之前做過了什麼事情，以及你對於想要使力的這個動作有多大的熟悉程度，全部都有關係。

　　但簡單來說，力量訓練可以改善神經系統徵召白肌參與收縮的能力，而在增肌訓練過後，白肌能長粗變壯的程度也普遍大於紅肌。兩種肌纖維拿來做比較，聽起來好像白肌比較好；但其實白肌也比較容易疲勞，所以依據專項需求，透過特別訓練強化白肌的抗疲勞能力，也是相當重要的。

　　至於力量訓練是如何改善速度能力呢？很遺憾地，長久以來的研究似乎指向一個共同結論，在真正頂尖的運動殿堂裡，速度（和耐力）能力似乎被天賦，也就是先天紅肌／白肌的比例給決定了。最大力量訓練終究只能透過提升快速力量素質，例如等速肌力或發力率等等，只是「調控」人體以把現有的條件做最有效發揮，而沒辦法大幅改變肌纖維比例的現有條件。

　　換言之你如果命不好，先天爸媽給的遺傳就是白肌比例少及紅肌比例多，那麼再怎麼練力量、練速度，進步的空間依然有限。這樣聽起來似乎很悲觀，但其實人類的潛能是無窮的，而根據個體差異所微調的訓練處方，可以大幅地應用到人體這種「可訓練性」，將不同基因條件的人們推向類似的極限。

　　這很重要，因為無論是以肌肉穿刺直接做染色分析或者以 NH3 index 推估，各種判斷肌纖維先天比例的方法都十分昂貴。所以除非是共產集權國家，否則我們根本不可能進行大規模的「科學選材」來決定誰適合練什麼；而絕大多數針對「天賦」的推斷，都是在訓練參與的過程中，針對個人的強項和弱點分析，所做的假設和猜測。

　　說到底，人裝在腦袋裡的「訓練動機」才是一切的根本；練下去之後，根據過程中的各種發展來進行微調，才會有好的結果。如果先知道可能答案，則在訓練的過程中搞不好反而要面對很多「結果是否符合預期」

的無謂壓力；所以這些關於紅肌白肌的知識，還是留在科學探究的層次就好了。

　　舉一個實際案例，小我兩屆的國立體育大學教練所學生當中，有一位是極為傑出的射箭國手退役；結果某次在運動能力診斷課程的 NH3 index 分析實作之下，才意外發現他竟是全班白肌纖維比例最高的！當然，白肌的比例高也造就了他力氣大，能夠拉開更大磅數的弓，並藉由更高的放箭速度來減低天候及風向的影響以提升中靶精準度。

　　但射箭終究是屬於較為靜態的運動，不會與白肌所代表的「速度」和「爆發力」聯想在一起。而相對地，如果早先一點因為發現他「有爆發力的天賦」拉去練其他專項，中華射箭隊可能白白損失一位名將。畢竟誰又能保證如果當初逼他練舉重或者鉛球，也一定能有好的成就呢？

肌內協調

　　所謂的肌內協調（intra-muscular coordination），是根據肌肉的解剖構造與神經支配，在肌肉收縮力量的生成與調控方面所做的描述。如同先前所述，同一條肌肉在收縮的時候，並不是所有肌纖維都同時一起在用力，而是由部分的紅肌和部分的白肌通力合作而達成；可以想見，最佳的合作就能夠導致最有效率的力量輸出。

　　簡單描述，同一條運動神經所指揮（支配）的所有肌纖維，叫做「運動單元」；而在同一個運動單元內，全部的肌纖維都是相同屬性，要嘛全都是白肌，要嘛全都是紅肌。紅肌組成的運動單元又叫做「低閾值運動單元」，力量很小的時候就會動用到它；而白肌所組成的運動單元則稱為「高閾值運動單元」，要用到很大的力量時它才會起床（也就是神經生理上所說的被「徵召」）。

　　而人的肌肉就像當兵時的連級部隊，不是做所有事情都需要全體動員。小力量慢慢做的訓練就像掃地拔草打菜撿石頭，叫弱弱的二兵去就

夠了；碰到旅部要來督導，才需要士官長出面主導大局。

　　肌肉的組成也是，瘦小的慢縮肌運動單元能夠應付的負荷，就不會動用到粗大的快縮肌運動單元。但大家若當過兵可能也多半知道，士官長雖然本事特別大，但往往也都請不太動。任何事情只要必須搬請「老A」親自出馬才搞得定？那肯定是什麼驚天動地，不得了的大事！

　　像是你在做全力衝刺跳起來搶籃板或汽車半路熄火了要推去路邊，還是快跌倒了趕快往前踏一步等等，這些都是會「驚動」快縮肌運動單元要出來負責的事情。你太少用這種「驚天動地的大事」要它們動起來，它們就越來越懶，需要它的時候叫不動。

　　如果你的訓練只是強度有點高又不到真的很高呢？第一次士官長可能會出馬，第二次就叫中士副排長去處理了，第三次中士副排長又推給下士班長，你還是練不到你部隊裡戰力最強的那幾隻。

　　那如果你拿輕重量做到力竭呢？那就等於是先叫菜兵先出來擋著，等阿兵哥搞不定了才去叫班長，班長 hold 不住了又去找士官長求救，最後整個連被搞到雞飛狗跳。

　　做最大力量，就是要竭盡整個連隊的所有兵力的任務，像是跑戰備這類的。而練速度、爆發力或者類似跳箱落地那種吸收衝擊力道的快速動作，紅肌會跟不上白肌的速度；就很像高難度的戰技操演，阿兵哥跟不上士官的水準，於是就只會由中士以上的強者來負責。因此力量訓練的型態選擇，之於運動單元的調控都有著非常重要的作用；這與之後所討論的「專項需求」和「專項力量」選擇有密切關連，而其中的一個生理機制就是肌內協調。

力量訓練原則

　　依據俄羅斯運動生理學家 Vladmir Zatsiorsky，力量訓練必須依循下列四個原則：

Overload	超負荷
Accommodation	調節性
Specificity	特殊性
Individualization	個人化

　　以下我們就來逐一探討這四個原則的意義。首先，在上一章談到超補償原理的時候，有說到過訓練時所給予的負荷，要超越人體「目前所能夠承受」的程度。

　　還記得我們當時對「生理適應」流程所提出的討論嗎？在當時所問到的是，超負荷刺激是否能夠在運動表現不會大幅下滑的前提之下，依然有效達成呢？換言之，同樣的訓練效果呈現，可否有更輕的副作用？

　　這等同是對俗語「沒有痛苦就沒有收穫」的直接反思。很多時候，人們會誤以為練得越辛苦就代表訓練的成效越好；但實際上這是完全無法保證的，而有些時候甚至是徹底的錯誤！

　　舉個例，肌肉增長的重要先決條件之一，是肌纖維的破壞和發炎。那麼如果我們在低能量的情況下訓練呢？譬如說早上不吃早餐或訓練中也不做任何的營養補給，就直接進行大重量及高反覆次數的增肌訓練，結論是，在肌肉肝醣含量低落的影響之下，加劇了蛋白質分解為胺基酸的能量生成路徑，造成更大幅度的肌肉受傷及發炎，那麼這樣你會感覺到嚴重的痠痛沒有錯，所需的恢復時間也更長；但完成恢復之後的訓練效果有比較好嗎？並不會！絕對是更差的。

　　以上是大家能理解「肌肥大」來當作例子。但是以競技運動而言，我們著重的是身體的改善；也就是說，真正要的是「力量」增強，而在這個目標之下肌肉量到底增加了多少？其實我們並不會特別有興趣。

原則 1：Overload 超負荷

此時就必須從兩方面來看待。首先，如果是純粹以「重量」作為負荷強度的話，力量訓練似乎是很難達到「超」負荷這件事情；因為記得嗎？在本章開宗明義就提到，所謂的「力量」其實就隱含有「最大出力」的意思在裡面。那麼如果你已經是用到百分之百的全力了，要怎麼可能「超越百分之百」呢？

所以既然「負荷強度」是無法突破了，那麼就要從訓練頻率、次數和總量來下手，才能有效達到突破現有水準的程度。但實際上的情況又是如何呢？

在 Hass et al.（2000）的研究告訴了我們不同的結論。在這個實驗中，科學家們徵召了一群平均健身經驗 4~6 年的中年人，先讓他們用某一特定型號的 12 站多功能重訓機器自主訓練一年；然後分成兩組受試者，其中「EX-1」組每次運動只做一組的 8~12 下力竭訓練，而「EX-3」組則是每次運動都做三組的 8~12 下力竭訓練。實驗持續了 13 週（每週訓練 3 次），結束後測試最大力量和力量耐力的增幅。

結果如何？無論是 EX-1 組或 EX-3 組，兩個指標當然都進步了，這是一定的。但是在全部五個測試動作當中，兩組的進步幅度都類似，沒有出現顯著差異；也就是說練一組和做三組，訓練效果根本是一樣的！那麼 EX-3 受試者多做那兩組，到底是在累什麼的啊！無料大放送？

這個實驗告訴我們，只要以相同頻率（每週 3 次）和同樣的動作選擇達到類似的生理刺激（力竭），那麼負荷的總量似乎不是特別關鍵，換句話說，我們可以累得少一點，但依然換取相同的訓練效果。

而且這個實驗的選用族群又特別具有意義，他們的平均「健齡」已經有 4~6 年，而且在參與實驗之前已經用同樣的器材設備練了一整年；意思是說，已經不是完全新手的階段了，應該可以採用更「進階」的練法（概念上 EX-3 的練法應該是比 EX-1 更進階），或者是更高的負荷量。

但實際上雖然課表吃得下去，效果卻沒有比較好。

所以我們若回過頭來探討，Zatsiorsky 所提出的超負荷原則，到底要怎樣遵循呢？結論是，不要盲目去追求更「有感」的訓練方式，更嚴重的疲勞痠痛或更大的訓練量。比方說在 Hass et al.（2000）的研究中，EX-1 組因為依然是做到力竭舉不動了，那就已經達成了至少一項的超負荷要素（同一個重量做到現有潛力的極限，要多舉一下都沒可能）；又或者是利用類似「最大等長收縮」的概念，在操作大重量訓練時加入暫停，去提升神經系統的驅動力並延長肌肉承受張力的總時間（time under-tension, TUT）。

廖教練講知識

如果以略大於 1RM 的重量負荷，我們雖然舉不起來，但依然可以完成「有控制地慢慢放下來」這件事；因為肌肉的離心收縮力量值，是可以高過向心收縮的。那麼能否用這種方法來達到最大力量值的「超負荷」呢？

很可惜的是，Dietmar Schmidtbleicher 教授在 2010 年左右，進行了一系列這種「超負荷離心收縮」supra-maximal eccentric 的研究，答案似乎是否定的。因為雖然離心力量可以經由這種訓練而增加，但進步的成效無法轉移到向心收縮；也就是說你只能把更重的東西放下來，卻沒辦法把更重的東西舉起來。而且他還發現，用這種方法練受傷率非常地高，實務上根本不可能執行。

原則 2：Accommodation 調節性

既然前面講到了 TUT 這件事情，那麼此時不妨就順勢來談所謂的「accommodation principle」。這個概念所講的是，如果有兩個或以上的

方法可以達到同一個訓練成效，那麼如果你不斷地只用其中一種方法，它的效果就會越來越差，部分的中文教科書把它翻譯為「調節性」。

例如我們要提升深蹲的最大力量，可以用 85~90%RM 做五組 2 下節奏為「2-0-0」（意思是有控制地離心下蹲 2 秒，在底部不停留站起時盡量加快速度）的深蹲動作；又或者我們也可以做 5 下的「2-2-0」暫停式深蹲訓練。

這兩種訓練方式，概念上都總共可以累積 20 秒的時間，讓肌肉維持在很高的張力狀態之下（向心的時間暫且忽略不計）。許多針對肌力訓練的研究顯示，機械性的應力刺激是肌肉長粗變壯及力量增加的關鍵。那麼做暫停式有什麼特殊別的好處呢？

從物理學的觀點來探討，我們肌肉在等長收縮的時候是不作功的；然而於此同時，我們的神經系統依舊維持著很大的放電量，在提供「維持收縮」的訊號；所以你如果中樞神經系統放電能力不夠強，就可以用這種方式得到力量的改善。

另一方面來講，由於「五組 1 下的 2-2-0」訓練方式，所累積的離心收縮次數比「五組 2 下的 2-0-0」少掉了一半，對肌纖維的破壞也相對較低。因為絕大多數的肌肉微損傷（micro trauma）是發生在離心階段，這也會是另一個去採用暫停式訓練或等長肌力訓練的好理由，但這會有什麼缺點呢？

越常做等長收縮訓練，你就越熟悉如何「煞停」在那個位置，不會被重量推走；但相對地，你不見得會在「推動重量」這件事情上獲取進步，因為「維持肌肉長度」和「縮短肌肉長度」所需的神經訊號，其實是長得不一樣的。因此既然我們最終的檢測方式就是用 2-0-0 的節奏去執行深蹲動作，那麼就應該要時不時採用同樣的節奏來做訓練。

這是因為，光靠改善中樞神經系統「給出多大的訊號強度」已經無法見效，而必須直接強化中樞神經系統「製造出來的收縮訊號型態」來

產生動態的肌肉收縮；也就跟前一節所描述的「肌內協調」有點關係了。

上述的例子，就是「2-0-0」和「2-2-0」兩種操作深蹲的方法，都能導致深蹲 1RM 的進步；那麼如果我從頭到尾都只操作 2-0-0，或者只操作 2-2-0，進步的幅度都會比較緩慢，並且很容易碰到瓶頸；其實就是把第二章談過的「邊際效用遞減」這件事情換一個方法來描述而已。

類似的概念，也可以應用在同一部位的不同練法。例如說我們知道做窄腿硬舉可以練背肌，羅馬椅可以練背肌，板凳背拉可以練背肌及輕重量與高次數的懸垂式爆發上膊（hang power clean）也可以練背肌；那麼針對背部這個重要的軀幹肌群，就更要廣泛應用不同的訓練手段來刺激，而不是只有一天到晚做羅馬椅。

以往在解釋調節性原則（accommodation principle）的時候，我通常都是拿「短時間高強度」和「長時間低強度」這兩種耐力訓練模式，對提高最大攝氧量的訓練效果來舉例。但實際上「調節性原則」最早先被 Zatsiorsky 提出來的應用，是針對本章的力量訓練範疇。

原則 3：Specificity 特殊性

既然談到了等長收縮訓練模式，那麼就剛好呼應到前面講「最大等長收縮力量」的時候，所提到的特殊性（specificity，中文又翻成特異性）。記得當時所提的是，力量訓練的成果具有「肌肉長度」和「關節角度」的特殊性；你在哪個位置和動作下進行訓練，那個動作的成效就最明顯，其他位置角度就效果普普。

除此之外，在肌力訓練領域最常見到的特殊性討論，應當是收縮速度的特殊性，也就是類似前面第一節所提到的 ESD 概念。因為爆發力需要的是快速收縮，而通常在進行大重量訓練時，肌肉收縮的速度都較為緩慢。所以如果要提升選手的爆發力，光做大重量是沒用的，就必須仰賴相對較輕負荷（通常是 50~70%1RM）的快速力量訓練，才容易立即見

效；因為訓練中的收縮速度跟專項在場上的肌肉收縮速度較為近似，訓練效果呈現「速度的特殊性」。

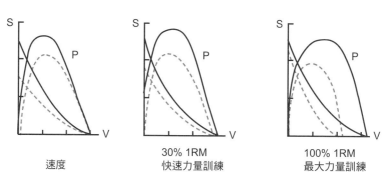

圖 3.3 先練最大力量還是先練速度（Moritani, 2003）

　　那麼是否最大力量的訓練，就對提升速度和爆發力類型的運動表現沒有幫助呢？這也不是絕對的。以新手而言，最大力量通常是所有運動表現全面提升的捷徑，而對老手而言，當快速力量練到取得進步，卻又無法以「加重然後以同樣的速度去練」快速力量模式，就必須先把最大力量的天花板突破，才能拿出「更大分量的 50~70%」來當負荷去執行快速力量課表。

　　與調節性原則類似，特殊性也不僅只適用於力量訓練範疇。比方說以耐力運動為例，田徑場上比 3000 障礙的選手和 226 超級鐵人三項選手，有氧耐力都必須非常強大；但是跑步姿勢上和能量基質（醣類或自由脂肪酸）的使用上，就具有不同項目的特殊性，所以長距離鐵人三項選手可能不會練漸速跑及跨步跑，3000 障礙選手可能很少會去跑 2 小時的 LSD（長距離低強度有氧）訓練。

　　更多關於「體能」的專項特殊性，請參閱第二章針對專項性的討論，以及本書第二部分針對各運動專項的體能訓練個別章節。

原則 4：Individualization 個人化

在全部的四個大原則裡面，個人化是這裡頭最難精確掌握的一個原則。比方說上一段才提到，快速力量應該以 50~70%1RM 為負荷來進行操作，然而不同學派針對這個範圍有不同的設定，有低到 30% 也有高到80%；甚至有提出循環式和非循環式運動，應該採取不一樣的負荷範圍。

那麼問題來了，無論是哪一門哪一派，建議的負荷都是坐落在某個「範圍」之內。你怎樣才能知道針對某特定選手，應該選 50% 還是 70%效果最好？因為我們已經知道，就算針對一個大致相同體能水平的群體，同樣的練法給下去依然會有不同的訓練成效出現。以往在這種情況下，個人化調整的職責往往落在選手自己身上，甚至是覺得練到太過頭了，就要學會裝樣子偷懶。

說到底，個人化算是體能訓練裡面最難掌握精通的一個環節，因為它摻雜了太多的經驗成分以及對教練觀察力的要求。你必須能夠在某項訓練剛執行下去的初期，就發覺到某些細微變化的趨勢，然後邊做邊修改；同時又不能像無頭蒼蠅一樣，缺乏既定藍圖很被動地因應狀況。

這時候數據的應用可能就很重要，例如說監控調整重量負荷的 VBT 器材，測量心跳變異量的光學手環，血胺和肌酸激酶等生化指標等等。

但首先你必須要有相對應的器材與技術，再來就是「萬一不小心」從天上掉下來這些器材和技術（就像我 2021 年應徵到國訓中心的體能訓練職缺，瞬間有了運科處的各種資源），你使用的經驗熟悉嗎？你要一口氣就把所有能拿到手的武器全部用上嗎？其實可能會搞到另一層次的手忙腳亂。

工具應該是輔助，運用它們是要把你「已經會做的事情」做得更好，而不是反過來被這些工具或方法牽著鼻子走。所以在業界當私人教練的經驗，其實可能對訓練高層級選手是很有優勢的；因為你最主要的業務就是一對一私人課程，觀察客戶細微的狀態變化與見招拆招處理各種奇

怪問題根本就是家常便飯。

不過反過來說，業界的私人教練往往不容易長期有規律和有計畫地協助客戶，而客戶們的層級也不見得都很高，以訓練一般人有效的手法拿去用在運動員身上不見得同樣奏效，精密的運科儀器又不容易取得。所以在協助競技運動員的時候，要注意避免陷入無頭蒼蠅的困境，必須仰賴第二章所談過的各種原理（特別是生理適應程序和訓練單元編排），以及時常檢討和評斷前一階段的訓練內容。

廖教練講故事

在 110 年的全國運動會，我第二度以助理教練的身分，協助台北市自由車代表隊的賽務工作。在這屆的場地賽中，台北市隊締造了不可思議的創舉，在四公里團隊追逐賽力克群雄、奪下該項目在隊史上首面金牌；並差一點打破 2014 年在阿斯塔納室內場地由馮俊凱、李偉誠、巫帛宏和黃信華所創下的全國紀錄。

但其實，台北市這屆的陣容剛開始並沒有很齊全，除了以哥倫布車隊的 3~4 名選手為主要班底之外，關鍵性的第五人（可以作為候補選手、或者在資格賽與決賽之間換人上場）依然從缺，必須要從西松高中的培訓體系拉上來湊齊。

這中間最大的問題是，學長們所踩動的齒數（ > 60T），西松的選手沒有辦法跟上。於是我就接下了這個看似不可能的任務，要在五週還是六週內，把李東霖和簡耘澤兩位選手的力量大幅提升，以應付重齒。

我所採用的訓練安排非常簡單，其中最關鍵的，就是地雷管的「單腳硬舉」動作設計。因為考慮到專項動作的關節角度與肌肉長度特殊性，硬舉動作是最近似自由車的踩踏角度；此外用單腳操作，也貼近我們前腳在踩踏板時，後腳必須放鬆不踏地出力的狀況。

最後的結果是，李東霖的齒比成功從 53/14 加高到 57/14，在資格賽和決賽中都起到了關鍵的作用；我也很開心這屆掛名教練，不再是在場邊扛車鎖輪子按碼錶，更實際參與了選手進步的過程。

整個過程中，每週實際進行力量的介入才一到兩次，全程串連著高強度的專項體能與技術練習，中間還卡一個亞運第二階段培訓隊的選拔賽，回想起來都覺得有點不可思議。

這部分我要特別感謝西松高中的黃智盈教練。雖然台北市隊的場地訓練是由他總籌負責的，但是每當我說要把學生拉來配合我教課的場館，他就二話不說照辦；而當我說你的選手過來之前疲勞程度太高了，練我的這些沒有用，他也會照著修改前一天的課表。

這是一個技術教練與體能教練配合良好的小奇蹟，在我協助過的高競技層級個案當中算是罕見。不過當然，四人的比賽不可能只受一名選手的狀態所影響，居功厥偉的還包含哥倫布單車的黃顯熙教練、大理高中的翁瑞宏教練與西松高中的梁騏富助理教練，以及杜志濠、虞子諒、彭源堂、黃文忠和李東霖這幾位選手。

力量訓練對運動能力的改變

力量訓練的好處，包含改善賀爾蒙及心血管等機制，並提高速度與移動技巧的可訓練性，以及強化競賽中的對抗能力等等，相信大家都很熟悉。若以常識判斷，肌肉是人體產生一切動作的根源，從事競技運動而不鍛鍊肌肉，是一件很奇怪的事情。然而，在許多的休閒運動人口當中，甚至在早幾年前（我剛開始當教練的時候）即便是菁英層級的運動員，不做重量訓練的現象卻依然相當普遍。

為什麼？不外乎這四個原因：

1. 傳統

這也許是最容易被忽視的一個因素，但有時卻是最關鍵的。如果你

所從事的單項從開天闢地以來大家就一直追尋著相同的訓練方法，你可能就不會覺得其他的方法值得一試。就像在 Dick Fosbury 以前，從來沒有人想到要用背滾式來跳高；如果你認識很多打桌球比你強的朋友都沒有做重量訓練，你當然也不會特別想要去做力量的加強。

2. 排擠 / 干擾專項訓練

這在耐力性的運動最常發生。試想以下劇情：熱衷路跑的朋友為了突破自己，進到健身房把所有的機器都試過一遍，結果接下來一個禮拜嚴重痠痛，甚至連下樓梯都要倒著走，搞得所有跑步訓練一切暫停，嚇得他從此再也不碰重量。聽起來很熟悉吧？

3. 體重控制

同樣地在耐力性運動或者是需要區分量級的單項中，這是另一個常見的原因。重量訓練若造成體重增加，長途競賽中這些額外的負擔可能會造成你的運動效率變差、爬坡變慢或是肢體的緊繃、腫脹造成動作遲鈍；嚴重點甚至會直接導致有區分量級的運動員在賽前過磅失敗，或者因必須採取極端的降重手段，而導致狀況不佳。

4. 時間或金錢上的問題

大多數人重量訓練的選擇只有在健身房，但許多商業健身房需要昂貴的會籍，計時制的場館則普遍人流過盛讓訓練無法有效率的執行；而對以前沒練過重訓的初學者，看著琳琅滿目的器材設施往往不知從何下手，又不見得有辦法負擔聘請私人教練的費用。

而對許多業餘的運動愛好者來說，他們所玩的運動項目原先就已占據工作之外的絕大多數時間；那麼為了多加入一項感覺起來「不那麼好玩」的運動內容，很容易覺得擠不出空檔。

以上幾點，除了第一點必須從知識面、思維面去改變之外，其他三點都是非常合理的原因，也是實務面上最常碰到的執行困難。很多時候坊間的資訊會告訴你很多很多肌力訓練的好處，卻無法在根本上解決這

三個難題。

因此本書不會從「重量訓練一定非做不可」的角度進行論述，好像不上健身房舉重量就是有什麼罪惡一樣。畢竟對社會大眾而言，只要有參與任何形式的休閒運動，都能夠脫離坐式生活的健康風險；而對於參與競技的人口，外加的任何訓練、營養或恢復等手段，都必須要能夠讓他原本在從事的項目達到進步。「專項表現進步」才是最重要的癥結所在！

事情的真相是，力量訓練不只一種做法。不是只有把肌肉練大才能改善力量，也不是想藉助力量訓練來增進表現就非得要忍受嚴重痠痛，更不是只有透過舉起重物才能進行力量的加強。

力量對一般準備期的意義

當我們在考慮一名選手是否該加入重量訓練的時候，往往都直接思考「提升專項能力」的層次。這種想法並沒有錯，因為畢竟對運動員而言，唯一重要的就是場上的表現水準，然而，若只從這個方面去思考，就會忽略最重要的「打底」工作。

「基礎很重要」這句話每個人都會講，但也幾乎每個人都只是隨口說而已。以週期化訓練的基礎訓練期（general preparatory phase, GPP）而言，最重要的工作就在於「提升身體在未來階段接受更高層級訓練負荷」的能力；換言之，反而不要求立即看到運動表現的進步。

在這個時期，最重要的是核心的強化、整合、舊傷的復健、動作時序的建立以及透過一般性的肌耐力訓練（即解剖適應期）來提升恢復機轉，強化肌腱韌帶等軟組織，並且避免提早接觸到太高的生理壓力。此時的動作選擇應該盡量多元化，涵蓋所有專項訓練所不容易刺激到的肌肉長度、關節角度與負荷方向，並以逐步增加組數與次數，而非「提高負荷強度」的方式，來隨著能力的增強去調整課表內容。

但這也不代表「打基礎」的時候就不可以做大重量訓練。舉例，短跑選手的基礎力量素質就是最大力量；因為短跑選手的力量標準是下肢肌力達 2~2.5 倍自身體重，如果這個比值達不到的話，在專項期要進行增強式訓練或者藥球、舉重衍生動作（例如高拉、膝上分腿式抓舉）之類的快速力量，就很難收到成效。

在任何訓練範疇，打底的工作都是枯燥乏味的。而因為運動員傾向於追求卓越，當他在訓練過程中無法得到「我進步了」的回饋，很容易就導致訓練動機低落；相對地，高強度訓練看起來很猛和練起來很爽外，做出來的成績又能提供安全感，往往就更進一步使人想要找藉口不做「小重量」的訓練內容。

所以，在準備期一方面要用多元化的動作設計，來提升新鮮感和挑戰程度，另一方面也要教育選手使其有所認知，對平淡事物的堅持，其實是一種紀律的展現。「在每天平凡的堆疊中成就不平凡」，可謂是基礎體能訓練的最佳註解。

▎力量對專項能力的提升

都有聽過奧林匹克精神嗎？「更快、更高、更遠」這三個詞，基本上定調了競技運動所追求的目標—專項運動表現。

而「看起來更壯」（肌肉量更多、線條更鮮明），並不算是一種運動表現。除了健美與健體這兩種特殊的競賽項目以外，想想看似乎並沒有哪項運動是能夠以訓練的外觀成果決勝。這會與一般私人教練在業界工作的經驗不符；因為面對一般人，通常說出來的目標也不外乎增肌減脂，導致大部分的私人教練都特別會教重量訓練，但不見得理解這些訓練對運動員的意義。

那麼，若撇除「好看」不談，到底我們追求練更壯的目的何在？而所謂的強壯，具體來說又到底是什麼？從競技運動的體能角度著眼，「強

壯」就是「力量」的展現；而依據本章第一節的闡述，在諸多「力量」的定義方式當中，肌肉量僅占部分的影響，而且不見得是每個項目都需要。

其次，「強壯」是比較出來的，且與運動項目明確相關。強壯能抱摔自身體重的摔角選手，不一定能做出體操選手展示「強壯」的吊環十字撐；而深蹲能做到三倍自身體重的健力運動員，很難像「強攻型」的公路賽自行車選手一樣，在 4 小時艱困的消耗之後於 15% 的陡坡發動犀利攻勢，率先登頂甩開所有對手；能夠用單單一隻手指垂掛全身重量的攀岩運動員，用握力計測出來的數值不見得能勝過比腕力的職業選手。

換言之，<u>要能夠在「專項運動表現」上面反應出來的力量，才是真正「有用」的力量！</u>有句話說，沒有運動員嫌自己力量太強大，就像沒有人會嫌自己銀行戶頭裡的錢不夠多；但這句話沒考慮到的是，錢越多永遠都是越好用，但力量越強或肌肉量越大，有時候卻反而不見得用得上。肌肉量大的人可比喻為你名下「不動產」很多，但雖然總價值高、卻不見得是好用的現金流，要先貸款或找到租客，稅金壓力也高得嚇人。

此外若以改變自身的運動狀態（跑、跳及高度爬升）為出發點，受同樣的力道，質量較輕者能夠獲得較大的加速度，此為不變的物理定律！因此假設你的運動項目不須與對手接觸衝撞及不牽涉改變外物的運動模式（投擲、傳接與打擊），理想的力量訓練是要能夠加強力量輸出的絕對值，但最好不要增加體重。問題是，有可能達到這種改變嗎？

CHAPTER 03 力量訓練

四種主要力量訓練

目的		肌肥大	力量耐力	最大力量	快速力量
方式		重複	間歇	重複	重複
節奏		慢	輕快	快速	最大速度
範圍	組數	3-5	4-6	5	5
	次數	15-20	30	1-2	7
	負荷	60-70% 1RM	30-40% 1RM	100% 1RM	35-50% 1RM
休息		≧ 3min	<1min	≧ 3min	≧ 3min

表 2.1（張嘉澤，2018）

其實答案也許簡單得讓你驚訝。去找找所有那些描述「如何增肌」的訓練指南，特別是注意負荷強度、重複次數和休息時間等參數，然後刻意往極端的方向去改變；好像是故意要做錯事情那樣。

畢竟增肌訓練的重點就是「有點重、速度慢、大量訓練」，如果把它改成「非常重、少量訓練」或者「有點輕、速度加快、少量訓練」，甚至「非常輕、休息短，大量訓練」就分別是最大力量、快速力量和力量耐力的訓練方針，如上表「四種主要力量訓練」所示。更簡單來講，如果肌肥大訓練是彩虹「光譜」的中間，那麼往光譜的兩邊極端去走，就是符合專項力量的訓練方式！

▌根據目標時程決定肌力週期

雖然「練最大力量不會增加肌肉橫斷面」這件事早已廣為人知，但其實這句裡隱藏了一個訊息，也就是要提升最大力量並不一定要經過肌肥大時期。這個簡單的推論雖然最容易被人們忽略，然而這整件事一點都不奇怪；舉例來說，舉重和健力比賽也分量級，如果這些項目的選手也是每年都要經過兩三次的肌肥大週期才能去練最大力量，那他們每一個人的量級都要守不住了。

因此，力量訓練是依據專項特性決定怎麼安排，絕對不是所有專項都遵守所謂的「解剖適應→肌肥大→最大力量→爆發力與專項轉換」這個步驟在走。要注意一個重點，是比賽項目和你距離目標的時間在決定訓練週期，不是力量訓練理論在決定你該怎麼準備比賽，這是絕大多數新手教練，在規劃訓練週期的時候特別容易犯的錯誤。

特別是，如果你採行反向式週期（reverse periodization）的訓練安排，速度訓練會在所有週期中最早就開始重點進行，那麼依據體能交互關係，搭配速度的最佳力量訓練模式就是最大力量。

下圖是將近 10 年前，我個人教練生涯第一次幫客戶規劃的訓練週

期。當時的客戶正要比他的初鐵，距離目標賽事只有七週，中間還卡了一場半程馬拉松比賽，在這種狀況下你訓練週期要怎麼安排？當然是專項體能優先考量，於此架構之下才去設計力量訓練。

因為時間不夠，所以「減掉」肌肥大和最大力量訓練；而且因為是新手，再「減掉」任何針對專項轉換的考慮，只做 4 週類似「解剖適應期」的少量輔助，把全部重點放在如何調配專項運動的強度和時間安排。這才是力量訓練輔佐專項應有的範例，儘管看起來平平無奇，但更先進的課表設計，效果並不會更好。

Jan.				Feb.			Mar.
Week1 Start: 19/Jan	Week2	Week3	Week4	Week5 21k（23/ Feb）	Week6	Week7	Week8 Tri（15/ Mar）
準備期 Fundamentals：（活動度、核心啟動＆下肢時序） ESD：有氧耐力（FFT&carb.aerobic metabolism） Strength：力量耐力（胰島素敏感性、左心室壓縮能力、神經肌肉連結） Specifics：游泳─找水感					專項期 Fundamentals： （活動度 & 下肢時序） ESD：無氧醣酵解 Specifics：自行車騎乘技術； 三鐵補給策略		

圖 3.4 七週準備第一場 51.5 鐵人三項比賽

循環式力量耐力

傳統上，力量耐力是以 30~40%1RM 的負荷，每組 20~30 下的模式操作。由於它對最大力量的提昇沒什麼效果，因此這個訓練模式往往被許多專家們嗤之以鼻，只偶爾在新動作的教學中會被採用。

首先，我們要了解體能交互關係。有氧耐力和力量耐力兩者同時訓練，會組合出強大的恢復機轉；就像手機「快速充電」除了要有性能好的電池（有氧耐力）之外，還需要搭配高效率充電器（心臟壓縮力道）和可以傳送大電流的輸電線（肌肉周邊微血管）才更有效。

循環式力量耐力

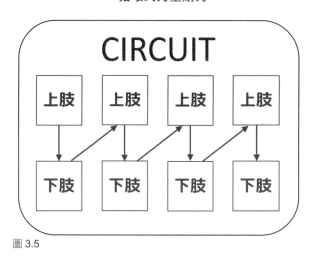

圖 3.5

前面提到力量耐力是以輕負荷，但如果你每個動作之間不休息，六到八個動作之後才休 60 秒，那麼本來覺得很輕鬆的負荷，在高反覆次數之下連著做不但是喘到爆，心臟的跳動還會非常劇烈，而且這種強烈壓縮跟跑步那種單純跳很快是完全不一樣的感受。這就是所謂的循環式力量訓練（circuit training），最明顯的成效是在高強度運動結束後心跳可以快速降低。

很多被我們第一次帶著做循環式力量訓練的選手，開始前都對「這麼輕的重量」感到狐疑，結果做完都直接被打趴在地上，嚴重些甚至有

做到吐的。但有一個要注意的重點：我們要的是訓練效果，不是要累！開始適應了負荷之後，循環式訓練的感受大概跟其他持續性的耐力訓練也差不多，會覺得有一點負荷，但還不算太糟。

這個模式，副作用（練完後的痠痛）相當低，時間效率又出奇的高（不到 30 分鐘就能完成四組），非常適合作為一個輔助的單元在專項訓練之後操作，或搭配其他體能訓練在同一時段進行。

最後要提醒一點，任何新的力量訓練模式或動作，剛開始都有適應期，通常第一次做下去都會痠三天至一個禮拜，尤其是對從來都沒接觸過任何阻力訓練的人最為明顯。但其實，大概只要經過一週之後，就可以恢復正常操課的水準。

本節僅只針對「力量耐力循環」訓練方式，做概略性的一個描述；更多關於力量訓練如何提升耐力運動表現的內容，請見第五章「耐力訓練」的最後一節，會有更多專門論述。

力量訓練的先後次序

「到底應該要先練肌力，還是先做心肺？」這是健身房裏面千古流傳的老掉牙問題，無論新手老手永遠樂此不疲地討論著。而關於重量訓練應該在早上、下午還是晚上做，也往往讓熱衷於競技運動的朋友們爭得面紅耳赤。

在此，我所提出的答案是「不一定！要看情況」。

前面提過，因為牽涉到神經系統機制，故在所有訓練單元當中最大力量必須安排在第一順位進行；同樣的原則，也適用於快速力量及反應力量，或者速度和協調訓練。相對地，力量耐力訓練就可以放在所有的訓練單元結束之後，再行實施。

那麼增肌訓練呢？肌肥大訓練的安排就比較尷尬，由於人體促進肌肉合成的部分激素（最主要是睪固酮）的分泌，在清晨是相對高點，因

此有些學派會強調應該要在早上進行大重量訓練。但事實上，透過適當的訓練組合刺激，睪酮素的分泌原本就會被提升；且訓練前對比訓練後的提升量，在一天當中並無差異。

此外，由於肌肉橫斷面的增長，很大一部分必須透過纖維蛋白的破壞才能達到有效刺激；而肌原蛋白的重組約需要 48~72 小時才能完成，也就代表著如果早上做增肌類型的訓練，那麼下午的專項訓練品質就會相對較差。因此美國肌力與體能協會（NSCA）出版的教科書中，對於大重量訓練比較適合在上午或下午進行，並沒有明確給出答案。如果各位要針對這個問題辯論，並無太大意義，最終一切還是依照現實狀況的需求來設計調整。

真要說起來的話，增肌訓練真正需要注重的是盡量避免安排在耐力之後；而做完的當下或隔天，也往往不適合高品質（強度、精準度、複雜度）的專項訓練安排，以避免訓練執行的品質下降，效果打折扣。

不要每天做重量

最後值得一提的就是，重量訓練不要每天做！這和坊間所流行的做法不太一樣，畢竟商業健身房希望會員越常來消費越好，而熱衷健美訓練的朋友們，也非常習慣諸如「昨天練肩、今天練胸、明天練背、後天練腿」的拆分方式。但是放在競技運動的前提之下，每天做重量的策略就不是很合理。畢竟專項訓練占據了大部分的時間，比較高品質的練習時段又要求你有最好的身體狀況，最少的疲勞和痠痛累積。所以每天都殘留一點點疲勞感，對專項訓練是有所妨礙的。

即便是以不同身體部位拆解開來的練法，也不見得是件好事。因為只要從事肌力訓練，就容易牽扯到收縮蛋白的破壞與分解，而在這個過程中所製造的副產物，並不限於肌肉局部；它們會在全身流竄產生各種輕度的副作用，也對肝臟、腎臟等器官造成持續的工作壓力，而自律神

經系統和內分泌系統在高強度力量訓練過後也是需要數日來恢復。

　　所以如同在第二章所提過的，當我們進行小週期的訓練規劃，應該先把要做重量的那幾天抓出來，並且至少間隔一天以上；以這個原理，每週進重訓室的頻率大概最多 3~4 次，整年度平均下來可能不到 2 次。

速度訓練

　　以往在與專業人士討論訓練的時候，最常遇到對方提出的疑惑是，為什麼要單獨做「速度訓練」？對球類運動而言，他會覺得我舉輕重量做很快，提升肌肉瞬間收縮的能力，就可以提升場上的動作速度了；而對耐力運動員而言，他會覺得我只要每個強度區間的數值都往上提升，自然就能勝過對手。

　　總之，大家都覺得速度訓練是田徑短距離選手（100 ～ 400 公尺）才需要去練的東西，你如果本行不是短跑就沒必要做。

為何要單獨練「速度」？

　　這邊先稍微離題一下，去回顧作者研究所時期的某堂課，老師要求我們做徒手力量耐力的課表設計與示範。當時我設計的全部動作中，最後一個是雙腳立定跳遠，重複五次，老師對這個動作非常讚賞，不過他問：「你怎麼不做連續 3 次跳？」

　　當下我接到這個問題有些傻眼，不知道該如何回應！後來我回答的是，我認為分開每次做好完整的落地，比較不會有受傷的風險，並且重新啟動時才能有較大的慣性阻力必須抗衡，才更有「力量」的元素；但

其實心裡面真正在想的答案是「因為我不會做連續跳」。

時至今日，我依然相信以當時「嘴上講的」答案做理由，分開跳是比較好的訓練設計。但在當時，被這個突如其來的問法「偷襲」的我，恰恰擊中了一個我以前從來都不知道自己存在的弱點，對呀！我怎麼竟然不會連續跳？

舉這個例子，就是想點出速度訓練的其中一個關鍵：「動作的快速銜接」。如果我單次最大的立定跳距離可達兩米四，但是連續 3 次跳的距離不達六米，遠低於單次立定跳的三倍距離。則顯然我在觸地瞬間維持身體前衝的慣量、將軀幹自然向前帶動到適當角度，再立即啟動下一次跳躍的神經機制是很差的，下肢儲存與釋放彈性位能的效率也不夠好。

而這個過程（腳從觸地到再次離地，所謂的 ground contact time），在時間上只有 200 毫秒以內（Washif & Kok, 2020），不足以讓大腦皮質先產生動作指令，再經由腦幹、脊髓與運動神經元的傳遞，到肌肉端完成執行。換言之，動作的連續必須要由腦幹直接「反射」產生，不必重新經由大腦的組織計畫；它是一個高度自動化與最佳化的過程，是身體動作「基本語言」的重要學習方式。（相關過程可回頭參考第二章「動作學習」P.66 的敘述）

「速度訓練」在動作上有非常重要的特徵，即是各個動作時期的連貫，有點類似在前面反應力量的章節所提到，理想上肌肉的牽張－收縮循環（SSC）是沒有停滯期的；也因此當我們進行增強式訓練的時候不能只以蹦躍的高度或下墜的深度，來做訓練品質的評判，而必須考慮觸地時間長短。

同理，在速度訓練中每個動作的接續，都必須避免頓挫產生；這一方面可以是在訓練中用口語提醒來要求，另一方面也是因為做不流暢就根本快不起來，所以單純要求「放鬆、順起來」也是一種改善頓挫與提升技術水平的重要方式。

而這邊所指的「動作」連貫，不單指奔跑閃躲位移時的下肢動作；它也可能呈現在拳擊的手靶訓練（5~10 拳以上的組合拳，或者持續 10 幾秒的高速連擊）、跆拳道或泰拳的連續踢擊（同側或換邊），桌球的重複正手接球回擊，以及場地自由車的低阻力高迴轉衝刺。這些訓練方式共同的特徵，都在於藉由大量地重複快速動作，要求肌肉做出高速收縮，並且讓技術精簡及神經傳導路徑「自動化」與最佳化。

減法訓練

廖教練講故事

我自己唸體育大學研究所的碩士論文，是研究腳踏車選手的踩踏動作。當時我找了比場地賽短距離的選手，以及主要是比耐力型賽事的選手，去看他們 1. 輕鬆踩、2. 低阻力高轉速及 3. 全力衝刺，三種不同情況下的腿部肌肉協同作用。講白話一點，就是看哪一條肌肉先發力收縮、何時放鬆、由哪一條肌肉去接手，以及彼此重疊時間多長等等特性。

結果發現，公路賽選手在輕鬆騎的時候，腿部肌肉的協同作用呈現一致的特徵，且與短距離選手明顯不同；但是要衝起來的時候，不同肌肉的發力時序就變得跟短距離選手一樣了。

所以從這篇研究可以得到什麼結論呢？坦白說很有限，因為並沒有足夠的證據可以指出在這兩類選手之間，誰的踩踏技術比較好；很可能耐力選手輕鬆騎的踩法，才真正符合「低油耗、高效率」的任務需求。不過很顯然的是，因為短距離選手練速度的比重相對高，他們高速騎乘的「技術特性」也會顯現在輕鬆騎的狀況上面。

由此可知，速度訓練的要求應該與技術訓練相同，必須由「小範圍」開始練起；每組持續時間不能過長、每次開始前必須得到相對徹底的休息，以確保神經系統在最佳狀態，並避免累積學到錯誤混亂的神經肌肉控制策略。

速度能力與體能之組合

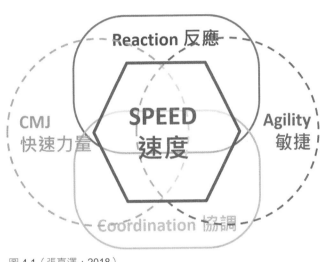

圖 4.1（張嘉澤，2018）

速度與力量的關聯

根據（Heemsoth, 2009），速度能力是指在神經肌肉系統在沒有疲勞的狀態下，於最短時間內做出反應、或完成動作的能力；影響的要素包括了反應時間，個別動作的精簡性，同樣動作的快速重複（循環式運動）或者多個不同動作的組合連貫（非循環式運動）。

而由上圖可以看出，無論是反應（從訊號接收到動作產生）、敏捷（符合運動專項位移模式的最高效執行）、快速力量（肌肉高速收縮與

伸縮循環機轉的最佳化）以及協調（針對外界不可預期的刺激，快速組織動作策略的能力），全部都包含「要以最短時間完成」的要求。

也就是說，速度能力是這四種體能要素的共同特徵，也是這四個要素達到最佳連結時所顯現的效果；而進行速度訓練，則可以同時提升這四種能力，或者是協助其中單一種能力的瓶頸之突破。

而若單純以「動作流暢」與「運動過程中的位移迅捷」來看速度訓練，可能依然會忽略速度訓練（特別是衝刺跑）的一個更大價值：改善中樞神經驅動力。全力奔跑的狀況，尤其是在極速期，由於全身絕大多數的肌肉群皆以最高速度進行最大強度的收縮，需要大量的運動神經元用快速以高頻脈衝的方式傳遞運動電位，徵召全部的運動單元共同作動；換言之，神經系統的瞬間「放電量」極大。

這方面的效益，與最大力量訓練類似，都是在於改善人體「電瓶」、「高壓線圈」和「火星塞」的效能；然而不同於最大力量訓練，肌肉快速收縮時的神經訊號頻率，與最大力量相比是高出非常多的。

既然速度訓練和力量訓練兩者是透過不同的方式，挑戰中樞神經系統的「放電」潛力；那麼依據生理適應的調節性（accommodation）原則，將兩者綜合應用會有非常好的效果，也符合「力量與速度的交互作用，可以組合出爆發力」的體能交互關係。

因此衝刺跑是少數可以不特別考慮專項特殊性，在各種不同的運動項目，都應該加強實施。例如，棒球投手需要全身性的爆發力，先發球員又必須具有續投許多局數，多個打席的續航力。故無論是著眼在瞬間的神經動員，或是多次爆發施力之後的神經疲勞之預防，體能訓練中都應該適度包含衝刺訓練。這純粹是考慮生理的機制，而與「投手不需要跑壘」的技戰術特性無關。

減法訓練

兩種速度檢測模式

　　以跑動為主要位移模式的運動項目，速度能力主要應參考兩種檢測：第一種是定點起跑的 30 公尺直線衝刺，第二種則是 "in-and-out" 模式的 30 公尺最大速度直線衝刺。定點起跑測驗，是從一開始就要全力；而 in-and-out 則是採取前面輕鬆助跑，逐漸達到整段計時都是最高速。

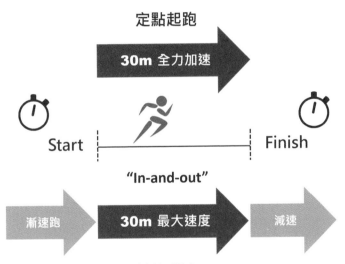

圖 4.2 兩種一般性的 30 公尺速度檢測模式。

　　定點起跑的重點在於反應、啟動力量、爆發力與加速技巧；而 in-and-out（又常被稱作 flying start 或簡稱 flying）模式，重點則在於最大速度的動作流暢性、最高動作頻率、神經傳導與肌肉收縮速度，以及 SSC 機制。所以依據項目的不同，對這兩項數據重視的程度也不一樣，兩種檢測的運動表現常模（以光柵測試，不包含反應時間）分別列於下表。

30 公尺衝刺的運動表現常模

項目	定點起跑 *1		In-and-out*2	
性別	男子	女子	男子	女子
極佳	< 4.0	< 4.5	< 2.6	< 3.0
好	4.0~4.2	4.5~4.6	2.6~2.9	3.0~3.3
普通	4.3~4.4	4.7~4.8	2.9~3.1	3.3~3.5
差	4.5~4.6	4.9~5.0	3.2~3.3	3.5~3.7
極差	> 4.6	> 5.0	> 3.3	> 3.7

表 4.1　*1（Davis et al.2004）*2（Chu,1996）

　　而訓練實務上，也可以直接應用檢測距離，作為速度訓練的方式。當然，依據運動項目的不同，練法也可以略為修改。譬如說棒球投手可能需要全身連貫的高功率輸出，所以適合以微上坡練習；技擊類選手和舉重選手因為不需要極速期的大動作和高頻交換，因此可以只做 5~15 公尺短衝；網球選手可以結合轉身或躺、趴在地面的不同起跑模式等等。

　　由表 4.2 進一步描述了不同運動項目的專項速度練法。前一段我們講到，依據不同的運動項目特性，光練「跑」就有不同的組合方式；而本章最開頭的時候也談到過，拳擊的手靶訓練、跆拳道或泰拳的連續踢擊及桌球的重複接球回擊等等，這些屬於「非循環式」運動專項的速度，也有必要額外做練習，以求「快速完成專項動作」的能力也得到強化。而方法上，則可以用最快速度一次連續做 10~12 下；也可以切成比較小的分量，用三到五組的方式每次做 6~10 下。

非循環式運動速度課表範例

訓練方式	負荷	訓練強度	節奏	重複次數	組數	休息
重複	簡單的專項動作	100%	maximal	10-12	1	無
間歇	簡單的專項動作	100%	maximal	6-10	3-5	>90 s

表 4.2（Heemsoth, 2009）

你看起來可能會覺得「6~10 下這麼少」，但由於神經傳導物質的耗損以及快縮肌纖維的疲勞和缺氧，在這種練法之下衰退是非常高的。而既然我們是要突破「快」的能力，那麼「已經慢掉」的動作，就絕對沒有繼續操作下去的必要性。特別是如果大量重複慢的動作，身體就會記住「慢」的技術特徵；之後要進一步突破的話，還要先破除這些舊的壞習慣，是非常不利的影響。

循環式運動項目的速度課表範例

訓練方式	負荷強度	節奏（步頻）	趟數	組數	休息
重複：動態式起跑	100%	最快	2-4	2-4	>2 min 至 10 min
重複：速度穿插（漸速跑／漸快, In-and Out）	100%	最快或稍微降低（加大步幅）	2-4	2-4	>2 min 至 10 min
重複：超負荷訓練（拖曳跑*, 下坡跑等等）	105-110%	超速度	2-4	2-4	>3 min 至 10 min

表 4.3（Heemsoth, 2009）* 這裡的拖曳跑，指的是利用滑輪系統或者彈力繩的方式，往前加速以「助力」拖著跑，而不是拖著重物向後施加剎車的「阻力」來跑。

而在表 4.3，則是替直觀感覺上「不容易變出花樣」的循環式運動，提供速度訓練課表的進階選項。可以看到與表 4.2 最重要的不同是在「訓練方式」上，非循環式運動可以採重複和間歇兩種模式；但只要是循環式運動項目，就一定必須要採取重複訓練。這是因為循環式運動所牽連的肌群通常更廣，而全身性的肌肉動員所累積的疲勞程度，特別是乳酸堆積所造成的代謝壓力以及肌肉細胞質的酸化，對速度的影響都會更加嚴重。

廖教練講知識

　　練循環式的速度，必須更加強調每一趟之間都接近「完全休息」，也就是重複訓練的最重要前提！而間歇訓練的特徵就是每一趟與每一組之間只能得到「不完全休息」；以非循環項目的動作譬如說羽球的腳步敏捷或卡巴迪的小範圍技術練習，也許還可以接受，循環式的田徑及游泳等等就完全沒辦法。

與速度有關的生理／力學機制

　　在第三章討論「肌纖維型態」的段落，曾提到快縮肌和慢縮肌的比例是先天決定，受訓練影響的變化有限。這會容易使人得到一個錯誤認知，亦即速度能力是依賴先天條件，沒有特別加以訓練的必要。

　　然而，會做出此種錯誤結論，是忽略了所謂「快縮肌／慢縮肌」的特性差異，主要是由施作在單一肌節（sarcomere）的鹽浴實驗，是透過解剖後分離取出，在體外進行，而且是由人工的方式施加單次的「脈衝式」最大刺激電位訊號，所量測得到的。

　　也就是說，其實光從「人體主動能給予的神經訊號強弱及頻率高低」，就能夠對單一肌節、肌纖維與運動單元的收縮速度進行調控；這代表了，速度的呈現絕不僅只是肌肉的事情而已。

此外，同一條肌肉是由為數眾多的運動單元所構成，不同大小的運動單元彼此之間如何協同作用，決定了肌肉收縮的時間—力量特徵；跨越同一關節的拮抗肌是否能夠得到有效的抑制，以減低抵抗力道與協助主動肌的力量施展？協同肌群能否以最佳的比例提供輔助力量？牽涉到SSC 作用的相關神經受器是否具有高的活性？肌腱是否有高的剛性以利最佳化儲存與釋放機械能？以及接觸衝擊之前的瞬間，關節周遭肌群是否能夠產生強大的「共收縮」（co-contraction）以利加大肢段剛性，並對主要產生 SSC 機制的肌肉進行預先負載（preload）？

以上所述的所有機制，全都可以透過訓練去達到改善，並非只受到肌纖維的特性決定。這就是為什麼速度訓練有必要獨立於肌力訓練之外，也是為什麼天分不夠好的選手，依然應該進行速度訓練；甚至依據他的比賽項目和個人能力瓶頸，可能要對速度的養成比別人更加重視，而非只是「有練就好」。

許多人會有錯誤認知，以為肌肉收縮快、瞬間產生力量輸出的能力夠強，就能保證運動員的速度得到提升；但殊不知這都只是影響速度能力的其中一個環節而已。由圖 4.1 可知，速度同時受到許多身體能力的共同影響、也是綜合這些不同能力的最佳化調控。

因此若沒有直接做速度訓練，則不但無法對這些體能元素同時起到提升的效益，場上的速度本身更難以發揮到極致！

影響速度的因子

在前一節我們有提到，影響速度的要素包括了反應時間、個別動作的精簡性、同樣動作的快速重複或者多個不同動作的組合連貫。在表 4.5中，我們可以更清楚地看見，運動場上的速度展現，被諸多不同的影響因子所決定，而這些影響因子，可以被粗分為四個大區塊：技術面的、認知與心理上的、神經面的以及肌肉與肌腱方面的。

從體能教練的眼光，我們可能會只著重在後面兩個區塊（神經與肌肉）的生理因子；期待這些條件得到改善，整體的速度就可以提升。但是不要忘記，做速度訓練目的，有可能不是只要看到速度進步；相對地，我們可以是反過來藉由練速度，去改善其中某些生理因子。因為這些因子若得到改善，理論上也可以提升爆發力、協調、反應和敏捷性。

此外，本章開宗明義就講到（以連續 3 次跳的例子），「動作的快速銜接」是速度能力不可或缺的重要環節。也就是說，表格中的前兩個區塊：「技術面」與「認知和心理層面」，如果被忽略了，那麼先天生理條件再優異，體能訓練的負荷給得再精準，都不見得能夠改善選手的速度。也就是我們常常聽到的「巧勁」與「蠻力」，「流暢」與「生硬」的差別。

如表4.4所示，若以單純提升速度為目的，則應該注重左邊兩個區塊；但若是以循環式運動要提升整體的速度表現，則必須重視全部三個區塊的共同發展。如果從能量系統的觀點來看，越是高速的動作越需要短時間內極大的能量輸出，這表示瞬間產出的最大功率（peak power）要高；如果持續運動時間達5秒以上，總作工的焦耳數（total work）也極為驚人。

因此藉由力量訓練，提升肌肉瞬間收縮的能力，並在高速收縮之下依然能夠有效產生力量，以及改善在連續多次高強度收縮之下抵抗疲勞的能力，也就對速度的提升有極大效果。

另外，在前一節我們也提到速度應該視為一種「技術」；但特別是在牽涉到需要有多方向位移的運動項目中，速度本身就與專項技術有高度關聯。比方說，世界頂尖的足球運動員 Cristiano Ronaldo，25 公尺定點起跑的成績與世界級短跑選手 Angel David Rodríguez 大約只有 8.3% 的差距，然而步幅卻短了 32%；這是因為在足球場上必須頻繁進行加減速與方向變換，因此低步幅與高步頻的技術特性較符合專項需求。

同樣是專項特性需求，在較高站姿的瞬間啟動，例如籃球的運球過人或拳擊的閃身位移，必須藉由靠近移動方向的前導腳離地「失重」產生下墜，讓軀幹自然往行進方向傾倒，製造出快速且「省力」的第一步動作；並且藉由前導腳下墜之後觸地瞬間的衝擊力道，蓄積 SSC 機制所需的衝量，方便第二步的方向變換或剎車可以更加靈活機動。

　　位移的技術不好，場上的速度就一定快不起來。以上面的這兩個例子（足球與拳擊），雖然廣義上仍同樣是跑動，但如果在進行速度訓練的時候以田徑短跑所強調的「推蹬、跨步、高抬腿」做技術指導，則很可能「體能進步」的成果就無法實際提升場上表現，甚至還有所妨礙。

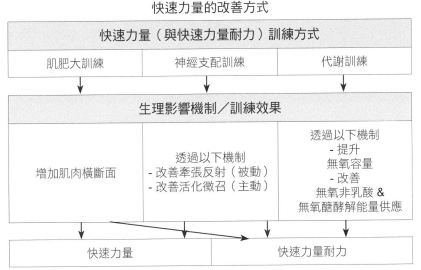

表 4.4（Heemsoth, 2009）

影響速度的要素

系統性發展技術相關之影響因子	感覺，認知心理層面之影響因子	神經影響因子	肌腱／肌肉影響因子	
性別	專注（選擇性注意力）	運動單元的徵召與頻率調控（肌內協調）	肌纖維類型	
天分			快縮肌纖維橫截面積	
身體結構	資訊收集，處理，導向與調控	中樞神經的活化與抑制（肌間協調）	肌肉收縮速度	速度能力
年齡			肌肉 - 肌腱彈性係數	
運動技術之品質高低		神經傳導速度	延展性（黏滯性）	
動作預期 *	動機，意志力	預先活化	肌肉長度與接點（肢段力臂大小）	
		反射活化	能量供應	
			肌肉溫度	

表 4.5 取自（Heemsoth, 2009）。* 與對技術動作的想像，和從事該項運動的經驗密切相關

減法訓練

　　前述的神經生理機制以及專項速度的技術特性，都迫使我們進行速度訓練的時候，必須有充足的休息與較低的疲勞程度。而此處所謂的疲勞，包含前一趟所進行的訓練是否已恢復？以及先前幾天累積的訓練負荷，是否讓今天有好的「狀態」適合進行速度訓練？都必須列入整體的考量。

　　如果訓練當天的疲勞感過高或肌肉反應不佳，則必須考慮改以小動作、低衝擊高頻率及不要求爆發力的訓練形式。當然，最好的選擇是在小週期課表的安排當中，能先行避免此種情況發生。

廖教練講故事

　　我唸研究所的第一年，曾經在訓練學的課堂上看見老師親自操作球隊的速度訓練，每一趟都確實壓錶，並且報秒數給選手聽。但是衝幾個趟數下來之後，我卻發現老師拿給我看錶面上實際顯現的液晶數字，跟他口頭報給選手的秒數，怎麼有時候竟然不太一樣？

　　結果後來老師跟我說，站在那邊按馬錶，只是為了要讓選手看見有人在監督訓練執行，會跑得比較認真。甚至有時候他看見選手跑得很快，就故意亂報時間或偷加個零點幾秒；而如果看見選手跑得力不從心，就會稍微仁慈一點，給他少報零點幾秒。

　　原來在訓練場上，就已經能進行心理技能的操作，而不是僅限於諮商室或者靜態課程。「當選手表現不好的時候，你要鼓勵他說他做得很好；而當他表現很好的時候，你就要假裝不滿意，跟他說做得不夠好。」這招欺騙的伎倆，我日後也曾經小試過幾次，似乎真的還蠻有用的。

▌速度與能量系統

　　由能量需求而言，速度也牽涉到極大的動能生成與維持。如此快速且大量的能量需求，必須透過無氧能量系統方能達成。而此時假若過度依賴無氧醣酵解系統，則過高的肌肉細胞質酸化、大量的丙酮酸以及乳酸堆積，將會回過頭來抑制無氧醣酵解的效率，造成隨後幾趟的訓練品質急遽下降。

　　因此，速度訓練距離不宜過長，理想上全力衝刺的範圍應控制在20~30公尺以內，並且搭配相當長時間的休息，才能夠重複多趟的高品質訓練。此時無氧能量系統的化學路徑相對單純、恢復速度也較快（倚賴不會製造乳酸的肌磷酸 ATP-CP 系統程度較高，醣酵解系統比例較低）。

以一般的運動項目而言，大約每趟 30 公尺衝刺需要休息達到 2 分鐘以上，才是理想的訓練架構；同時必須按馬錶記錄每趟的秒數，如果運動表現衰退程度超過 5% 以上，則必須中止練習。

這邊所提到，速度訓練希望能使用更多的 ATP-CP 機制。而實務上，這兩個訓練通常是直接安排在一起的，也就是說，訓練「無氧非乳酸系統」的耐力，就是使用速度訓練的方式進行。

特別注意，雖然學理上 ATP-CP 系統可提供約 10 秒鐘左右的能量，但此時無氧醣酵解系統也早已經啟動接手；由於我們希望訓練的「重點」是在於不要啟動無氧醣酵解機制與不要大量產生乳酸，因此理想上訓練 ATP-CP 無氧耐力的每趟持續時間，也與速度訓練類似，最好壓縮在 5 秒以內。

如此約 2~3 分鐘的休息時間就能夠達成完全恢復，不僅總負荷較低、課表的時間效率更高（達到完全恢復的所需休息相對短），且訓練效果更好。

廖教練講知識

優秀短跑選手（訓練成績 10.6 至 10.7 秒）在結束單趟 100 公尺的漸速跑熱身後，血乳酸濃度就可達 10mmol/L 左右（Mader et al., 1976）；可見光以 10 秒作為 ATP-CP 能量系統訓練的判準顯然是錯的。（關於耐力訓練模式與能量機制的啟動「優先」順序，請參照隨後的第五章之說明）。

不同運動類型的速度訓練

在不同類型的運動當中，進行速度訓練的「負荷」也可能必須有所調整。例如以耐力型運動員，或部分比賽場地較狹小的球類運動員，由於平時訓練不常加到全速，相關神經機制是較差的；因此在施予速度訓練時，可以採用要求「盡全力」的方式，並且規範每趟的秒數必須達標。

但對於項目本身就是速度決勝的運動員（例如短跑、競速滑冰、直排輪、游泳），或者跑動距離較大，單趟衝刺可達 5 公尺以上的球類項目（如足球和橄欖球），則可以考慮以「九成或九成五的全力」設定訓練強度，給予運動員自我調整空間。這個目的是在維持生理刺激的前提下，以略低的強度設定、換取較高的訓練總量。

但此處所指出的「負荷調整」只是通則、並非鐵律，實際作法在選取上較具有彈性，也更加考驗教練的判斷能力。譬如同樣是耐力運動員，對於徑賽 800 至 1500 公尺的選手，速度訓練可以選擇全力的 30m flying 模式；但對於半程或全程馬拉松選手，可能就需要以「九成力」做較長距離的衝刺，比方說 400 公尺田徑場上的直道衝刺及彎道緩跑，連續 5 趟。

若是 226 鐵人三項選手，則會傾向以高強度間歇的方法，在加強耐力的同時給予速度刺激；或以摩托車引導方式，練習自行車賽段的高速巡航技巧，而不做純速度訓練。此時專項的特性考量，以及選手個人條件對訓練方法的容忍度，就優先於前述與速度有關的生理機制。

最後必須強調的是，由技術教練觀點而言，場上所需的速度通常是「靈活」而非「高效能」或「出到全力」；也就是說在移動快的同時，必須要能夠掌握其他的技戰術要點，以及保有做區辨判斷的能力。思考反應以及控制肢體的動作，兩邊同時都在消耗著中樞神經系統的「計算能力」，因此動作若可以「輕鬆」、「流暢」，往往才能夠在場上呈現出「快」的運動表現。

因此在做速度訓練時，除了掌握好關鍵的技術特性，針對專項動作

的肌群和動作方向與模式設計內容之外，也須了解大動作與「強而有力」的移動技術往往不是場上所需要的表現。故在速度技巧的教學上，必須適時做出相對地調整，了解一般體能訓練方法的應用限制，並避免以「執行體能訓練」的發力原則去要求賽場上的動作。

速度瓶頸之突破

　　由於速度訓練與檢測，基於先前所討論過的生理機制，必須是以較短的距離和持續運動時間進行。此時最理想的方式是透過光閘等運動科學器材，或以攝影方式分析；若採取以手動按錶計測，則檢測人員的按錶準確度也必須列入考量，並且採取三到五次重複檢測方式，排除第一趟成績以及離群值之後再做平均。算出的平均值與表格常模進行比對，即可得知運動員是否需要做加強。

　　如果以團隊項目，則每一隊人數眾多，不容易進行個人化的運動能力判斷與課表制定；此時可借助四象限分析方式將訓練的大方向列出，就能將整隊粗略分成二到四個小組，針對設計各組所需的訓練內容。例如以下就是針對某一群特定運動員所進行的檢測分析：

　　下圖以 30m 定點起跑與下蹲跳（CMJ）兩項檢測數據繪製散布圖，用於分析體能訓練介入方式。兩者數據取平均值繪製出水平與垂直兩條參考線，將所有資料點區分出 A、B、C、D 四個象限。

　　圖中可見 C 象限選手，下蹲跳能力與跑速都較差，顯示肌力素質較差，直接施予最大力量訓練就能夠達到有效改善；而位在 D 象限的選手，則應以增強式訓練改善快速力量，以尋求進一步的起跑速度突破。

減法訓練

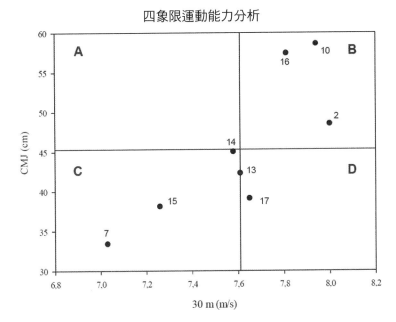

圖 4.4 張嘉澤（2013）未出版之上課教材內容

　　B 象限的選手，30m 速度與 CMJ 高度都屬於較佳，因此除非成績與常模差距太大，或者技術教練有額外要求，否則不需要做特別加強。而若有任何人的數據落在 A 象限，則代表擁有訓練潛力，但加速技巧差。應給予協調和速度訓練，並且強調正確動作要領。

　　其中特別注意 B 象限的 2 號選手，在同一群體中屬於速度最快、但跳躍能力相對較差者，此時必須分析其防守位置與慣用進攻手段等，以確認體能特徵是否符合他的專項需求？依據各位置選手所扮演的場上任務不同（在這個例子中他是籃球場上的控球後衛），其個人技戰術對於速度的倚重程度也可能產生差別。故此種分析方法並非鐵律，實際應用上仍需參照技術教練的意見做出調整，以免浪費太多時間在加強「不重要」的身體能力。

廖教練講知識

正常人的反應時間約 0.2 秒左右，經訓練後可縮短至 0.12~0.16 秒之譜（例如短跑選手對槍響的反應）。有鑑於此，可以合理認定手按錶的量測精準度，只能取到小數點後的第一位數；而做速度檢測時的距離或訓練上選擇按錶計秒的課表內容，也就必須據此作出調整。

前面所提到速度訓練最長取到 20~30 公尺，以確保主要動員到 ATP-CP 無氧能量系統，及減輕疲勞累積。但由於手按錶的誤差，訓練距離（或每趟操作時間）也不宜過短；若動作執行時間不多於 2 秒，則 0.1 秒的按錶誤差就足以影響前述的 5%「衰退程度」判定標準。

因此手按錶的應用有其極限，如果動作速度非常快、持續時間非常短，應該就要改採其他方式給予激勵或即時回饋，譬如：兩人（或以上）對抗搶快，追逐目標物等等。

▌速度的超負荷

除了從體能檢測分析、以及體能交互作用的角度著手進行訓練之外，針對速度的改善，應用最廣泛的還是以「直接操作速度訓練」為主。而若已經持續進行了 1~2 年的規律訓練，發現速度能力遲遲未能改善，通常會以這個運動員在訓練上「已達到了速度瓶頸」來描述此一現象。

在概念上任何體能的訓練都必要要以「超負荷」為開頭，才能得到進步；但若要從最大速度的技術或力學機制直接下手（特別是以跑步而言），很難達到超負荷的要求。因為人最多就是出到「百分之百的全力」而已，要怎麼「超過」百分之百？

若以自行車為例，若肌肉收縮速度無法提升，則可以選擇加大齒比，也可以用低阻力練習高迴轉，或者可以做汽機車引導或下坡俯衝。但以

跑動為主要改善目標的話，就必須想辦法在以同樣出力，甚至稍微較低程度的出力下，找方法達到跑動機制的突破。其中，運用低磅數的彈力繩進行輔助牽引或運用斜坡地形，是兩種合適的簡易手段（可參照表4.3）。

運用斜坡跑，可有效改善起跑與加速機制，增加推蹬力道與提升輸出功率。

同樣約 3.5% 的緩坡改以下坡跑，經過影片分析，可得知完成四個步幅的時間不變，但是總跨距與上坡跑相較增加 8.1%，適合協助進行最大速度突破。

必須特別注意的是，適合練習下坡跑的路段必須要坡度極緩且極為平順，才不會快到跑者每一腳觸地都在剎車，破壞基本的技術特徵；或者在極不明顯的路面凹陷處（可能小至僅僅 2~3mm 的程度）讓人瞬間踩空扭傷。（上頁兩張照片，即是我自己在台北捷運淡水線北投機廠入口處的緩坡道，進行上坡與下坡跑的攝影分析。）

圖中以大約 3.5% 的微下坡，在不影響步頻和不產生錯誤的技術特徵（例如腳著地在身體重心前方、腳跟接觸到地面等等）的前提下，可以讓步距加大。如此夠讓身體在還不具備有更高速的「硬體條件」之前，就先熟悉更高跑速的技術特性，以期突破神經系統的適應。

同樣以「分析體能區塊、分別擊破」與「提供超負荷刺激」的概念，可以應用在許多其他的專項動作之速度瓶頸突破，而不僅限於跑步、游泳或自行車等只牽涉到線性位移的速度上。

譬如以棒球投手而言，透過高速攝影可以找出各個關鍵的動作特徵點，將整體動作進行分期；再經由與頂尖選手的動作比對，參考技術教練所提出的動作優缺點來訂定改進目標，以決定是否由軀幹的力量傳導或上肢的活動角度及專項肌力作提升；或者可以利用測力板，分析軸心腳推蹬和前導腳剎車的力量峰值，來判斷是否對下肢的主動發力或反應力量進行改善。此為「分別擊破」的策略。

或者更常見的是，透過交替使用加重的球和較輕的球，先誘發「想要做出更加強而有力的爆發」和「想要追上更快的物體繼續施力，以達到更高的離手速度」，以求打破經過長期訓練之後趨於定型的動作技術。此為「超負荷」的策略。

神經可塑性的開關

以阻力或助力作為輔助的訓練，除了概念上的「超負荷」之外，也可以從神經生理學的「神經可塑性」（neural-plasticity）觀點加以解釋。

此一理論強調，在技術執行的時候稍微進行回饋訊號的干擾（譬如我平常習慣投 5 盎司重的棒球，今天出手時忽然覺得它變重；或者平常我全力奔跑時是某種速度感，今天跑下坡好像覺得自己變快、腳觸地的時間被壓縮），可以迫使中樞神經系統「重新校準」命令訊號的產生與執行，在神經元之間產生新的突觸連結。

　　但比較特殊的是，若我們只是希望啟動神經可塑性的「開關」，那麼給予阻力或助力就比較適合施行在訓練前的熱身階段，或是在熱身完畢後的第一組少量使用，而不是作為整個訓練的主體。這與「超負荷」的原則不同；如果是想要藉由負荷劑量的調整，達到「超過」我現階段所能承受的程度，則會希望全部的主訓練都是由阻力或助力的訓練構成。

　　至於哪一個解釋方法才是對的？目前似乎沒有定論。但可以確定的是，在課表制定上選擇 1. 不會對現有動作特徵產生太大的負面影響，2. 最低的受傷風險，以及 3. 新奇有趣能激發心理動機的方式，都有助於突破速度瓶頸。

耐力訓練

耐力就是忍受長時間運動並抵抗疲勞的能力。為了達到這個目的，人體需要有幾個機制的通力合作：1. 能量基質（可想像成是燃料，例如肝醣與脂肪）的儲存充足，2. 分解及運輸能量基質的酵素與轉運蛋白數量與活性要高，3. 肌肉細胞內部的能量代謝路徑通暢、各種不同供能系統之間的切換要能夠明確，4. 氧氣的供應充足、二氧化碳及乳酸的排除迅速，5. 細胞質抗酸化的能力高，6. 體表散熱效率好以及 7. 專項動作的純熟度與動作經濟性要能夠達到最佳化。

因為說到底，耐力的展現就是要「持續長時間由人體對外界輸出高的功率」，而且不易隨運動時間的延展而出現衰退。它不是單方面的運動時間拉長而已；事實上，很多時候我們所希望的反而都是「固定時間內可以輸出更高強度」或「特定任務可以在最短時間內完成」。

耐力的定義

通常大家在思考「耐力」這個問題的時候，會被我們拿來進行訓練的常見「方式」限制了框架，總是把耐力（或更通俗的說法是心肺功能）與慢跑、游泳、騎腳踏車，爬山健行或者是在健身房裏面踩滑步機和登

階機之類活動畫上等號，或者更進階一點的大概會想到風扇車（assault bike）或者盪壺鈴與甩戰繩。

但其實這樣的想法往往是忽略了，我們真正需要在運動場上展現的耐力，可能是球場上快速頻繁的短衝刺，每局可以做幾趟或平均移動距離有多少，可能是舉重選手每一把上場試舉之間的恢復速度，可能是格鬥選手用降伏技絞殺對手的等長收縮肌力，可能是射箭選手瞄準時的心跳數可以低到每分鐘多少下，可能是賽車選手在後半段抵抗視野模糊專注力下降，可能是鐵人三項運動員在賽程中吃喝的補給品能不能消化吸收，也可以是攀岩者在挑戰路線時忍受前手臂痠脹的能力。

由前述的諸多例子可知，其實「耐力」的展現具有高度的專項性；此外，若單純以「心肺」角度看待，也容易忽略能量系統的特殊性，或者忽略肝臟、腸胃道等內臟的機能，也沒有考慮到神經系統活性的維持。

然後既然練耐力要考慮這麼多面向，與專項動作的純熟程度又如此緊密地連結，又反過來進一步影響了我們評斷一個人在做運動時「耐力」的好壞，畢竟我們只看到他喘不喘或跑不跑得動。這就造成了，有時候我們用訓練方法來評斷，會覺得這個人的耐力明明已經進步很多了呀！怎麼回到場上，看來看去還是覺得很差勁？原因就在於，在場上體現的「耐力」，往往不是單純的心肺和「體能恢復」這麼單純。

舉個例子，我唸國體教練所的學弟有幾位是在國高中帶籃球隊，其中一個在被訪問的時候說過：當你看球員打比賽在場上很喘，很自然就會覺得他是耐力不好。然而透過檢測，有時候卻發現他的耐力水平其實在同一個年齡層已經是中上水準，反而是速度能力不太好！

因為速度慢，往往要被對手主導的節奏牽著鼻子走，花更多力氣追著滿場跑，自然看起來就累了。然而在這種情況下，練更多的耐力很可能不會有更好的結果；這就是耐力評估其中的一個難處，也是標準化及數據化檢測的重要性。

數字傳遞出的問題

但即便是有最尖端的數據蒐集技術，若缺乏清晰的洞見，你也不知道眼前這堆很威的數字到底傳遞了哪些資訊？這一方面是人體的生理機制錯綜複雜，單一個機制就已經不容易理解透徹，不同機制的牽扯影響又更難釐清。

而另一方面是，你蒐集的資訊是否能夠真實反映你所希望看到的問題面向？譬如說如果我們在足球隊的每個球員衣服上裝設 GPS，分析整場比賽下來每個人平均的跑動距離、發動短衝刺的次數以及加速度峰值等等。但你若做出「跑動的總距離較遠」等於「耐力較好」這種解讀，是否就忽略掉球員的任務分配以及總教練的戰術規劃？

搞不好跑最多的人不是因為他耐力最好或最「跑得動」，而是因為他不會踢球與隊友的合作很差，才在球場上像無頭蒼蠅一樣亂竄，跑了很多無謂的距離。

所以到頭來，我們才會往往又反而回歸很基本很「普通」的檢測方式，然後把測出來的數據跟該運動項目的常模類比。如果你的項目主要以跑動來進行位移，那麼就使用跑步機進行速度漸增檢測，繪製血乳酸濃度曲線或者觀察心跳率轉折點。

然而在此應該要有個基本認知，「常模」所代表的僅是「及格分數」，如果我目前不及格那考到及格自然是當務之急；待此基本標準可以達到之後，再進一步的耐力訓練就要開始更貼近專項需求。否則若繼續抱持著狹隘的眼光，覺得跑步檢測所呈現的數據是越高越好，那很可能會把所有項目的運動員都變成馬拉松選手。

廖教練講知識

斯洛伐克拳擊選手的專項耐力訓練，程序是以模仿業餘拳擊賽的三個 3 分鐘回合，每回合之間靜態休息 1 分鐘；以站立姿態開始，先趴下做一個伏地挺身，然後馬上爬起來側移繞過假人，回到原地再趴下做第二個伏地挺身，依序操作（ŠiŠka，Andrej & Brodáni，2020）。

我們以最大心跳率、完成總次數以及伏地挺身觸地時間等等運動參數的衰退率，得出這符合拳擊專項體能需求的結論。不過評斷一個好的訓練方式，除了它的特性與專項動作是否相似？練起來有沒有很操？能否作為檢測手段（在好的和差的選手之間有無鑑別度）之外，總該有一些其他的指標吧？譬如說，這樣練到底會不會進步？而這些進步的成效，跟他的專項表現又有沒有直接關聯。

對我個人而言，此篇研究最令人激賞的其實不是研究結論或者實驗數據，而是測試方法本身。首先，波比跳所徵召的手臂、肩膀、胸背及軀幹核心等肌肉群，與拳擊運動所牽涉到的肌群完全類似；側移的步法也類似拳擊場上的移動模式。再來，因為動作經過減化，撤除了技巧性的成分，就不會有「技術好的選手容易省力」，可以屏除技術水準影響。

最後，測驗所採取的主要參數的是最高完成次數，方便基層教練沿用，而且能夠刺激選手盡全力；因此不會讓能力越強的選手反而做起來越輕鬆，而失去作為施測手段的價值。

三大能量系統

　　人體製造能量的三大能量系統，是人類能夠勝任由極短到極長的時間，由極度劇烈到穩定持久的各種不同運動情況之主因；換言之，近代汽車因應大馬力與低油耗，所採用的「複合動力」系統，其實早在人體內透過數百萬年的演化趨於成熟。

　　我們所熟知的「無氧」和「有氧」運動，也是由能量系統的區分而來。但是其實人類的無氧代謝系統是不完備的，無法像酵母菌一樣在完全缺乏氧氣的環境進行。它只是「暫時以不需要氧氣參與的」和較簡單快速的化學反應，在極短時間內提供大量的能量輸出，先應付眼下的立即需求；並將這些快速化學反應所產生的副產物先累積起來，放到「等一下有空的時候」再來使用氧氣進行處理。

　　而由於後面進一步牽涉到氧氣參與的能量釋放，過程較為複雜而緩慢，往往在運動結束之後還要持續進行一段時間。因此在過往的運動生理學，會以「氧債」的名稱來描述此現象；但由於我們觀察到「累積氧債」的狀況在運動強度越高的情況下越明顯（運動結束之後仍維持高心跳及劇烈喘氣與大量出汗等情況），而在低強度似乎完全不會發生，因此容易令人產生「只有高強度運動才會動用到無氧能量系統」的誤解。

　　此種誤解肇因於十九世紀對生物的新陳代謝，尚未瞭解透徹，也因此許多當時所發明的詞彙也沿用至今。在本書的後面章節，也將持續使用「有氧耐力」與「無氧耐力」這兩個通俗的稱呼方式。

　　而所謂的無氧能量系統，其實又可進一步細分為磷化肌酸系統（ATP-CP 系統，簡稱為磷酸系統）以及無氧醣酵解系統（經常被稱為乳酸系統）。兩者的主要分別，在於總能量的提供多寡以及回充速度。

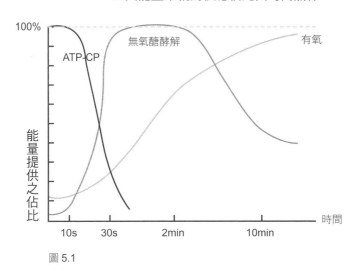

三大能量系統的供應佔比與時間關係

圖 5.1

　　如同前述，無氧能量在被使用之後，需要經過有氧代謝機制來回填。ATP-CP 系統的優勢，在於它的回充速度快和化學反應簡單；但缺點是總能量的儲存量較少，只能支應單一系列快速動作（譬如棒球傳接、揮棒或籃球跳投）的瞬間大功率輸出；如果持續輸出大功率的時間拉長（譬如棒球外野手的跑動補位，籃球員進攻籃板搶籃之後進行快速回防或田徑選手做漸速跑），則需仰賴無氧醣酵解系統。

　　無氧醣酵解系統的優勢，則是比 ATP-CP 系統更高的總能量「庫存」；而它的缺點，則是大量堆積的代謝副產物，需要較長的生化機制才能還原，對身體在運動中的恢復速度不利。

能量系統	ATP-CP 系統 （又稱磷酸系統）	無氧醣酵解系統 （又稱乳酸系統）	有氧系統
分類	無氧耐力	無氧耐力	有氧耐力
能量基質	磷化肌酸	糖類	糖類、脂質、 蛋白質
代謝副產物	磷酸、肌酸	乳酸	水份、二氧化碳
強度	最高	高	較低
啟動速度	最快（立即）	快（數秒內）	較慢
維持長度	10 秒	2 分鐘	至能量基質耗盡
恢復時間	快 （數 10 秒至 1 分鐘）	較慢 （可長達 30 分鐘）	--

表 5.1

減法訓練

　　幾個例子來說，如果一間經營不善的公司有貨款和員工薪水要支付，這種迫切的需求使老闆要動用創業時期存起來的緊急預備金，這就像是 ATP-CP 系統；等到下一筆生意成交，賺進來的錢就可以補回到預備金裡面了，損害不大。

　　但如果老闆持續亂花錢，導致緊急預備金已經不夠用，讓他把公司資產拿去貸款，甚至找地下錢莊，這就是類似動用到無氧醣酵解系統的概念。跟地下錢莊借錢會有很高額的利息，就像肌肉的細胞質酸化對蛋白質產生破壞，以及乳酸的大量堆積之後需要花很長的時間來由各個不同臟器來代謝掉；而這些額外的代價（滾出來的循環利息）相當高昂，有可能會壓得老闆喘不過氣或導致公司破產。

專項與能量系統

所以對運動專項的認識很重要，像是球類和技擊類的能量應該以 ATP-CP 為重，乳酸系統的動用相對較少；而以同樣球類來說，棒球對於乳酸系統的仰賴程度又比籃球更低（因為籃球比賽的節奏較快，間歇休息的空檔也較短）。以這種情況，在訓練時就應該大量地側重 ATP-CP 系統的動員，高爆發、極短的持續時間或最少重複次數，搭配相對較長的休息。

而例如田徑短跑，雖然持續的時間只有十幾秒；但由於動用到的全身肌群較多，總能量的輸出（作功）也相當大。因此即便是最短的 100 公尺，相當程度上仍倚賴無氧醣酵解系統，這可在比完賽 7~8mmol/L 的血乳酸濃度得知；而在訓練中就算不是專門針對速耐力做加強，乳酸濃度也可能會高過 15mmol/L 以上。

再比方說以體操為例，雖然體操的所有動作都是瞬間和爆發類型，但是由於每一個單項的持續表演時間約長達 40 秒左右，因此比完賽後的最大乳酸堆積依然可能達到 14~17mmol/L 的程度。所以體操的專項耐力也是屬於無氧醣酵解系統，用 ATP-CP 系統的練法是絕對不夠的。

若把比賽時間拉長到半程或全程馬拉松，則所仰賴的自然是有氧能量系統。然而，由於粒線體的有氧呼吸可以使用許多不同能量基質；所以在訓練中，應該要依賴許多的長時間低強度訓練，來設法提升自由脂肪酸的代謝？還是要應用很多僅稍微略低於乳酸閾值的配速或「tempo」訓練，搭配高強度間歇來強化醣類的有氧代謝路徑？依然是見仁見智的問題，需要參考選手特性與參賽層級等等，才能做出恰當的決策。

比方說，我參加過的台北馬拉松，半馬成績是 2 小時 15 分；我進終點後不到 3 分鐘，全馬組第一名的肯亞選手就跑進來了。那麼既然他的速度是我的將近兩倍快，光燃燒脂肪有可能應付如此誇張的強度輸出嗎？但是話又說回來，我的半程馬拉松也是拚了死命地用力在跑，有可

能因為我的速度較慢，就一定比較「有氧」嗎？

　　這些複雜又令人頭痛的問題，都沒有標準答案，必須透過檢測才能明瞭。但是做為通則，球類和技擊類運動都是以 ATP-CP 做為主要能量系統，短時間高強度的循環式運動項目倚賴無氧醣酵解系統，時間及距離越長的項目則越需要重視有氧系統，以這個方向做為初步分野大致上是不會錯的。

強度區間與耐力檢測

　　簡單了解人體的能量系統運作之後，接下來要談論的是所謂的強度區間。區間的設定主要與兩個生理現象有關；第一個現象是「隨著運動強度升高，血液的乳酸濃度開始提高超過安靜值」，而第二個則是「隨著運動時間的維持，在相同強度之下血液乳酸濃度無法繼續維持恆定，開始隨時間上升。」而由於乳酸是醣類代謝的副產物，因此我們也可以說，強度區間的訂定主要是依據醣類能量的代謝。

　　右圖是一個血乳酸曲線的範例。橫軸是騎乘自行車的「功率」，每一個固定的功率輸出要騎 4 分鐘，結束後擠耳垂採血一滴，分析血液中的乳酸濃度。功率的概念在第三章已經約略有提過；在這裡你可以把功率想像成是汽車的馬力，或者電動馬達的耗電率。打個比方一般家用 14 吋電風扇的馬達通常需要 50 瓦特（Watts）的輸出，吸塵器則是要 350 至 500 瓦特。

　　要繪製出完整的乳酸曲線，整個測試流程大約需耗時 20~30 分鐘，強度每一階是漸增上去的，每個關卡都會比上一關更加艱困，持續到受測者無法承受為止。從曲線觀察可以看見，這名選手在開始運動測驗之前的休息狀態，血乳酸的安靜值是 1.4；而在測驗的剛開始的幾個階段，隨著運動強度逐次上升，乳酸濃度大致上維持不變，甚至有稍微下降，要一直到 220W 的時候才超過安靜值。因此這名運動員的「有氧閾值」

就可以定為 220W；在有氧閾值以下，就是所謂的低強度區間或者「有氧區間」。

運動強度 – 血乳酸濃度曲線

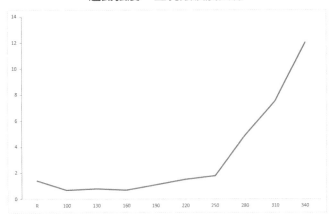

測驗階段	R	100	130	160	190	220	250	280	310	340
乳酸濃度	1.4	0.7	0.8	0.7	1.1	1.5	1.8	4.9	7.5	12.0

圖 5.2

然而，同樣依據我前面第一段的文字敘述，這第二個生理現象：「隨著運動時間的維持，在相同強度之下血液乳酸濃度無法繼續維持恆定，開始隨時間上升」，該怎麼從這個乳酸檢測中觀察到？結論是你無從得知，因為每一階運動強度的維持時間只有 4 分鐘。要真正知道運動的「恆定」狀態從何時開始被打破，我們必須另外進行一個所謂的「最大乳酸恆定強度」（Maximal Lactate Steady State, MLSS）檢測。

要準確的知道 MLSS，我們必須做到很多次，通常至少要分兩天進行的實驗，在相對高的強度持續騎（或跑）很多趟，且每一趟至少要花上 20~30 分鐘，這種測試方法非常耗時而且累人。所以雖然 MLSS 在生理上最能精準反映出「無氧醣酵解系統」製造乳酸的速度與「有氧系統」燃燒乳酸的速度達到平衡，有極大的學術價值，但實際上對運動員沒啥幫助，因為這麼繁雜的檢測流程是很少人願意接受的。

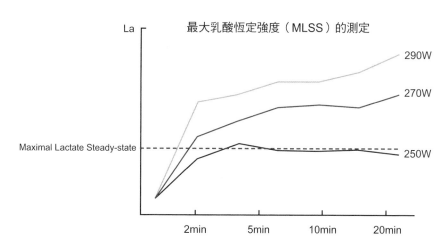

圖 5.3

此外，前述「在測驗的剛開始的幾個階段，隨著運動強度逐次上升，乳酸濃度大致上維持不變、甚至稍微下降」的現象，基本上要優秀運動員才會發生。我們再觀察另一個比較差的選手，以同的方式去做乳酸曲線繪製，會發生什麼問題？

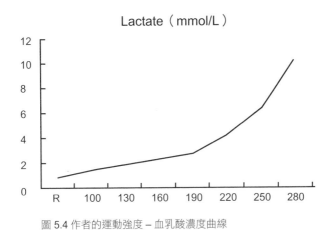

Lactate（mmol/L）

圖 5.4 作者的運動強度 – 血乳酸濃度曲線

　　上面這個曲線圖受測者是我本人。可以看見，完成的階數比前面的範例少了兩階（相差足足有 60W 之多）；而且更重要的是，從測驗的第一階乳酸濃度就開始上升了，根本沒有任何「持平」的現象可觀察得到，在實務工作經驗上，此現象會發生於至少 50% 的受測者。

　　為了解決這兩個問題，我們必須要有更簡單的定義方式。而在七〇年代，德國的 Kindermann 透過分析大量的增階檢測數據以及 MLSS 實驗結果，提出了以 2mmol/L 判定有氧閾值、並以 4mmol/L 判定無氧閾值的方式，做為既精準又快速簡易的耐力體能檢測方法。他的理由很單純，因為絕大多數優秀運動員，發生「乳酸濃度開始提高並超過安靜值」的時候，平均的血乳酸濃度值為 2mmol/L，而在發生 MLSS 的時候平均值則是 4mmol/L。從此 2-4mmol 的檢測方針也就被德國教練體系沿用至今。

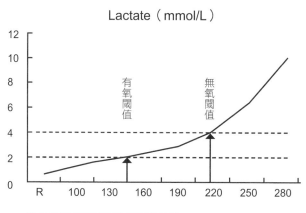

Lactate（mmol/L）

有氧閾值

無氧閾值

圖 5.5 有氧閾值與無氧閾值的決定。

減法訓練

　　而這裡「負荷」的方法其實有很多種；以訓練應用來講，最常採取的模式其實還是跑步和自行車，因為跑步畢竟仍是大部分競技運動的移動方式；而對於自由車專項選手或騎車能力較差的鐵人三項選手，以及體重較重或下肢有受傷，不適合進行跑步檢測的運動員，則會以功率腳踏車採測。其餘特殊的耐力運動項目，例如游泳和划船等，則可以使用專項運動的方式測量。

　　以「區間」的概念，可以讓各種類型的競技運動在進行耐力訓練的時候把強度都抓得相對精準，可以符合專項體能和能量系統的需求。

　　但是不知為何，在耐力型的運動當中卻只有自行車的課表設計，比較常應用生理檢測所訂出來的強度區間；其他項目諸如游泳、跑步、滑雪和溜冰等，往往都以「比賽配速」的百分比來設計課表，其依據的是直接在賽場上測到的成績數字，而非生理參數。

又或者更多是直接使用單趟訓練的時間或距離長短，來進行自我調配的強度控制。背後的概念是由於長時間訓練無法維持高強度，所以時間短與距離短的訓練本身就比較適合做速度和強度的突破，而「長時間耐力」自然就變成低強度耐力。

說實在的，其實只要組合的原理掌握得當，數據的應用也不一定是重點。（詳見本章最後一節「極性訓練」）

至於為何會有這種傾向？說起來實在難以解釋得清楚，也許是因為腳踏車運動本身就適合科學化的數據蒐集吧！畢竟從最早先的心跳錶到現在的功率計，都是只有裝在車手把上才方便隨時低頭看；馬拉松跑者只要時速超過 12km/h 以上，擺手的幅度就讓他難以監看錶面上的小小顯示字樣了。

血乳酸濃度的生理意義

近年來，你一定多少有聽過「乳酸不是壞東西，我們要停止把乳酸汙名化」這類的講法；多到你可能以為，這件事情我早就已經知道了，沒什麼必要拿出來炒冷飯。

撰寫本節的目的就是告訴你，你很可能還是搞錯了。看完以下這段之後，希望你能了解為什麼很多時候我們還是要做血乳酸濃度檢測，才能夠對症下藥與精確地訂定耐力訓練強度區間，以及為什麼（普遍來說）血乳酸濃度高依然是不好的現象。

首先，要來幫乳酸這個用字正名一下。我們常常在講乳酸乳酸，好像它是一個酸性很高的東西，會把人體的細胞組織都給給腐蝕掉一樣。但在化學上，乳酸其實是種解離度相當低的有機酸；也就是說，把很多乳酸分子（比方說一莫耳）丟到水裡溶解，其實不會解離出很多的氫離子，進而大幅度降低這個溶液的 pH 值（也就是「變酸」）；這就是所謂「弱酸」的意思。相較之下，存在於人體胃部的鹽酸就是一種「強酸」，

呼吸代謝所產生的碳酸（二氧化碳溶解於血漿內）以及無氧醣酵解所產生的丙酮酸也是屬於「強酸」。

事實上我們在分析「血乳酸」濃度的時候，在講的都不是真正的「乳酸」（lactic acid）這個有機酸，而是「乳酸鹽」（lactate），也就是陰極乳酸根與陽極金屬離子結合所產生的有機鹽。這並不是什麼高深的學問，而是國中理化就有教過的東西；你也許不記得細節，但你一定記得考卷上面的酸鹼中和計算題，以及燒瓶裡面溶液會變色的滴定實驗。

看到這裡，你大概會說啊哈！所以乳酸的堆積並不會造成體內酸化，這東西是無害的，我們根本不用擔心血液中有高濃度的乳酸產生出來；大家都把低強度（LSD）那種沒用的東西丟掉，通通做高強度耐乳酸訓練就可以了。很抱歉！得到這個結論的話，你就完全搞錯了。

乳酸穿梭理論

讓我們來回顧一下乳酸是怎麼產生的。早期的運動生理學課本裡，寫到醣類的氧化路徑，通常是認為葡萄糖經由無氧醣酵解產生丙酮酸（其實也是「丙酮酸鹽」pyruvate, 而不是真的丙酮「酸」pyruvic acid），然後再依據氧氣的充足程度與否及決定是否要進一步產生乳酸堆積起來，等候被運輸到人體其他部位排除？還是直接把丙酮酸送入粒線體跟氧氣起作用燒掉？

這是傳統的觀點，也就是說乳酸產生的原因是缺氧。然而，在九〇年代以柏克萊大學 Brooks 教授為首的學者們，以新的實驗證據提出了如圖右所示的新觀點：

這個新觀點所講的是，乳酸也可以在肌肉中直接進入到粒線體內燒掉，而不一定要先被丟進血液裡，運送到體內的其他地方才有辦法排除；而運載乳酸的「交通工具」就是單羧酸轉運蛋白（Monocarboxylate Transporters, MCT）這個東西。

有了這個新發現之後，就有科學家提出，其實產生乳酸搞不好是人體所比較「喜歡」的方式，而不是特別會造成什麼不良影響。原因是丙酮酸在被催化轉變成乳酸的過程中，其實會吸收掉一個氫離子；也就是說，乳酸的產生其實是某種肌肉細胞用來抵抗細胞質酸化的緩衝機制。

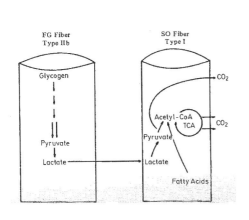
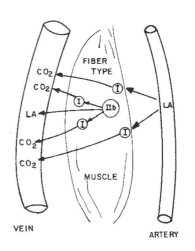

圖 5.6 柏克萊大學 Brooks 教授的乳酸穿梭理論

甚至在細胞中直接進行乳酸的燃燒，這種作用也不只侷限於單一肌肉細胞內，自己搞出來的麻煩要自己負責收拾這樣而已。大家應該有約略概念，白肌（快縮肌纖維）的粒線體數量較少，會比較倚賴無氧醣解作用產生能量，不太喜歡吃脂肪酸。所以在運動中，白肌會很快產生出一大堆的乳酸分子；這些乳酸如果不能在白肌內部自行處理，那就會由 MCT4 運送出去到附近的紅肌（慢縮肌纖維）接收，再由紅肌的單 MCT1 運送到粒線體去燒。

這就像是你吃甜點的時候只愛棗泥和豆沙，所以中秋節吃到蛋黃酥的時候都把鹹蛋黃撥出來，而你旁邊的朋友則拚命嚷嚷著「蛋黃給我給我！」這樣。

乳酸產生原因的修正

看完上述你有注意到發生什麼事嗎？這些作用都依然是在肌肉內發生，與血液無關。也就是說，如果乳酸的生成和排除在末梢是達到良好的平衡，就不會有多餘的乳酸分子進入到血流中，血乳酸濃度依然不會上升。換句話說，血乳酸濃度大幅上升的時候，依然代表著你的有氧代謝不行了；白肌丟太多乳酸出來、紅肌來不及把它們處理掉。

至於為什麼來不及處理掉就要丟進血液當中呢？原因其一當然是要在人體其他地方排除，例如心肌、肝臟和腎臟等，這部分以前的科學家沒有搞錯；然而更重要的原因是，肌肉內部過高的乳酸濃度，會反過頭去擾亂「產生乳酸之前」的能量代謝反應，造成系統大塞車，所以絕對不是說因為乳酸也可以當燃料使用，它就可以堆得越多越好。

換句話說，前面我們講傳統上認為「乳酸產生的原因是缺氧」的這種看法是錯的；應該要把他修正為「觀察到高濃度乳酸的時候，就代表人體的能量代謝正承受極大的壓力，顯示運動強度的設定過高」。或者如果從客觀上，發覺其實目前的運動強度普普通通（比方說，只是比平常走路習慣的速度略快，剛開始要跑起來而已），那麼高濃度的乳酸就可能代表這個人的耐力很差。

覺得很燒腦很複雜嗎？那我們從另一個觀點來解釋。

前述的 MCT 這個乳酸運輸機制，你可以想像成是捷運局的車班調度。在離峰時刻由於進站的人不多，列車班次就會開得比較少，甚至可能每一班的車廂也不會掛到足；相對在上下班的尖峰時間，可能就會 40~50 秒來一班，很快把大量的人載走。所以，當你觀察到捷運站內比較

多人的時候，不等於捷運系統的運量比較差；高濃度的血乳酸值，不必然代表人體缺氧。

可是設計越好的捷運系統，是否就代表越不容易在捷運站內發生人擠人的狀況呢？又或者當某天你在平常習慣的上下班時間，忽然看見整個站內水洩不通，你是否也會猜想是不是發生了列車故障、電梯壞掉或臨時施工關閉了幾個捷運站出口等等異常狀況？還是旁邊哪個商場出現藝人明星快閃活動？還是跨年晚會要開始了，所有平常不太搭捷運的人通通冒出來跟你搶位子？

人越多代表捷運系統的運作壓力越大；<u>乳酸濃度越高代表人體的能量代謝環境越嚴苛，體能越跟不上你所在做的這項運動負荷的需求。</u>

撇開遺傳因素這種天分無法改變的事情不講，在「相同的絕對強度下」血乳酸濃度較高，就代表要嘛你的白肌太容易缺氧及產生的乳酸過多，不然就是你的長時間低強度耐力練太少導致紅肌太弱，該由他們來救急的時候跟不上白肌的步調。

結論就是，雖然我們知道了乳酸的累積不會產生「太多」嚴重的負作用，但它的產生依然是不好的；一旦當血液中的「最大乳酸衡定濃度」（maximal lactate steady state, MLSS）被打破，依然代表著你的耐力能量供應失衡。我們不再是從「會發生什麼可怕的後果」來看無氧閾值，而是把乳酸當作耐力能力的指標，以及當作產生有氧能量的「限制因素」來看。

畢竟同樣的運動強度之下，如果乳酸值比較高，要嘛就是代表你的白肌只知道把責任丟給別人，自己缺乏基本的氧化能力；要嘛就是代表你的紅肌缺乏鍛鍊無法挺他的隊友，有充足的燃料卻沒有夠強大的引擎來燒。再更簡單講，就是你利用氧氣製造能量（作功）的能力差，而作功的速度慢就是功率不夠高「power」太差，總歸一句話因為你太弱！

曾經有位知名的美式足球教練文斯 · 隆巴迪講過，"Fatigue makes cowards of us all." 管你再怎麼硬派，當那疲勞感如排山倒海的襲來，所有人都會成為懦夫！要怎樣才能抵抗疲勞？當然就是要做耐力訓練。

還認為不練有氧是硬漢的表現？其實是在逃避自己真正的弱點。

力量訓練與耐力訓練的衝突

肌肥大訓練與最大攝氧量訓練的生理適應，在根本上是相衝突的。所以長期同時做這兩種訓練，所能夠呈現出來的效果，肌力會比只做力量差，耐力會比只做心肺差，這無可奈何。

但是如果你因此認定力量型運動員就因此不應該做耐力訓練，或者耐力型運動員就絕對不應該做力量訓練，那這結論就錯了！應該是說，對於既要求要有強壯體格，又必須具備極高耐力水準的運動項目，比方說柔道、角力、划船及場地自由車等等，應該去尋求如何用最佳的組合方式，讓兩種練法的干擾減到最低，分別得到的訓練成效又能夠最高。

最簡單的方法，就是集中用 3~4 個月的期間進行增肌訓練，而於此同時在耐力上只採取維持性的練法，求的是不要退步太多。

此外，要特別注意此處所講的是「肌肥大訓練」與耐力訓練的衝突。別忘了在先前的章節我們曾經提到過，練肌肉有把自己練大隻的方式，也有突破力量水平但不增加肌肉量的方式。所以你如果是做最大力量、快速力量和反應力量等等模式的訓練，只要不牽涉肌肉橫斷面的增加，都不需要擔心同時練耐力會讓你的肌力停滯。

▍基礎科學與實務應用

許多著眼在基礎科學的研究，會把「肌力的進步」同時以肌肉量的增加和最大肌力的改善，當作訓練成效的複合指標；而在他們的實驗設計當中，訓練介入也通常是採取肌肥大模式。這是因為設計實驗的學者

們不是訓練專家，無法理解不同力量素質在運動上的差別。換句話說，雖然有著精密的儀器、扎實深厚的生化基礎和邏輯嚴謹的研究設計，但他們對於實務應用的概念很可能依然相當青澀，甚至與你我無異。（搞不好主導研究計畫的教授，也認為強壯的人就要長得像浩克！）

　　說到這個，我們不妨離題講個故事。我在 2012 年於墨爾本大學的機械工程學系「生物力學研究群」交換實習三個月，於該研究領域首屈一指的學者 Marcus Pandy 引導之下，學習人體動作的「數據化模擬」技術。

　　要做生物力學研究，對於肌肉生理當然必須要有相當程度的了解，包含牽涉到肌梭的牽張 – 收縮反射（Stretch-Shortening Cycle, SSC）。這個神經反射在肌梭（感知肌肉長度變化的神經受器）經過一段時間的靜態拉伸之後將會弱化，使得爆發力水平下降。

　　然而雖然這個觀念很基礎，但 Pandy 實驗室裡面主要負責帶我們的博士後研究員，卻無法理解為什麼運動員在熱身的時候不適合做靜態伸展。這就是因為不夠瞭解基礎知識的實務應用價值；我「知道某件事」卻不曉得「知道了以後可以來幹嘛」。（儘管大學部的肌肉生理學課程是由他負責教的。）

　　回到正題，耐力和力量在同一個時期中同步進行訓練，在學界通常稱為 concurrent training（國內翻譯為「同步訓練」）；如果把這個字眼打到任何期刊論文的線上資料庫去搜尋，你會發現支持和反對同步訓練的聲量大概 50：50；而且包含統合論述（review）型的研究在內，大家都沒有明確的把握可以把話說死，告訴你答案就是偏向哪一方。

　　那麼，究竟在什麼情況下可以同時做？什麼情況下又最好不要同時做呢？在一篇 2011 年發表於國際科學期刊－運動醫學（Sports Medicine）的系統性文獻回顧，提供了非常特別的見解。

　　這篇研究的主要聚焦族群是輕艇選手，正好完美符合既需要肌力與爆發力，又需要超凡心肺耐力的全能型運動員。作者把肌力和心肺訓練，

都分別做出了「中樞適應」和「末梢適應」的區別；所謂肌力訓練的中樞適應，就是神經肌肉系統相關的改善，譬如運動神經元的驅動頻率、主動和協同肌肉之間的共收縮作用等等。而末梢適應呢？就是真正發生在肌肉內部的改變，像是肌肉纖橫斷面提升、無氧醣酵解的酵素增加及微血管密度與粒線體密度下降等等。

　　而耐力訓練的中樞適應，在於心臟的心室容量加大、全身的總血量上升及肺換氣改善等等；末梢適應則一樣是直接發生在肌肉內部，譬如肌肉肝醣含量提高、有氧呼吸相關酵素提升與微血管密度與粒線體數量增高等等。

▌中樞與末梢適應

　　而本篇研究（García-pallarés & Izquierdo, 2011）獨特的洞見在於，這兩位作者觀察到我們所做的訓練型態，跟身體會傾向於往哪個方向（末梢或中樞）產生適應是有密切關聯的；譬如說以耐力訓練來講，LSD 比較容易促成中樞適應，而 HIIT 則比較容易促成末梢適應。這很好理解，因為開高強度的時候肌肉局部的缺氧非常嚴重，乳酸和氫離子等濃度也一瞬間大幅提升，要把這種「迫切的危機」立馬解除是非常重要的，而對於長時間訓練來講，人體的運作效率反過來成為關鍵，跟效率相關的心血管硬體系統若得到改造，就比較能夠促成進步。

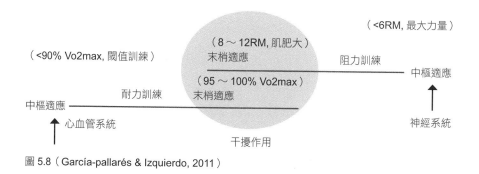

圖 5.8（García-pallarés & Izquierdo, 2011）

而以力量來說，你做最大力量或爆發力訓練，傾向於促成中樞適應；而感覺起來「只是相當重」但又要做到很多下，容易引發大量發炎反應的增肌訓練，則是屬於末梢適應。至於為什麼要做出這些區別呢？因為兩位作者歸納出，只有在力量訓練和耐力訓練都屬於「促進末梢適應」的模式，彼此才會產生嚴重的干擾，反之如果是「中樞對中樞」或「中樞對末梢」，都不會有太大的影響。

更明確的說，就是當你用 8~15RM 的阻力，作為負荷去進行肌力訓練；再搭配以 95~100% VO2max 的強度去做耐力訓練，才有必要擔心訓練方法起衝突的問題。而在這種情況下，肌肥大的訓練效果會被人體犧牲掉以改善耐力為優先。

為什麼呢？也許是出自於演化的法則吧！當環境艱困的時候，作為一個物種，存活的首要條件是要能夠長時間抵抗不利的環境，以及維持長時間運動的能力以利逃離這些險惡的生存條件；至於跟狩獵、打鬥及爭奪配偶相關的力量與速度，都暫時先捨棄掉沒有關係。

那些宣稱練有氧會掉肌肉的講法，大概就是看了許多練鐵人三項、馬拉松或自行車公路多日賽的選手，儘管加入重量訓練卻依然瘦巴巴的，而得到這種結論？但殊不知，這些運動的分解型代謝（catabolism），很大一部分是與長時間運動、無法有效補充足夠熱量，所造成的能量赤字有關係。

雖然若純粹以訓練過程吃進去的補給品來計算，或是比賽結束後的正餐來觀察，你大概會覺得耐力運動員的胃好像無底洞，怎麼可能吃成這樣還有能量赤字？但事實是，耐力運動過程中由於血流分配主要還是在於作動肌群，腸胃道消化與吸收的能力都大幅下降；此時的補給用意僅能延後能量低下的發生時間點，不像戰鬥機空中加油那樣能夠百分之百把燃燒掉的熱量給給補足。

根據 Neumann 等人（2000）的資料，耐力型運動比賽結束後，大約

要 2~7 天，主要作用肌的肝醣才能完全恢復至賽前水準。就算根據更新穎的運動營養學實務工作經驗，世界上也只有參加公路多日賽的自行車選手，有機會「每天」吃到的熱量能夠與當日的消耗貼近；即便如此，絕大多數的熱量補充依然發生在賽後的 4~6 小時。也就是說，這些頂尖選手每天有將近 12 小時（包含從比賽開始到當天睡前的大多數時間），身體都處於能量赤字的情況下。

廖教練講知識

根據九〇年代參與環法自行車大賽「德國電信隊」的隨隊觀察研究（Saris et al., 1989），參與研究的四名選手單日最高可以消耗 7810 千卡，超過普通人的四倍以上。然而每日的日常飲食和賽中補給幾乎都能完全打平這個能量消耗；21 個賽站結束之後，四名選手的體重平均降低不到 0.5 公斤。

有氧掉肌肉的話術

不管是以什麼型態從事運動，只要是大量訓練和高度的生理壓力累積，最終得到的結果都是促進有氧適應及分解代謝，而不是適合長肌肉的合成代謝（anabolism）。最常聽到的災難性例子就是橫紋肌溶解，從長時間在高溫環境下訓練，到類似 Cross-Fit 之類挑戰人體極限的混和健身競賽項目，都時有所聞；但只要小心避免過度訓練或者用了錯誤的方式組合，往後聽到「練有氧掉肌肉」這個利用恐懼心理做行銷的話術，應該是不用再過度擔憂。

曾經我有位朋友講了很好笑的一句話：「如果做任何形式的有氧都會掉肌肉，那你上健身房的途中和練完離開最好都要坐輪椅，否則我怕光走那兩步路就會把你揮汗流淚與辛苦壓重的成果給毀了！」

| 同步訓練的交互影響

最後，我們拿個實際的研究例子，來一窺「耐力與力量同步訓練」這議題，在實務應用面的複雜程度。在這篇 1995 年發表的研究當中，接受訓練的對象是職業軍人，他們年齡、體能和體格都差不多，在參與研究之前日常所做的體能操課內容也都差不多；更重要的是，由於可以用軍事紀律來約束，不管研究人員開出再怎樣艱苦的訓練他都會給你吃下去，而且不會隨便退出計畫或者自己偷練其他的東西。

實驗者分成四組，分別為 1. 耐力組、2. 全身力量組、3. 全身力量與耐力並行組及 4. 上肢力量與耐力並行組。他們每週練四天，而且訓練內容都很操，耐力包含 40 分鐘最長距離跑步及 200~800 公尺高強度間歇；力量則包含 10~25RM 的肌肥大訓練和 5RM 最大力量訓練。而最瘋狂的是，對於並行的兩個組別，他們採取早上先跑完耐力課表後，下午再做力量課表，練好練滿一點都沒有下修！

就這樣足足練了三個月，過程中總共 37 名參與者只有一個人因為與訓練內容無關的傷害退出，算是流失率相當低的。結果呢？當然有跑步的耐力就進步，有壓重的力量就進步，兩個都有練的就兩個都進步（而且是進步幅度竟然都還差不多，只有在 Wingate 「溫蓋特」無氧動力測試略遜於純做重量的組別）。

特別注意這些是職業軍人，在參與實驗之前就已經具有一定的水準（平均 VO2max=51~58 ml/kg-min、下肢 1RM = 75~95 kg，上肢 1RM = 65~85 kg），並不是那種整天看電視吃洋芋片，隨便怎麼練都會進步的阿貓阿狗。

這篇研究（Kraemer et al ,1995）最重要的發現是在於，如果把高強度耐力訓練結合高強度力量訓練，會得到最高的睪固酮反應，這種反應是在其他組別沒有的。

大家都知道睪固酮是很重要的合成代謝激素，也就是促使身體變得更加強壯的賀爾蒙。兩種訓練並行，組合出來的效果比單獨任何一種都還要更好，這叫做訓練刺激的「交互作用」；也就是說，訓練不是單純的加法而已，而是很像化學反應，配方對了會變出很特別的成果出來。

回到期刊資料庫裡面找論文這件事，其實如果把所有研究 concurrent training 的論文拿出來看，你會發現大部分呈現無效的實驗設計，兩種訓練內容都是接連著做，中間只有幾十分鐘不等的休息時間；而許多做出來顯示有效的實驗設計，要嘛就與本篇一樣分上下午，不然就是隔天再進行。

而為什麼有這種趨勢呢？雖然似乎沒有太多作者這樣主張，但由於訓練負荷的急性效果是短短幾分鐘之內就會開始作用的，跟適應相關的基因轉錄作用也是緊接著對被擾亂的生理環境做出改變；假設這件事情在 3~4 個鐘頭內就可以初步告一段落，那麼相隔 5 個鐘頭（譬如本實驗分別是早上 8 點到下午 1 點）再做另一種訓練，也許干擾效果就可以不那麼大了。

甚至也有些營養學家指出，由於基礎的生化研究前提都是空腹進行，因此在進行力量與耐力同步訓練的實驗設計時，通常也是以空腹的前提下去實施；也就是說，做完重量訓練之後沒有吃東西，馬上去腳踏車或滑步機之類的心肺機器繼續練。

結果我們反而忽略了，真正在訓練情境下很少會這樣做。相對地，如果你在第一個訓練單元結束之後，趕快先補充熱量，那麼耐力訓練對增肌的干擾效應就可以被大幅減低。

總之，力量與耐力並不是彼此矛盾的兩種能力；你應該要把他看成「矛與盾都是要拿來上戰場的武器」，對運動員來說兩種武器都要越精良越好才是。

▌最大力量訓練與耐力運動員

最後還有一個小轉折，「那耐力型態的運動也可以透過最大力量訓練得利嗎？」傳統上一般認為，耐力型的運動「專項力量」就是力量耐力；最大力量訓練以往被認為是不符合耐力型運動的專項特性。

在科學上，這是個最近 5~10 年才開展的全新領域。簡單講，答案是「YES」，但為什麼是 YES？還不知道！最具突破性的進展應該是屬於一位瑞典人 Oyvind Støren，他在 2010 年左右先後發現了最大力量訓練對於中長跑（2008）和公路自由車（2010）的選手，都分別有能夠提高「運動經濟性」的訓練效果；也就是在同樣的攝氧量之下，可以跑出較高的速度或者維持較高的功率。

最大攝氧量 VO2max 的高低，一直被許多生理學者用於判斷耐力訓練效果。但從類似 Støren 的研究當中，我們會發現拿攝氧量當作唯一耐力指標的盲點；也就是說如果我能練到身體「利用氧氣」的效率更好，那為什麼還要拚命練得想消耗更多氧氣？

這是一個很好的思考點，連 Støren 自己都無法提出有效的解釋，來說明為什麼「最高強度的表現不進步，但是在中低強度的運動效率變好」。有興趣的讀者們，不妨多留意接下來幾年在這個議題的研究發展。

力量耐力－兩個世界的交集是所有運動的基礎

肌肉長時間抵抗阻力進行重複收縮的能力，在訓練學上稱為 Kraftausdeuer，直譯為力量耐力；在字面上來說，它是一種結合了「力量」與「抗疲勞」兩種元素的能力。實務訓練上，這是用小重量重複很多次的動作，經常被大家所看不起，認為這只是網美愛漂亮裝模作樣的訓練，或者新學習一個重訓動作的時候，用來熟悉正確動作執行的「解剖適應」階段。

事實上，我過去在母校國立體育大學的棒球隊，短暫協助過一個學期的體能訓練工作，第一次介紹這個練法給選手的時候，就有球員試完動作跟我開玩笑說：「教練！你要確定餒？這個重量真的沒有選錯噢？」結果三個循環做完，就有幾位跑去吐了。

在繼續解說下去之前要先特別聲明，並不是說練到吐是什麼「這種訓練方法特別好」的指標，或是說我把誰操到吐是什麼很值得自豪的事情。我只是想強調，即便在很頂尖的運動員當中，也有可能他們在某一個重要的體能基礎是非常欠缺的；而支撐他們一路在圈子中活到現在的，是他們優異的專項技術水準。

當哪一天這些靠技術吃飯的選手，碰到對手的技術水準跟我同樣優秀甚至更好，必須要以體能拚勝負的時候；甚至是像我所舉例的這些棒球員，可能要往更高的技術水平去突破，但自己的體能條件無法支持這些進階技術的身體負荷。等到你必須延長運動生涯，那時候才開始來加強體能，往往都已經來不及。

減法訓練

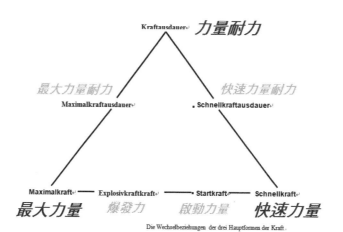

圖 5.9 各種力量元素以及彼此間的組成關係（Heemsoth, 2010）

之所以把「力量耐力」的概念拉到本章才做詳細描述，主要是由於第三章開頭所提到，所謂「力量」的定義是在給定條件下人體執行特定動作「所成產生的最大力」。從這個角度切入，<u>以「肌肉長時間抵抗阻力進行重複收縮的能力」的描述，顯然是著眼在於「抗疲勞」的耐力特質，而非「產生最大力道」的力量特質</u>。

顯而易見的，前頁這個三角形是德國訓練學所講的「體能交互關係」，於力量這部分的再一次細分。每個三角形的頂點，都有明確的定義；最大力量就是某個動作所能推動單一次的最大負荷，而快速力量則又依據成分的不同，分為相同收縮速度之下所能使出的最大力道（等速肌力）、動作開始之後 50ms 所達到的力量值（啟動力量）、肌肉伸縮循環（SSC）過程中所能產生的最大作用力（反應力量），以及力量在短時間內突增的改變量（爆發力，Explosivkraft）或者最大斜率（發力率，RFD）等等素質，全都很容易量化。唯獨力量耐力，好像依舊只是個「概念」，沒辦法以數值描述。

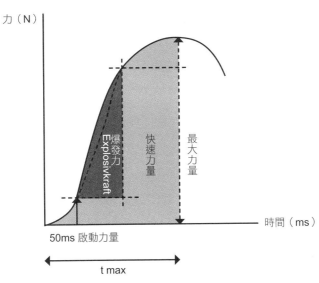

圖 5.10 德國訓練體系中，力學研究的快速力量分類。

力量耐力的測試與應用

本書一開始介紹三大體能的時候，曾經提到所謂的體能是「方便以量化方式進行評估」的身體運動所需能力。那麼如果力量耐力的定義是如此的含糊，又該如何評估這個能力的優劣？要以固定的高反覆次數，做越重越強嗎？要固定多少次？還是要以固定的負荷，重複越多次越好？那該定多少負荷才公平？

類似這樣的爭議，在歐陸教練學界就這樣一直吵來吵去沒個定論；直到八〇年代初，德國法蘭克福大學的 Dietmar Schmidtbleicher 教授才為力量耐力的測試方法，提出了一個頗為中肯的明確標準。他說：「競技場上的力量耐力，就是要重複地快速出力並且減少衰退。」

既然力量要大、速度要快及衰退又要少，那我們的測試方法不妨訂為：在 2 分鐘之內使用 50% 的 1RM 重量當作負荷，利用重複與爆發性地執行動作，總共累積產生的「衝量」越高則力量耐力素質越佳（Schmidtbleicher, 1984）。

廖教練講知識

衝量 Impulse 就是動量 Momentum 的變化量。動量的公式是 $P = m \cdot v$，也就是質量與速度的乘積；因此，動作所拉動的負荷〔m〕越重，執行動作的速度〔v〕越快，和總共執行的次數〔變化量〕越多，就會讓累積的衝量 Impulse 越高。

無論你從哪個觀點來看，這個定義都太漂亮了！因為我們都知道，同一個重量訓練動作就算你做一樣多下，順順做和拚死命快速做感覺起來是完全不一樣的。但在競技場上，幾乎沒有任何一個力量是小的，也沒有動作是慢慢執行的；所以就算重覆的次數很重要，在評估力量耐力的時候，也一定要把負荷重量和執行的速度都考慮進去才可以。

有了這個定義，針對力量耐力做檢測的時候就有了非常明確的依據。你再也不用跟人家吵說「為什麼某甲做檢測可以偷吃步慢慢做」或者「我用的負荷比較重，就算做比較少一點點我還是比較強吧！」之類的。

至於在訓練應用方面，則當然起步就比科學研究早得多。早先，Vladimir Zatsiorsky 就曾提出專項運動的力量耐力訓練，最適合使用專項運動本身的動作，稍微增加阻力來操作；至於運動強度則應維持在無氧閾值以下，最好是剛好在有氧閾值。但有一個前提是，不可以對專項動作的技術水平產生太大影響（Zatsiorsky, 1995）。

由此原則，衍生出了許多不同種類的力量耐力變形，譬如說長跑選手的沙灘跑與山路跑，體操的鞍馬選手穿運動鞋練併腿全旋，游泳選手使用划手板，越野滑雪選手拖雪橇以及德國自由車訓練系統的 K3 訓練（重齒低轉速）等等。

然而，這種訓練型態卻也衍伸出許多疑問和爭議。第一是這些訓練型態所使出的力道，與真正做重量訓練 1RM 的負荷相差甚遠，不足以引發神經性的「力量」適應；第二是在無氧閾值以下的運動強度，不足以引發能量系統方面的「耐力」適應。第三是對於這種型態的力量耐力，每次到底應該做多久及每個週期應該做幾次，到目前大家還是爭吵不休沒個定論。最後，層級越高的運動員技術層次越細膩，以專項動作進行力量耐力訓練就離「不可以對專項技術產生太大影響」的要求越遠，越沒辦法用「稍微增加動作阻力」的方式練。

即便是使用（Schmidtbleicher, 1984）的定義，力量耐力的訓練依舊很難監控。麻煩在他的定義包含了速度，然而速度在沒有運動生物力學的動態擷取（motion capture）技術之下幾乎無法測量，也就讓教練們無法在訓練當下立即評估訓練品質。

還好，針對這個問題，Pampus 等人在 1989 年做了一篇研究，以「個人肌肉能力閾值，MLS」負荷（能夠在同一動作中產生出最大功率

的負荷量，通常大約等於 60%1RM）為基礎，分別設計 $4 \times 9 \times 100\%$MLS 間休 10 秒、以爆發性啟動的訓練，以及 $4 \times 15 \times 60\%$MLS 以持續不斷、輕快順暢執行的訓練。結果發現，這兩種訓練方式都可以有效達到（Schmidtbleicher, 1984）力量耐力檢測的成績進步，而且進步幅度還類似。

而因為順暢動作比較好掌握，「最大爆發啟動」則讓運動員容易偷懶造成效果不彰；再加上 100%MLS 大約等於 60%1RM，再去乘以 60% 就等於 36%。就因此造成了「以 30~40% 1RM 為負荷、20~30 重複次數及組間休息 60~90s」的力量耐力訓練方式雛型。

▍搞懂減法訓練

回頭從第一章的經濟學原理開始講起。依據「邊際效用遞減」這個原則，每多加進來一個訓練我們都必須付出時間、金錢消耗和疲勞累積的成本，而這訓練所能夠回報給你的有效程度，卻會隨著加進來的種類越多，或同一個訓練重複被加進來的次數越多次效果越差。

同樣，那若是以輔助耐力體能提升的前提下，到底要加做哪一種形式的「力量訓練」，得到的邊際效用是最好的呢？相信聰明的各位讀者已經大約猜到一半了，就是本節一直在討論的「力量耐力」。

我們先來評斷一下各類型運動的專項體能需求。在下一章我們會講到，「循環式運動」就是要很快進入高的運動強度並且達成恆定；而「非循環式運動」則需要多次不可預期的間歇性爆發和快速恢復能力。

而恆定和快速恢復在肌肉的層面是代表什麼能力？就是抵抗缺氧的能力。

所以，任何運動都需要肌肉抵抗缺氧的能力。我能在循環式項目裡面夠運動強度比對手高，缺氧程度還比對手低；或是在非循環式項目裡面，技術發揮的速度，力量和精準程度比對手好，每次技術的發揮之後「充電」還能夠比對手來得更快！這不就太夢幻了嗎？簡直壓倒性的優勢啊。

▍力量訓練的邊際效應

那麼力量訓練能幫助達到抵抗缺氧的目標嗎？要回答這個問題，我們必須來看看一系列的表格。下頁的四個表格出自於 1999 年的一篇論述式期刊文章，發表於 Deutsche Zeitschrift für Sportmedizin（德國運動醫學期刊），作者為德國奧林匹克訓練中心競技部的 Arne Güllich 教授以及法蘭克福大學運動科學研究所的 Dietmar Schmidtbleicher 教授。

各位如果還有印象，前面力量耐力的定義方式及檢測標準，就是由 Schmidtbleicher 教授提出的。在表格之中，以肌肉的「氧化酵素活性」與肌纖維週邊的「微血管數量」這兩個因子，最能夠代表肌肉抵抗缺氧的能力。

各位可以看到，其實整體來講力量訓練對這兩項的影響力還真的蠻弱的，只有表 5.2 的肌肥大訓練，和表 5.5 的力量耐力訓練，有著程度相仿的效果。

這個答案還不夠好。我們接下來要問，那為什麼不乾脆就直接做肌肥大訓練？反正它看起來還有很多額外的好處啊，好像萬靈丹治百病。相對地表 5.5 看起來就比較不太吸引人，星星的總數好少。

有沒有聽過成藥廣告？「先求不傷身體，再講究效果」。在先前我們提過，要想把肌肉練大，你必須付出的代價是很高昂的，高到有些運動項目無法承受。

就此觀點，副作用較低的力量耐力就占了極大的優勢。再加上表格 5.2 和 5.5 裡其實暗藏了一個小陷阱：「肌纖維週邊的微血管數量」增加效果就算是一樣，但若把整個肌肉橫切開來看，每單位面積的微血管「密度」還是有差！

減法訓練

肌肥大訓練模式之適應

力量素質（成分）	適應效果
最大力量	★★★
快速力量	
等速肌力	★
發力率	
反應力量	
力量耐力	★
影響因子	適應效果
肌肉性	
肌肉量	★★★
FT- 肌纖維比例	
肌肉彈性係數	
氧化酵素活性	★★
纖維週邊微血管數量	★
神經性	
中樞神經驅動力	
預先活化、牽張反射、去活化	

表 5.2

最大力量訓練模式之適應

力量素質（成分）	適應效果
最大力量	★★
快速力量	
等速肌力	★★
發力率	★★★
反應力量	★
力量耐力	★
影響因子	適應效果
肌肉性	
肌肉量	★
FT- 肌纖維比例	★
肌肉彈性係數	★
氧化酵素活性	
纖維週邊微血管數量	
神經性	
中樞神經驅動力	★★★
預先活化、牽張反射、去活化	★

表 5.3 藉由超最大（Supramaximalen）離心收縮方式操作

反應力量訓練模式之適應

力量素質（成分）	適應效果
最大力量	
快速力量	
等速肌力	
發力率	★
反應力量	★
力量耐力	
影響因子	適應效果
肌肉性	★★★
肌肉量	
FT- 肌纖維比例	
肌肉彈性係數	★★★
氧化酵素活性	
纖維週邊微血管數量	
神經性	
中樞神經驅動力	★
預先活化、牽張反射、去活化	★★★★

表 5.4

力量耐力訓練模式之適應

力量素質（成分）	適應效果
最大力量	★
快速力量	
等速肌力	
發力率	
反應力量	
力量耐力	★★★
影響因子	適應效果
肌肉性	
肌肉量	★
FT- 肌纖維比例	
肌肉彈性係數	
氧化酵素活性	★★
纖維週邊微血管數量	★
神經性	
中樞神經驅動力	
預先活化、牽張反射、去活化	

表 5.5 以強調離心 - 向心過成的彈振式操作

這是怎麼一回事呢？關鍵就在「肌纖維橫斷面」的大小。在 2003 年，加拿大學者 J. Duncan MacDougall 於國際奧委會的教科書（Strength and Power in Sport，簡體中文版《運動中的力量與快速力量》由人民體育出版社發行）中提到，由於肌肥大訓練使肌纖維橫截面變粗，因此就算透過此種訓練可以讓肌纖維周遭的微血管數量增加，若以面積密度來講，平均說來似乎是沒能造成差別的。

更糟糕的是，由於肌纖維直徑增加，每條微血管距離肌纖維中心還變遠，氣體擴散時要走的距離還反倒增加了。潛在及這對耐力表現反而很不利。

我們需要好的肌肉氧化能力，也要高的肌肉微血管密度；而且只要效果，不想要（太多的）副作用。所以力量耐力就成了首選。特別注意，在這邊所謂的提高肌肉氧化能力，是加強粒線體功能，紅肌依舊是紅肌而白肌也依舊是白肌，你從媽媽肚子裡被生下來的那一刻就決定了！不會發生太多比例上的變化。因此不要擔心「練耐力會把肌肉收縮變慢」這種事情；如果真的有發生了，那肯定是訓練的組合方式，出錯不要怪工具。

力量耐力的重要性

至於為什麼我會說力量耐力是所有運動的基礎呢？它不是可以從力量訓練和耐力訓練的成果去組合出來嗎？理由很簡單，因為在絕大多數訓練的初期，耐力訓練著重於低強度有氧耐力；而有氧耐力和最大力量的交互關係其實相當微弱，它們兩個在能量系統上分屬有氧系統和 ATP-CP 系統，中間缺乏一個無氧醣酵解系統（乳酸系統）的連接。而做力量耐力則可以直接動用到無氧醣酵解。

我們於前面說過肌肉的粒線體功能和微血管密度，是讓肌肉不缺氧的兩個關鍵。然而練有氧耐力，促進微血管增生效果是不夠好的（至少

是以 1~2 個月這種短期的有氧）；因為血管內皮增生因子 VEGF 要透過急性缺氧的刺激，才會大量製造出來（Ohno et al., 2012）。讓肌肉產生局部缺氧的力量耐力，可以與有氧耐力訓練的效果達到互補。

當然我們也可以練高強度無氧耐力去達到急性缺氧，然而如果一支球隊每天只分給你 60 分鐘可以練體能，你還有時間安排到兩種不同的耐力課表嗎？

另外一個目前為止還沒解釋到的，是左心室壓縮力道。如果你沒體會過這種低心跳與高輸出的感覺，請想像自己要到一棟沒有電梯的老舊公寓大樓，去六樓的朋友家玩。等你爬到四樓可能已經喘到開始懷疑人生，連太陽穴都一鼓一鼓的可以感受到脈搏。

做力量耐力就有這種特質，尤其如果以循環式操作，持續 2~3 分鐘的負荷時間會更明顯感受到效果，但心跳數其實又不高。有點像柴油引擎低轉速高扭力。

由於循環訓練是全身各肌群交替受到負荷，因此縱然身體「局部」的缺氧情況很嚴重，整體的狀況卻又還好。事實上，根據 Pampus 1989 年那篇研究以順暢動作進行力量耐力訓練，平均血乳酸濃度才 5mmol/L 而已（爆發式的還更低），僅略高於無氧閾值。因此長時間暴露在高度缺氧負荷（＞8mmol/L）所帶來的副作用，於進行力量耐力訓練時並不會發生。就算每一個力量循環要 3 分鐘左右才結束，做完動作的肌群「缺氧警報」卻也立即就解除了，不用拖到那麼久。而同時心臟的劇烈壓縮卻是持續 3 分鐘都不會停。

這種「專屬心肌的肌力訓練」只有做力量耐力循環才最有效。因為短距離衝刺的負荷時間太少，速耐力對人體其他部位的破壞性太高，耐力訓練又只會讓心臟跳得非常快，然而每跳泵送力道卻不夠強，就像心臟大顆但心壁不太厚的馬拉松選手，儘管能用 16~18km 的高速做長距離持續跑，但打個 3 分鐘籃球卻要用手撐著膝蓋喘。

力量耐力實務操作

至於實務操作方面，力量耐力循環有一些事項要講究。首先是訓練時的心跳率，為避免過高的強度引發人體壓力反應路徑，造成無謂的分解代謝，進行此種訓練時應該要把心跳率控制在 150 以下。剛開始練的話這很不容易達到，尤其是第 2~3 組因為越做越痛苦，很多人會想辦法加速想趕快一口氣「拚完」以縮短受苦時間，這時候連飆到破 180 都有可能發生。不過心臟的適應的速度很快，通常第二次做同一個課表就能降低 5bpm 左右，等練到第 3 次再配合把動作放慢做順，訓練時的心跳率就會越來越好控制。

而且根據實際操作經驗，以機器操作循環式力量耐力和以自由重量器材（free weight）操作相比，效果會有點不一樣。以機器比較能夠使用到理論的 40%1RM 當負荷，而且肌肉局部疲勞感會明顯一些，心跳倒很容易壓低。而做自由重量的模式，尤其是如果設計到大肌群及身體重心位移又很多的動作，例如蹲舉和伏地挺身之類，心跳就很容易破錶，因此負荷也通常要再抓得保守一些。

但是做自由重量對於降低比賽心跳的效果比較好，此外設計動作時還可以盡量將器材簡化，避免因為要跟別人排隊搶器材，而打斷訓練節奏。相較之下，機器式的循環訓練就很難在商業健身房實施，除非是特別離峰的時段。

此外力量耐力不可以用於完全取代耐力訓練，特別是有氧耐力。因為，包含提升副交感神經系統活性、擴大心室容積及促進自由脂肪酸代謝等諸多好處，都是練力量耐力所無法提供的效益。

最後，由於力量耐力是使用無氧醣酵解系統，會使得血乳酸濃度上升；而過高的血乳酸值將會造成技術品質下降。因此在設計時，我們建議應盡量避免採用技巧較為細膩的動作，例如抓舉、挺舉與擺盪式引體向上之類，或者各類體操的衍生動作，而任何跳躍性動作的重複次數也

要適度降低，目的是避免因為動作失準所造成的傷害。

當然，如果你的專項運動就是 CrossFit Competition 則不在此限。

耐力型運動的訓練原則

廣泛地以「體能」角度討論過耐力之後，本節要聚焦在一個特殊的分類－也就是我稱為「耐力型運動項目」的這個類別上。這個項目的主要特點是，耐力體能的優劣幾乎可以直接決定比賽成績，而技術與戰術所能夠補足的空間較為有限。當然，這裡是以「相對其他運動」而言；稍後我們會談到，好的動作技術水準依然在專項耐力的表現有關鍵性作用。此外，尤其是集體項目，技戰術的應用也經常能起到關鍵性的角色，比方說自行車的卡位、過彎，判讀風向運用集團「跟車」節省體力，選定擅長發揮的地形進行攻擊，運用集團的動態搭配其他選手組成攻勢，或與有共同利益的不同車隊組織聯合追趕防守等等。

前面在強度區間的那一節有解釋到，從能量代謝的角度看，血乳酸濃度在 2mmol/L 的時候，若能維持高的運動強度就代表基礎的有氧耐力好；而在 4mmol/L 所能維持的強度，通常可以直接作為比賽成績的預測因子。然而若單純從這個角度去看耐力運動，會產生一個致命的盲點：它無法反應「長時間運動」這個特徵。

天下無不散的筵席

在前述的「維持」這個字眼，其實只是個極度簡化過於樂觀的講法。要知道在進行閾值訂定的時候，學界常用的增階式運動檢測流程，以乳酸測試而言每一階段可能是 3~8 分鐘不等，而換氣轉折點用的檢測更可能僅有 1~2 分鐘。這些相當短的時間，主要是以生理參數可以達到初步恆定，在簡化實驗流程節省時間的前提下設計出來的；跟訓練或比賽所需維持的時間相比，這區區幾分鐘其實都一轉眼就過去了。比方說，假

設透過每階 4 分鐘的負荷漸增測試，推斷出我騎腳踏車的無氧閾值，也就是 4mmol/L 血乳酸濃度之下「可以維持」的運動強度是 220W；但誰知道我若是真的用 220W 持續騎了 30 分鐘，最後血液中的乳酸濃度還能夠維持在 4mmol 而不會繼續增高？

從另一個層面來探討，導致耐力運動表現下降的其中一個關鍵性因素，是能量基質的耗竭。當肌肉中的肝醣含量被持續的運動消耗到低於某水準之後，肌肉的收縮功能將會降低；而當肝臟的肝醣儲存量也產生低下，無法繼續維持血糖穩定，中樞神經系統也將產生疲勞。這些能量基質的儲存量也就是「油箱」的容量，在簡單的增階檢測過程中也無法評斷。透過簡單的訓練方式，在短期間很容易就能看到檢測結果的「進步」；而若誤以為這些檢測的成果就是競賽能力的唯一指標，往往會種下敗因。

▎耐力型運動的訓練調整策略

也因為耐力型運動大多有「比賽時間較長」的特性，故在訓練調整的策略上，經常會傾向於以「增加訓練量」而非「提高負荷強度」的模式，去提供下一個生理適應階段的超負荷。因為提高強度的結果，往往是強制向上開啟另一個更高強度區間的能量機制，就造成了訓練目的不明確和生理反應錯亂。

打個簡單的比方，如果今天我們有一位 3000 公尺首度跑進 12 分鐘內的市民跑者，我該如何讓他短期間跑進 11 分半？因為目前 12 分整的配速已經是他的生涯最佳水準，再勉強將訓練強度往上提高，將會面臨課表做不完的可能性。故首先應該讓他習慣以每公里 4 分整的配速（也就是 12 分鐘能跑完 3000 公尺的強度），以每趟 1.5 或 2 公里這種較少的訓練量，避免往「個人能力的極限邊緣」推進；但用 3~5 趟的重複趟數，搭配每趟 5 分鐘左右相對充足的休息時間。

如此就能夠在「穩定、可承受」的前提之下，以訓練總量達到生理的超負荷，最後再搭配減量調整的機制，使客戶自然呈現更高水準的運動能力高峰（最高攝氧量提升、最大心跳維持或提高、肌肉組織攜氧能力增加、血液容量增加、紅血球增生及肌纖維收縮速度提升），以期能夠承受每公里 3 分 50 秒的配速跑完 3000 公尺。

當然，不同前提之下，訓練方法的選擇也會不同。譬如以同樣「3000公尺首度跑進 12 分鐘內」的假設例子，加上一個前提：這位客戶已經有 2 年以上的規律運動習慣，且每次練跑距離至少在 15 公里以上。若依照此種條件，則首要任務是必須加強速度能力；訓練方針就會改以每趟 1 公里的短距離，要求用最快速度完成，並且每趟休息時間達 10 分鐘以上。

前段以「專項耐力」的例子，說明訓練上以「堆量」的策略，對耐力型運動項目而言通常都是優於「突破強度」的選擇。這和前面第三章講過的一樣，有耐心與下苦功的訓練方式，往往容易被忽略；大家都想要做看起來很威，練起來很爽以及練完之後特別有感的高強度。

而根據訓練的調節性原理，若有兩種以上方式能改善一種能力，訓練上就應該兩種方式都要做。所以「堆量」和「突破強度」兩者都是必須的，那麼實務上，應該要如何做出最好的搭配呢？

▌訓練強度的兩極化分布

關於這方面的權威，當屬挪威 Agder 大學的 Steven Seiler 教授。Seiler 是一名旅居挪威的美國學者，在高中是田徑選手；在前往歐洲之前，他的研究領域是屬於基礎生化。在離開美國的 HIIT 訓練風潮及「No pain no gain」的氛圍之後，他觀察到歐陸的耐力運動選手當中普遍有一些很奇怪的「訓練紀律」，於是轉換跑道著手研究，並於 2009 年在權威的 Sport Science 期刊發表論文，描述針對世界頂尖選手（奧運和世錦賽前三名）的訓練觀察，其項目包含滑雪、越野跑以及定向越野等等。

在這篇創新的研究中，Seiler 提出了頂尖選手的訓練分布，在無氧閾值以上（高強度區間）約占總訓練量 20%，有氧閾值以下（低強度區間）佔總訓練量 80%，幾乎不練中強度的區間。

前面所提到的，充其量只算是觀察與描述。然而 Seiler 的研究不僅止於此，他還參考了其他科學家所做的個案探討，看看同樣是頂尖選手經由訓練分布的改變，是否可達到成績再次突破？以及他自己接下來做的一系列訓練介入研究，詢問以同樣的極性分布，是否也可以適用於時間很少及沒辦法常常練 LSD 的業餘運動員？答案都是肯定的。

而且，這些實驗如果去用批判性眼光審閱，都是設計相當精良嚴謹，參與者不但人數眾多而且能力水準又都很高，品質很高的好實驗。有了這些介入性的研究，讓所謂「極性訓練」（polarized training）的指導原則又更加穩固，不再只是針對「成功教練的做法」歸納整理而已。

結論，polarized training 的概念是：是耐力訓練若要想得到長期穩定的進步，要少練 Zone 3/tempo 區間，而是無氧強度要多練，有氧里程更要努力堆；如果業餘的你也這樣做，那進步效果也會跟世界級一樣好。

然而跟前面那位 Støren 的研究類似，雖然 Stephen Seiler 知道成功的耐力運動員，訓練上的分布應該是「低強度 80% 與高強度 20%」，然而他並沒有辦法說明這是因為什麼機制。那麼我個人的觀點呢？基本上有實驗證據我就已經很滿意了，教練工作的實務取捨只需要知道什麼方法有用，不需要更多理由。但「少練 zone 3」這個指導原則，至少在業餘客戶身上，有他的危險存在。因此越接近比賽期越要多放一點回來，否則會違背訓練適應的特殊性（specificity）原則，也會讓選手的配速敏銳度下降；所以至少在這個做法上，我就跟 Seiler 所描述的那些世界冠軍不太一樣。

也許是因為一直到目前為止，我帶過的耐力運動員都還是業餘選手，皆無法以賽代訓，加上身體條件的發展也都還不到他們的潛力極限吧！

CHAPTER

專項需求

在先前的第二章曾經概略地討論過「專項」的體能特性；但是當時並未明確定義專項是什麼？而所謂的基礎又是什麼？通常，<u>專項這兩個字指的是你主要從事的運動項目。</u>這若以競技運動作為背景，就十分容易理解；自行車選手的專項就是騎車，足球選手的專項就是踢球，而長跑選手的專項就是跑步。

而任何可以支撐這些場上專項表現的能力，就可以被歸類為「基礎」；這也許包含體能類的和技術類的。比方說，籃球員的基礎技術就是運球、滑步和跳投；他的基礎體能則可能是慢跑的有氧能力、背槓做半蹲的下肢力量及快速判斷資訊做出反應的協調能力等等。

什麼是所謂的「專項性」

然而如果你沒有特別從事的運動項目呢？例如你就只是一名健身愛好者，主要的訓練內容通通都在健身房，那麼以上這些對專項的討論，對你還具有意義嗎？

當「健身」本身就是你主要的運動方式；也就是說，當你所從事的是「exercise」而不是「sports」，以這些對於規則化的競技專項做分類，

對你而言就沒有什麼用處。然而，本書的第一章開宗明義就提到，不以競技為目的的健身和運動，依然能夠遵循「競技運動訓練」的架構得到好處。說到底，健身族群也會希望打好基礎取得穩定進步，在不同階段優先強化不同的體能區塊等，這跟競技運動是完全相同的。

所以我喜歡另一個我自創的分類方式。依據對每一種體能元素的「急迫性」和「重要性」的分界，我們可以把體能區分成以下四個象限：

- 很重要但不緊急 -- 基礎體能
- 很重要且很緊急 -- 專項體能
- 不重要但很緊急 -- 矯正訓練或替代性訓練
- 不重要且不緊急 --（不要練！）

這是什麼意思呢？如果某項體能元素對你具有急迫性，那代表它與運動表現直接相關，練了可以立即奏效。相對地，如果某項體能元素對你具有重要性，那就代表它對你的「訓練執行」有相當大的影響；又或者是，絕大多數從事某項運動的人，他的這個體能都特別好。

比方說對於想要準備一場 20 公里個人計時賽的自行車運動員來講，長時間低強度的「有氧耐力」就屬於很重要、但不緊急的基礎體能。「重要」是因為，要能長期持續地提升耐力運動表現，絕對需要大量堆疊訓練時數和里程數；但「不緊急」的原因則是，如果下禮拜就要比 20 公里的比賽了，而你今天卻還在騎 180 公里的長距離，這會來得及嗎？

根據 specificity 原理，你比賽長什麼樣，訓練就要像什麼樣。所以既然比賽是 20 公里的高速騎乘，訓練就要用預計的比賽配速去做 2~3 次 10 公里的高速巡航，這是屬於「無氧耐力」的強度範疇。所以對於計時賽選手來說，無氧耐力就是他的專項體能；越靠近比賽的日期，越需要做重點加強。

更確切一點來說，「比賽配速的維持」其實有技術層面包含在內；而且對於高層級的自行車計時賽選手來說，其實光訓練「比賽強度」可

能都不見得是最有效的專項能力突破方式，比較像是最後階段的整合。而為了要先儲備有「更好的能力」可以在最後階段被拿來整合，他專項的無氧，可能會是用衝 4 分鐘休息 1 分鐘的短時間高強度來執行；那麼開出來的強度會將比 20 公里的比賽均速還要再高出許多，會更像是速耐力訓練。

那麼同樣以計時賽選手為例子，什麼是「不重要但很緊急」的體能呢？大概是背部肌群的強化吧！通常對於瘦皮猴身材的自行車選手，背肌訓練是不太重要的；但是如果這位選手有下背痛，不去強化背部就無法趴低在車上做出低風阻姿勢，那麼他的訓練中就會需要放入很多針對臀肌、下背和核心的訓練內容。

這些一般會歸類為「輔助訓練」的東西，往往在基礎期也會做得不少（見第三章針對輕重量「解剖適應」的敘述）；然而準備期進行的是多方面和多變化，進入到專項期之後往往就盡量少做或幾乎是完全取消的。只不過如果是為了特定目標（例如解決下背痛），那它就又變得很緊急，可能就算到了比賽當天上場前還是會執行。這樣的訓練內容就無法說它是基礎體能或專項體能，而屬於矯正訓練的範疇。

▌專項體能與休閒健身族群

有了這樣四象限分析的觀念，對於一般健身愛好者也就也能夠應用了！比方說今天假設有一位已經自主訓練兩年的客戶來找上我，說她為了要六個月之後拍婚紗照的身材好看想要「增肌減脂」，那麼該怎麼幫她規畫呢？（沒錯！商業健身房裡面所有的目標設定，最後好像都會變成「增肌減脂」這神奇的四個字。）

這時候，很重要但不緊急的工作，就是大重量增肌訓練和正確體態的建立。如果都已經到了拍照的前三週，還在調整圓肩縮胸及骨盆前傾的問題，同時還要試著再增加 0.3 公斤的體重，當然就緩不濟急了！

因此大重量的訓練和改善體態的矯正訓練，就會是這位客戶的基礎體能。而接近到拍攝日期，已經練到有手臂有肩膀及有胸有臀，要追求看起來身材圓滑緊緻，我就會選擇用高強度無氧的方式來做心肺刺激。因為高強度可以開啟很多好的賀爾蒙機轉，讓人看起來氣色變好與外表年輕；如果選擇像健美選手那樣用 1~2 個小時的低強度有氧去持續出汗燃脂，那麼肌肉線條就會變得絲絲分明，面頰也會稍微凹陷下去，就不會是新娘子拍婚紗照會想要有的成果了。

　　從上述的兩個例子，相信大家可以大致歸納出來，「基礎體能」的訓練目的是為了要幫後續的專項體能鋪路，而「專項體能」的訓練成效顯現較為快速，但也較為短暫沒辦法長期持續操作。所以雖然我們目前還沒有提到訓練週期的設計，然而誰先誰後的這個訓練概念已經慢慢在鋪陳了。

為誰辛苦為誰忙？基礎和專項，目的不一樣

　　先練基礎體能，也不只是因為這些體能項目需要比較長的時間才奏效；它就是一個從土木工程借來的概念。就字面上來說，基礎沒有打好是無法向上發展，會容易垮台的。

　　在歐美國家的「長期運動員發展計畫」（Long-Term Development Program, LTDP）裡面提到，兒童與青少年的第一個正規訓練階段主要目標是「train to train」；這是為了接受更高層級的訓練內容而準備；不是為了現在的成績，是為了讓未來更好練。

　　其實「基礎體能」的訓練也很像這個概念。你做這些的目標不是要現在就變得多強（事實上如果是接近菁英層級的選手，在專注強化基礎體能的時候及比賽成績往往還會微幅下滑），而是要把自己的身體結構、動作模式及恢復機轉等等，都先行適度的提升，以替接下來的「專項體能」訓練鋪路。

所以 train to train 若翻成中文的話，就不是單純的「為了訓練而訓練」，而是「為了接受更高品質、更大量與更專門性的訓練內容，而先把相關的身體條件給準備好」。

相對地，「專項體能」的訓練目標就是「train to compete」或是「train to win」。依據賽事的特徵做針對性的體能加強；同樣是自行車選手，你這一場比的是長距離爬坡，下一場是準備連續多日的公路巡迴賽（tour），還是跨車種去比越野（cross-country）或礫石賽（gravel）？還是跟朋友組隊報名鐵人三項接力？路線不同或賽事的特性不同，必須著重的專項體能也很可能就不一樣。

當然這還是圍繞在競技運動的框架來講；如果你是像我剛所舉拍婚紗照的例子，為了生活上的目標或單純因為興趣而運動，而不是要去比賽，那麼還是用前述「重要性和急迫性」的象限分析來區別基礎和專項，會比較合適。

又或者如果你是教練，那麼你去把客戶最喜歡做的訓練內容（譬如說他要看見胸肌、腹肌或上完課喜歡覺得很累很痠）當作「專項」，而把身為教練從自己的專業眼光判斷，認為他最需要加強的視為「基礎」（譬如說步態、基本動作模式、心肺耐力或腰背核心），也不失為另一種理想的判別準則喔！

廖教練講知識

以加拿大田徑協會為主要提倡者的 LTDP 系統，對於競技運動員的長期生涯發展，分為以下九個時期：

Stage 1. Active Start

Stage 2. Fundamentals

Stage 3. Learn to Train

Stage 4. Train to Train

Stage 5. Learn to Compete

Stage 6. Train to Compete

Stage 7. Learn to Win

Stage 8. Winning for a Living

Stage 9. Active for Life

這一套長期發展的概念，比較像是漸次發掘興趣和細心培養呵護，致力於照顧到每一個運動員，以減低流失率為指導原則。

相較於極權國家的「選材」和體校制度，**LTDP** 的概念更符合民主自由政體，也是台灣應該努力的方向。畢竟要實施選材的前提，是有這些「材」可以來讓你選；但目前台灣的競技參與度極低，有人要練就已經算不錯了，最重要的工作應該是要從基層推廣競技參與。

而且推廣的工作不能只有學校或政府單位，民間的俱樂部也要慢慢成為主力才行。從俱樂部開始就要商業化和職業化，因為有經濟發展的誘因，運動員才不會有「不知為何而戰」的迷惘和失落感。

而所謂的學校「科班」體系，也該要把長期發展擺在第一順位。國體研究所的一位學長最近就跟我說，「過去曾經聽過一些教練的話，其一，你們高中端操成這樣，我們大學端要訓練什麼？其二，練得好都算國中的，練不好都是國小端操太兇，其三，很多國高中端，練習量很大，撐得下去沒有壞掉的變強，撐不下去壞掉的淘汰。」

這樣的現象，也差不多應該要有所改變了！如果以前的教練做不到，沒關係！現在的教練以後慢慢會爬到那個位置；大家若能夠理解到改變不必是革命，而且最重要的是「功成不必在我」，就不會讓熱情熄滅。

各項目的基礎體能與專項體能

在前面第五章曾經提到過，人體製造能量的三大能量系統，是人類能夠勝任由極短到極長的時間、由極度劇烈到穩定持久的各種不同運動情況之主因。這樣的「複合燃料動力」系統，在運作上極具彈性，於各種環境條件之下都可以運作。

在「訓練」這件事上，我們像把大自然設計好的生存保命機制，用人為機巧的方式去利用，強化到不會自然產生的狀態。因為在規則化條件下的爭勝，本來就是一件不自然的事情。例如，練長時間有氧耐力，對於比馬拉松的選手有最大的幫助；因此我們就會用「最符合專項需求」的方式，去把他練成耐力機器，但可能缺乏 5000 公尺選手的加速攻擊能力。

這種不是「全人」而偏向「專才」的概念，把眼光從「耐力」拓展到其餘體能區塊，其實也適用。下表列舉幾個專項，做區分基礎體能與專項體能的範例，提供參考：

基礎體能與專項體能之範例

運動專項	基礎體能	專項體能
短跑 （100~400 公尺）	有氧耐力 最大力量 力量耐力 速度	啟動力量 反應力量 無氧耐力（乳酸系統） 快速耐力
網球	有氧耐力 力量耐力 速度	無氧耐力（ATP-CP 系統） 快速力量 速度
公路自行車	有氧耐力 力量耐力	有氧耐力 無氧耐力（乳酸系統） 快速力量 速度
游泳 （短距離）	有氧耐力 無氧耐力（乳酸系統） 最大力量 力量耐力	快速力量耐力 無氧耐力（乳酸系統） 快速耐力
射箭	有氧耐力 最大力量 力量耐力	有氧耐力 力量耐力

表 6.1

獨具匠心的「操弄」vs.「有練就有差」

在前段我們剛談完「基礎體能」和「專項體能」的分別。本節我們要來更細部探討，怎樣用「人為機巧的方式」來達到刺激與強化。

身為武術家、單口喜劇表演者及綜合格鬥賽評的 Joe Rogan 有一個講法：想像你的身體是一台性能車。你買了一台車就算你給它添加賽車等級的高辛烷值燃料，並常換機油勤保養，它的性能水準還是不免因磨耗而下降；而如果你每天惡狠狠地操這台車，結果車子的馬力還反而可以越來越大、跑起來越來越兇，這豈不是連作夢都夢不到的好事嗎？偏偏人的身體就是這麼地好用，然後絕大多數人還都不運動，簡直是匪夷所思。

這段敘述，符合大家對與運動「有練就有差」的既定印象，拿來說服沒有運動習慣的人當然很合適。然而，競技層面的訓練講究更加細膩，練不對的話還有可能會做越多反而效果越差，也就是「負適應」。

所以競技運動的狀況，往往更像是你在操作一台精密複雜，有著人工智慧能夠進行「machine learning」的儀器。這台機器可能有很多不同的按鈕；你每次都用怎樣的順序及哪幾個按鈕去操作特定流程，機器就會把那套流程所啟動的機制跑得越順。

同樣以汽車的例子來講，人體的「專項適應」就好像你越常載貨，引擎的扭力就變越大；越常跑長途，每公里的油耗就越低；越常開去賽車場衝刺或殺彎，剎車、底盤和懸吊就越強化。不會因為你常用計程車的開法（每天累積大量的里程，走走停停，高速低速隨機分布，載重量也因乘客人數而經常變換），還能夠變成像電影「賽道狂人」裡面那種跑 24 小時耐久賽的高性能跑車。

計程車開多了不會變成跑車；同理，如果你整天漫無目標地瞎練，就算累積了很多訓練量，也不會因此成為高層級的運動員。

能量系統的專項性

所以訓練要講究符合專項需求。以籃球員來講，如果你每次訓練完都想要看到球員很累的樣子，那麼體能課表大概都會用 400 或 600 公尺，甚至 800 公尺衝刺；然而這是屬於強化無氧醣酵解系統的訓練，就不符合專項性。原因是這不只是會加強選手「連續 2~3 分鐘高強度輸出的能力」而已，還會讓他的身體更「傾向於」使用無氧醣酵解系統，製造出大量乳酸。因為你把他的這個「路徑」走得非常順。

這樣會帶來什麼問題？比方說在一次進攻當中，控球方的後衛通過了球場中線，就自動開啟了半場 24 秒的倒數計時。如果這 24 秒之內進球或犯規罰球，那麼就能取得小小的喘息空檔；只有在攻擊籃框不進，被對方搶到防守籃板並且發動快攻的狀況之下，你的連續快動作才會需要超過 24 秒鐘。

我再重複說一次：「24 秒打完一次進攻」。而這 24 秒平均分給每位隊員，每位在場上平均要用「最高速」做動作的時間能有幾秒？顯然這會是非常短的時間，所以照理說籃球應該要很倚賴 ATP-CP 無氧能量系統才對。記得上一章有說過嗎？ ATP-CP 的能量回充極快，然而乳酸的排除則是要花較長時間的。

如果你的體能練「錯」了，總是讓籃球員跑 400、600 或 800 公尺；那麼他的乳酸系統能量路徑就會特別順，則會在短短 24 秒的攻防之內，就已經開始製造和堆積乳酸。因為那已經變成他身體所「偏好」產生能量的方式，而不是玩這項運動最適合的方式；你喜歡的不見得是你真正需要的。

那麼這就不是一個好現象，也就造成你練了老半天「體能」的球隊，上場打比賽卻依然贏前面輸後面；你把他的體能練到僵化了，不符合專項特性（以 ATP-CP 為重，而無氧醣酵解則是「複合燃料引擎」的第二道備用能源）。

順道一提，這也是為什麼耐力最好要以專項在場上位移的模式（絕大多數是跑步）來練效果才會好。很多人說，我做重量訓練拿輕一點或做快一點連續不要停，這等於也在訓練心肺耐力；但這僅是只考慮到它與耐力訓練的共同特徵（心跳加速、很喘及大量流汗），而忽略了專項需求。<u>要知道重量訓練無論拿得多輕，能量供給都是以乳酸系統為主，無法提升有氧閾值，也難以針對 ATP-CP 系統做強化。</u>

同樣是球類運動，節奏類型不同的棒球就更不應該練無氧醣酵解系統。2019 世界棒球 12 強的中華隊體能教練林衛宣曾經說過，棒球的比賽場上，即便是守備範圍最大的外野手，平均每次移防的距離也僅 13 公尺；因此一場棒球比賽若要動用到無氧醣酵解系統，是敲出「場內全壘打」才會有的事情，那是可能對手的守備有問題了！要「中間要先一個誤判，撿到球轉傳暴投，沒接到再跑去追，轉傳本壘又暴投」這樣離譜的狀況，那基本上是國小組比賽的戲碼。

然而為什麼許多練 800 公尺衝刺的球隊，依然能夠拿到好成績呢？很多時候，這是因為層級不同的問題。比方說以高中籃球聯賽為例，雙方多次進攻失誤沒有得分，或者運球組織進攻的過程中被抄截，就容易造成連續的快節奏攻防互換。

此外如果是隊上的可用之兵不多，主力選手必須被迫長時間作戰，很少能有被換下場休息的機會，那麼也許用連續 1~2 分鐘的高強度耐力訓練就有其意義。在中學生聯賽，這是即便在冠軍戰都依然有可能發生的狀況；而這也是國內的高中籃球聯賽通常比職業聯賽還更吸引觀眾的原因，因為你能看到球員用熱血及用生命在打球。但這不是面對高層級選手適合沿用的訓練方針，因為他們的比賽打法更進階，不能再用熱血蠻幹。

　　林衛宣是我在林口體育大學生物力學實驗室的學弟，高中時期是南英商工棒球隊出身，投野雙棲；同時他也是國體棒球隊史上，在大學部畢業後繼續攻讀研究所的第一人。每當聽到「運動員因為早期學科基礎不好，所以不能唸書」這種論調，他就是我最常舉出來反駁的例子。

　　還記得碩一的時候，為了要搞懂基礎的力學概念，衛宣還要拉著我們幾個從其他領域考上的一般生，愁眉苦臉地問三角函數是什麼斜邊除以對邊這種問題。還記得當時我心裡暗自想著「這樣要怎麼做力學研究？」

　　但是憑藉著運動場上的那種堅持，他從學術論文一個字都看不懂，讀到可以去投稿國際研討會，上台用英文發表研究成果，飄洋過海到頂尖的體能訓練機構與 MLB 的棒球學院去長期實習訪視，把外國對於訓練的新銳方法和思維帶回台灣。現階段他正攻讀博士學位，這已經是比我還要高得多的學術成就。

　　更難能可貴的是，衛宣協助選手從不張揚；會聽到他的功績，往往都是因為訓練有成的選手在場上表現出色及受到媒體關注，才在訪談中自己主動提到「感謝我的體能訓練師」等等話語。在行銷曝光被奉為圭臬的這個時代，受到美式訓練風格影響至深，卻不跟美國人學習大喇喇自我吹捧那一套的衛宣，是個難能可貴的存在。

　　關於更多的棒球體能訓練，可以參考我對林衛宣教練的 podcast 訪問：

力量訓練的專項性

　　既然耐力有能量系統上的專項性，那麼力量與速度呢？在先前的章節中，我們也提過「強調推蹬」的速度訓練方式，不見得符合運動員在場上的技術需求；特別是越強調靈活度的運動項目，就越要在速度訓練的「動作要求」上，讓他保有可以隨時變換的餘裕，而非單純要求固定距離及任務的完成秒數削減，或單位時間內達成的次數更多。

　　而以力量而言，專項性的考量就更加複雜。比方說，騎自行車為何可以比跑步的速度更快？是因為透過機械的轉換，可以用更有效率的方式把人類肌肉的動作，轉成往前的位移。而這個「更有效率」的原因，有很大一部分是因為踩踏板的時候肌肉不會做離心收縮，不會消耗或吸收機械能。

　　所以既然騎腳踏車的時候沒有離心收縮，那麼練自由車選手的快速力量，就完全不需要使用增強式訓練。然而這件事情，連國際自由車總會的教練講習教材都搞不清楚，還在影片中讓選手示範做跳箱的 drop jump 訓練；只因為以往「練快速力量就是要做增強式訓練」的概念太過深植人心，沒有去反思和質疑背後的原因。

　　又譬如訓練籃球中鋒的跳高和排球選手的跳高，是不能用同一種教學方式的；因為籃球選手在上籃的過程中，雙手必須同時進行運球和護球的動作，因此就不能教他練擺臂起跳，而是必須用雙手插腰或者後背的方式訓練。而相對地，在排球選手起跳封網的瞬間雙手可以自由擺動，所以就更要教會他們如何運用擺手獲取最大騰躍高度；這甚至可以包含抓握小磅數啞鈴，增強擺盪慣性的回饋感，以加快跳躍動作的學習與優化。

　　以前我曾經在帶棒球選手做軀幹旋轉的訓練時，特別跟他們強調轉身的力道要由下肢的推蹬來發動，只因為我當初在學訓練的時候人家是這樣教我的。但是要到後來，選手才跟我說因為揮棒的動作同時需要「爆

發力」和「細膩度」，而且能夠做出反應的時間又太過短暫，必須由軀幹的旋轉來帶動才行；如果由下肢主導發力，那不僅太慢又不容易調整力道的收放，反而打不到球。

由於運動場上的力量，不只牽涉到肌肉長度、動作時間長短和輸出力道的大小這些參數而已；更多的是上述例子這些空間上、方向上和技戰術情境的考量。因此絕對不是用傳統健身房裡面的器材練得進步，就能夠保證場上表現也有所提升，尤其是當你面對層級越高的選手就越是如此。

專項力量的訓練動作設計

這些所謂「專項力量」的特殊考量，主要在俄國訓練學者 Yuri Verkhoshansky 的著作「Special Strength」裡面談到；而它最大的挑戰性是在於，教練在設計動作的創意與巧思，與對專項技術特徵的認識與熟悉。此外由於訓練量與訓練強度難以量化（包含不一定能精確紀錄數值化的負荷強度，以及公斤數、重複次數及執行速度上所代表的生理壓力，不容易與傳統的訓練方式類比），以至於不容易在訓練設計的時候就能有效掌握適應過程，而必須以各種主與客觀的回饋來進行效果檢視與疲勞監控。

然而由於特殊性原則 specificity 的緣故，專項力量如果設計得當，是最能在短時間大幅提升專項表現的關鍵步驟。而由於體能教練的能力有其極限，因此在釐清選手的哪個環節需要透過專項力量的介入來加強的時候，就必須要與專項教練有非常好的信任與溝通。

比方我前面提到過的林衛宣教練，某次他提到我請他幫忙帶的高中選手，在球出手的瞬間前導腳（投球動作執行過程中採出去的腳，以右投來講就是左腳）支撐力道不足，無法透過有效地剎車、把全身動能轉移到球速上面。由於我們都具有力學的背景，這個機制既是棒球專項經

驗上的合理推測，在學理上也完全說得通；然而他卻不知道要怎麼把這個問題練到不見。

於是學生就回到了我的手上。我在平常租場地教課的地點，請學生在草皮區扛了一支 20 公斤的空槓，做往前踏步的動作；然而相較於一般的前跨步（lunge）訓練，我沒有讓他踩到弓箭步身體下沉剎車，而是要求膝蓋微彎之後瞬間把身體蹬回來，時間上沒有任何延遲，前腳不能「黏」在地板上。等於是整個人的動作看起來像倒過來的鐘擺，向前擺出然後順勢歸位。

結果是？經過這一堂課 60 分鐘的訓練（當然，其中還包含很多其他之前就常態在練的東西，不可能全部只有針對這個問題作解決），下一次這位高中生回去找衛宣練投球的時候，前導腳「支撐力道不足」的問題就不見了。

然而大家也知道區區 20 公斤其實對運動員來說一點都不重，而且這一堂課的時間過於短暫，根本也不可能讓原本「力量不夠」的人，經過這麼隨便弄弄就瞬間有力了。所以很多時候專項力量的動作設計，是在協助改善一些動作控制上的神經協調機制，而非藉由前面幾章談過的超負荷、超補償及生理適應程序等等，達成了什麼階段性的成果。

因此這種與專項技術動作有高度關聯性的力量訓練，有兩個重點要考量。其一是，你運動員原本該有的條件，包含肌肉量、合理的動作角度、肌肉快速收縮的能力及最大力量的基礎皆已大致備齊，只需最後的整合。

其二則是，這個選手「真的有什麼問題」需要改！比方說今天如果衛宣沒幫我看出這個小朋友前導腳支撐的問題，我大概作夢也想不到該去從這裡下手；又比方說今天有一個投球機制已經很好的職棒球員，若明明就沒有這個前導腳的支撐問題，那我今天就算讓他背到 50 公斤去練半天，也不會把他的球速從 140km/h 提升到 150km/h。

是厲害的設計還是騙人的把戲？

當你看到一些看似複雜或先進的訓練動作，要知道很多時候「有效的訓練」和「耍猴戲浪廢時間」只有一線之隔。所以看人家的練法去針對各種前提和條件做釐清，是一件非常重要的事情。有時候那只是人家想讓你看的東西，你並不知道他選擇動作的理由，與每次做多少？在整體訓練計劃的比例放多重？其他還做了什麼？在決定要做這些之前，選手是長得什麼樣子？以及你看到的是剛開始學？還是已經練得很熟在加負荷了？

如果只是因為別人的訓練動作看起來很厲害，但是你沒有去分析這些動作在空間上、方向上、節奏上以及能量系統上與專項動作的關聯，就盲目採用；那麼全天下的訓練方法有千千萬萬種，怎麼樣也模仿不完。

再來，即便是從事同樣的運動項目，但你的身體條件和別人的條件不見得相似，技術水準也很可能有所差別，就更不應該直接接收別人的練法。就像我某一個具有籃球背景的教練朋友跟我講，幾乎所有愛打籃球的人，都想要練到能跳得更高；但是「跳得高不如長得高」，你若身材就已經矮人家 10 公分，多跳 5 公分也沒有任何意義！還不如強化位移技術和速度與敏捷性，去扮演好控球後衛的角色，而不要去跟人家搶著做前鋒。

掌握到各個運動專項的基礎體能與專項特性，我們就能夠有效把很多聽起來很先進及很有效的訓練方法或動作先給「減」掉，先去專心做那些在這個階段練起來最「划算」的內容。

而就算你對前面那一小段「與技術動作相關的專項力量」還沒有那麼熟悉，又缺乏能力夠好和信任度也夠高的專項技術教練可以配合，至少在基本「四象限分析」上如果可以先搞對，那也八九不離十了。

廖教練講故事

　　早期的競技運動訓練，往往把某種體能的「特性」跟「訓練方法的特徵」混淆不清，就形成了所謂「通項」的體能訓練或檢測標準。也就是有點像魏德聖導演拍的那部「KANO」電影中，嘉義農林學校的棒球隊員們繞著嘉義市一面跑步，一面喊著「甲子園、甲子園」的那一幕劇情。

　　甚至是早期在國家訓練中心，還存在著「選手通項的體能檢測合格，即不用再進行體能訓練」這種思維；幸好隨著運科處的各組功能職掌完備化，特別是體能訓練師員額的增設，這樣的問題也逐漸改善，越發貼近服務教練和選手需求的後勤支援功能。而非強硬地從「指導」角度下手干涉，導致成效不彰產生反彈。

　　身為國訓中心的一分子，我可以直接看到許多制度和作法上的缺點，而且由於運科處人員編制不足及任期又普遍短暫，無法有效支援到所有隊伍也是事實。但至少第一線的工作夥伴們都是極富實力且充滿熱忱，跟他們交流共事，仍讓我相信事情有在往好的方向上發展。

週期概念簡述

　　「週期化」的訓練，意指在不同時期，針對不同身體能力做重點化加強。傳統上的週期概念大致可分為兩個源頭，其一是以耐力型運動項目為主的，主要在「訓練量」和「訓練強度」兩個參數上進行漸進式調整的「傳統」或「古典」式週期；另一個則是依照力量發展理論與限制因素，由建構最大肌力為優先，以構築競技能力的 Bompa「週期化運動訓練」。後者主要為美國「肌力與體能協會（National Strength and Conditioning Association, NSCA）」所廣泛採用。

　　而若依據本書的「基礎體能」與「專項體能」之討論，我們則可以

把訓練時期概略分成「準備期」（或稱基礎期）與「專項期」，以及賽前減量與賽事期間的「比賽期」，並且將各自期間的訓練目的分化如下表：

各期別訓練重點

期別	訓練重點
準備期	強化基礎體能 準備專項體能
專項期	強化專項體能 維持基礎體能
比賽期	穩定專項體能 調控巔峰狀態

表 6.2

▎著眼專項回歸基礎

但在本節的最後，依然有必要強調兩個重點。第一點就是，專項體能絕非體能訓練的全部，你只練專項體能，進步很快就會遇到瓶頸。由於我們很強調專項體能要練對，大家就容易忽略真正的重點還在於訓練課表要能夠「吃得下」和「消化得了」；而這些關乎專項體能訓練能否成功實施的關鍵，就是基礎體能的扎實程度。

第二點則是，基礎體能絕非「通項」的體能；也就是說，這個項目的基礎體能，有可能是另外一個項目的專項體能。而就算有一樣的基礎體能，也不代表應該要使用相同的練法。

由表 6.2 可見，週期化的概念其實並不複雜；其餘各門派的差異，其實可能只是在名詞定義上的差別，或是實務應用面在一些細節上的不同。此外特別注意，在此只做出體能的分界，尚未探討技術訓練的應用在各期別有何重點及應占據多大比例。

有了這樣粗略的分界之後，接下來就進入到時間參數的討論。規劃週期最重要的任務，就是要把到賽前的有限時間做最佳切分和調配；如果這個目的沒有達成，其餘在任何細節上的討論都是沒有意義的。而在「最理想的情況」下，這個籌備的時間應該要是以數個月或一整年才比較充裕；如果時間不夠操作，那麼要「減掉」哪些期別以及哪幾種訓練內容，就會變得非常關鍵，也極度仰賴先前各個章節所提到過的基礎背景知識。以下就以一年為期間，分別提出三種週期的切分方式：

一年一次比賽週期

大週期／年				
過渡期	準備期		專項期		比賽期
	I	II	I	II	

表 6.3a

一年兩次比賽週期

年							
1- 大週期				2- 大週期			
過渡期	準備期	專項期	比賽期	過渡期	準備期	專項期	比賽期

表 6.3b

一年三次比賽週期

年											
1- 大週期				2- 大週期				3- 大週期			
過渡期	準備期	專項期	比賽期	過渡期	準備期	專項期	比賽期	過渡期	準備期	專項期	比賽期

表 6.3c（張嘉澤，2018）

以上為最粗淺和最簡單的切分安排狀況。這裡針對名詞來解釋：大週期（Macro cycle）指的是從上一場重點賽事結束，到下一場目標賽事之間的這段時間；中週期（Meso cycle）指的則是每一個不同的重點訓練階段，比方說準備就是一個中週期，專項期則是另一個中週期。

除此之外，還有所謂小週期（Micro cycle）的講法，最常見的是以每個星期劃分，但也有以 4~5 天或 10 天為一個單位的分法。小週期的設計主要是依據生理參數回到基準值的時間（圖 2.3；表 2.3）。

▍兩場賽事距離太近的訓練規劃

但如果遇到一年的兩場重要賽事之間，時間過短（譬如說只有六週左右），可能就不會有兩個基礎期的設計；而是在第一場比賽結束後，短暫歇息調整，隨即進入第二個專項期。此外，如果是每年只有一場賽事，也有可能會刻意安排成兩個大週期，以免中週期的時間持續太久造成訓練疲乏。

例如表 6.4a 與 6.4b 的舉例，假設有一位自由車選手，在兩年一度的全運會當年，分別有舉辦於四月分的縣市代表選拔、七月分的全國錦標賽和十月分的全運。又假設這位選手在該縣市的競爭力算是夠強，不用擔心選拔賽落馬；因此選拔賽就是比較不重要的「B 級賽事」，而全國錦標和全運會則是列為「A 級賽事」。那麼他的第一場 A 級賽事（全國錦標賽）就會有兩個準備期；而第二個 A 級賽事（全運會），則可能不會有準備期，而僅僅在全錦賽結束後做一兩個禮拜的過渡調整（適度減壓不做專項體能）。

全運年的自由車訓練週期

月分	Jan	Feb	Mar	Apr	May	Jun	Jul	Aug	Sep	Oct	Nov	Dec
賽事				B			A			A		
中週期	PRE	SPE	COMP	PRE	SPE	COMP	SPE			COMP	TRANS	

表 6.4a

同一年的全錦賽到全運會詳細規劃

月分	Jul			Aug			Sep			Oct		
週		A										A
中週期	SPE	COMP	TRANS			SPE				COMP		

表 6.4b（PRE= 準備期，SPE= 專項期，COMP= 比賽期，TRANS= 過渡期）

　　如表 6.4b 所示，如果全國錦標賽辦在七月底，全國運動會在十月底，則中間僅有 12 週的空檔；若考慮到錦標賽後過渡調整一到兩週，全運會前減量調整兩週，則只剩下 8 週的時間可以做系統性的訓練。那麼假設這位選手的競技層級高、「可負荷性」較佳，那麼這 8 週就可以只規畫成一個中週期（專項期）來做專項加強。

　　而相對地，如果是完全相同的賽事安排，但我們面對的是一個競技能力較不成熟、年紀較輕而且缺乏參賽經驗的選手，則依然會選擇把這 12 週安排一個準備期。而且這（今年度的）「第三個準備期」會與前 2 次不同，重點不會再是「遞增」或「大量累積」訓練負荷，而僅只是把主要的訓練內容再度聚焦在基礎體能（表 6.5）。

這樣的做法，是為了要穩定運動表現；因為對競爭力較低或參賽經驗較為不足的選手來說，七月分的全國錦標會是一個強度和壓力都很高的生理刺激。所以若從六月分開始算起，足足有 4 個月都在練專項體能與比賽，這種連續的高壓狀態很容易導致過度訓練，產生負適應。

全錦賽到全運會

月分	Jul			Aug				Sep			Oct		
週		A											A
中週期	SPE	COMP	TRANS	PRE					SPE			COMP		

表 6.5（較低層級選手）

而你也許會問說，難道專項體能對於較年輕的選手就比較不重要嗎？他也想要拚全運突破個人成績，怎麼可以因為他不是奪爭名次的熱門人選，就只讓他練四個禮拜的專項期呢？

其實全運前的專項期之所以可縮短，原因是經過上半年度的週期累積後，要想第二次調整出體能巔峰，所需要的時程會相對較短，不像第一次的專項期要花那麼長的時間。而因為層級較低的選手，通常弱點都在於「基礎體能不夠扎實」；因此用額外的準備期，重新「喚醒」及鞏固他的基礎體能，反而有益於幫助今年度的第二個 A 級賽事不至於崩盤。

而假設我們再舉一個例子，是今天面臨到某位年過三十歲，並已經在該單項常年擁有佳績的選手，逐漸開始要面對體能退化的階段。這時候儘管他也是「高競技層級」運動員，但由於身體的可負荷性已初步下降、恢復速度變差，因此反而也回到適用表 6.5 的練法。此時他的訓練重

點就已經不再是提升與強化，而是設法在兩場 A 級賽事之間維持體能的表現。

那我到底要練多少？

以上到目前為止，僅概略說明了準備和專項期該如何切分，以及各自的體能訓練重點，而尚未進入到訓練量與訓練強度的說明。作為通則，準備期的訓練量較大、則訓練「範圍」也較廣；而專項期的強度會較高，所涵蓋的範疇也比較精簡。然而這並非鐵則，且不同的項目與不同的週期理論在細節上也會有所差異，詳細會在下一節說明。

若你本身不是體能教練，而是總教練或技術教練的身分，必須去統籌整體的訓練總量分配；在這種情況之下，技戰術的訓練重點會建議如表 6.6 所示，主要於專項期和比賽期進行。但是準備期若缺乏適度的技術整合，則後面進入到專項期會難以銜接並產生斷層，所以應該少量且廣泛的訓練以維持熟悉感。

不同期別之技戰術訓練重點

	體能	技戰術
準備期	強化基礎體能 準備專項體能	維持技術特徵 少量，廣泛學習與應用
專項期	強化專項體能 維持基礎體能	個別技術加強 戰術配合
比賽期	穩定專項體能 調控巔峰狀態	針對每場比賽對手 於賽前做戰術複習演練

表 6.6

實際應用例：自行車選手

接下來我們要以幾個我自己客戶的實際範例，進一步來討論週期的設計。表 6.7 是某一名自行車選手的年度計劃，而由於他額外還有鐵人兩項和越野跑的興趣，因此訓練課表無法完全以同一個專項為主軸。

與前面所設計的週期表格相較，這份計劃最大的不同點是在於一年中的 52 週，每個禮拜的訓練量和訓練強度，都分別用長條圖和折線圖規劃出來。依照這樣子預先設計的規劃，之後在每個月或每個禮拜訂定詳細課表時，就有相對簡單的方向可以遵循；而不會見樹不見林，在鑽研細節的時候迷失真正的重點。

從這個年度規劃看來，可以發現幾個重點：首先是只要遭遇賽事，不管它的重要性是哪個層級（通常分 A、B 和 C 級），「強度」都會是最高的。因為賽事本身的刺激，會讓人發揮出訓練情境無法激發的潛力。

其次，準備期的訓練量較多，專項期的訓練量較少。所謂的「訓練量」可以是時數或里程數；而當然若以健力或舉重項目，則可以用「volume load」的計算方式，也就是把同一個訓練動作的所有組數、次數和公斤數乘在一起，再將所有動作的數字加總，作為概略的指標。

由此觀察，好像越靠近比賽應該要練越少，但這個概念往往在實際執行的時候難以貫徹落實。因為一方面在訓練初期的能力不夠好，無法承受大量負荷；而越接近比賽，則體能越好，就不知不覺越練越多。而對於許多自主安排課表的人來說，則是剛開始因為覺得目標還很遠、容易怠惰；而越到後面越火燒屁股就臨時抱佛腳。這就帶入了第三個重點，越接近比賽，通常整體的強度就越為提升。等於是用較少的訓練量及更少的疲勞累積，去換取更高的訓練品質。

自行車選手年度週期

表 6.7

當然，在此所列出的三個大原則，都不是什麼不可觸犯的天條。依據現實的目標，計劃的設定或多或少都要做些許妥協；而參加一些成績不重要的次要賽事，雖然可能會打亂整體規劃，但或許也可以帶來很好的刺激效果。

　　而若真要說有什麼絕對的禁忌，大概就是訓練量和訓練強度不可同時提升。觀察一個好的週期規劃，你會發現「訓練量」和「訓練強度」兩者的關係，大致上是一個上升另一個就下降；如果發生一個上升另一個維持，通常都已經是壓力很大的情境。兩者同時上升，往往會產生受傷、生病，或極端地適應不良。

　　製作年度計畫，為的是要讓每個月的課表制定更為簡易，有明確的方向可以遵循、並方便回過頭來追蹤；如果製作一個如同表 6.7 的年度計劃對你來講太過複雜，就要適度「減掉」其中的幾個元素，比方說施測日期與階段目標等細項。千萬別捨本逐末，在規劃年度週期的時候費盡巧思，結果反而弄得自己每週要排課程的時候綁手綁腳。

▌實際應用例：徑賽中距離選手

　　而對於有些情況，比方說工作排班不固定或者不是我熟悉的專項，以及必須經常性與客戶討論並做出調整的案例，我會採取每週或每兩週滾動式給出訓練內容。然而即便是這種狀況，依然必須有基本的概念，並且注重隨時針對先前的訓練執行狀況作出評量，例如下圖是某位田徑中距離選手的訓練紀錄；從這裡可以見到，我在概念上依然有抓出「訓練期別」與每日總量與強度。

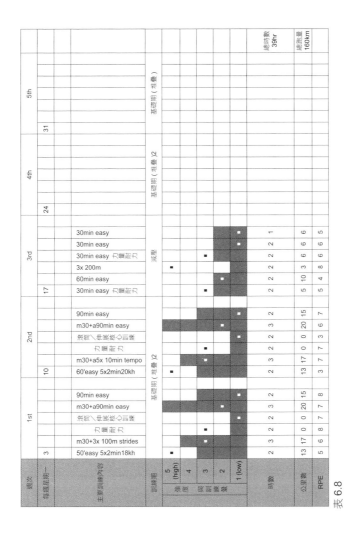

表 6.8

　　上表所示這個月基本上是屬於基礎期，選手經歷前一年的全國運動會之後休養調整了大概一個月左右，從十一月中重新回歸漸次把跑量往上加的「基礎期」，主要目的是強化基礎能力與維持專項技術，以及維持速度刺激。有顏色區塊的長條圖與折線圖，我使用下列表格的五等第區分：

中距離選手訓練負荷參數範例

強度：		跑量：	
	1 = 緩和跑 / 滾筒伸展		1 = 3km 以內
	2 = 6~5 分速 / HR130~145bpm/ 教課示範		2 = 3~10km
	3 = tempo/ 力量耐力 / 核心		3 = 10~15km
	4 = 漸速跑 / 快速力量		4 = 15~20km
	5 = 90% 比賽配速或 以上 / 最大力量		5 = 20km 以上

表 6.9

　　這個表 6.9 是針對選手的現狀所設計的，當然隨著他的能力提升，裡面的若干標準可能也會需要修改（例如心跳率及每公里配速等等）。有了這些分級指標，我就可以很方便地以視覺觀察強度與訓練量的時間分布，確保週期化的大原則有被遵循。

　　但是除了這樣客觀的指標以外，我還使用了主觀的「自主感覺強度量表」（RPE）讓選手自填。這等於是某種程度的回饋，一方面是讓我們彼此可以好像在「檢討考卷對答案」，評估他對課表的感受是否符合我當初設計的預期？以及作為適應情況和每日身心狀態的掌握，如果差太多，則下週的內容就要另行調整。

　　所謂的 RPE，可概略解釋為整體疲勞和吃力的程度，或者口語講的「今天的課表感覺幾分累」？從這份表格看起來有氧和無氧耐力並重，整體的 RPE 最高只有在 7 分左右（只有 27 號當天因為我設計上的失誤，RPE 有達到 10 分）。與去年的同期相比跑量上升、但高強度的里程明顯降低，符合漸次堆疊「溫水煮青蛙」的基礎期訓練原則。

這裡所講的「去年同期」，其實這位選手還沒有開始接受我的規劃。但由於他有著極高的自主紀律，每天都寫著簡要的訓練日誌，因此我可以讓他整理出前面 1~2 年的統計表格，方便做為追蹤參考。

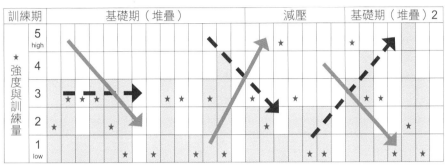

表 6.10 訓練量和訓練強度不可同時增加。

中距離賽的專項體能

若 800 到 1500 公尺中距離比賽，專項體能會是什麼？答案是快速耐力和無氧容量。無氧容量的基礎是無氧耐力，快速耐力則是「速度」和「耐力」的結合；因此在基礎期，我們用 100 公尺漸速跑（表格中簡寫為 str = strides 的意思）和「九成五」全力的 200 公尺間歇，權充速度刺激；並且練很多從 30~90 分鐘不等的低強度持續跑，以期提升有氧耐力。

至於比較接近專項體能的無氧醣酵解能量系統，則用二次的循環式力量耐力，以及二次的「節奏跑」（就是略低於無氧閾值的強度）來達到維持。整體來講，選手表示跟之前相比平均強度減低，總跑量上升，但是有排速度的那幾天又比以前概念上的「基礎期訓練強度」相比快上許多。

這位選手的訓練還是屬於現在進行式，而競技運動的成功與否是以結果論，用上場比賽的成績說明一切。所以按照這個週期，排出來的是不是好課表？要看他今年度 A 及賽事跑出來的成績而定，不是學理上交

待得過去或排出來看了很嚇人，就能代表教練我的「專業」程度。

　　大致上，評斷一個週期的訓練安排是否得當，也是看訓練的成果說話。但這個做法也有一定的侷限，在本章最後一節會再加以討論。

數種主流週期理論之介紹

　　先前大致上有提到過，週期的理論有很多種類。雖然本書截至目前為止提出的週期概念，與 Bompa 提出的肌力訓練建構程序（即美國 NSCA 體系的主流理論）不盡相同；但實際上應用在競技運動訓練的領域並廣泛獲得成效的，絕對不只有這兩種理論。以下即列舉數種常被談到的週期編排方式，來稍作簡介。

┃線性週期（Linear Periodization）

　　線性週期可說是最原始及最早發展出來的一種週期理論，又稱做傳統式週期。這個理論是源自於一九五〇～六〇年代的蘇聯，而大致上「線性」這個詞描繪的是，離比賽還很遠的時候以較輕的重量做訓練，而當時間越接近比賽，所使用的負荷也逐步越來越重；訓練量則恰好相反，計畫剛開始的時候練得最多，而等到訓練計畫接近尾聲和快比賽的時候，則訓練量最低。

　　這樣子的設計原理，雖然一開始是用於描述力量訓練；但直接套用在耐力運動上，特別是對於能力已發展成熟定型，在高競技層級有過了幾年比賽經驗的運動員，依然十分恰當。只是對於初學者或青年選手，可能不適合在計畫剛開始就以「大量」作為訓練的原則。

　　線性或「傳統式」週期的設計，最早是由蘇聯的 Leo P. Matveyev 所撰寫的教科書中提出。然而 Matveyev 在往後的研究生涯中，依舊不斷地修改自己所發明的週期理論，改善應用上的缺點加入越來越多的細節，最終成為另外獨樹一格的理論（有些學者稱之為「波動週期」）；而強

度遞增和總量遞減的「線性」原則，就變成只是複雜週期理論的其中一個特徵。

於此同時，他的著作（Matveyev, 1964）也被翻譯成多國語言，並間接影響羅馬尼亞的 Tudor Bompa 及德國的 Dietmar Schmidtbleicher 等人，更在蘇聯瓦解後成為許多美國訓練學者的參考範例。

而儘管包含 Matveyev 本人在內的許多學者，最後都使用了更複雜與功能更強大的週期系統，但是由於「線性週期」的指導原則相對簡單並易於掌握，所以依然經常被提出討論與應用。確實！有時候最簡單的方法，因為可以出錯的環節最少，反而最容易成功。

▌反向式週期（Reverse Linear Periodization）

反向式週期的特點，顧名思義就是把傳統式週期的「強度漸增和總量漸減」的特性直接顛倒過來。此種週期的概念在於力量和速度難以建立，需要花費較長時間來養成；而因為耐力的可訓練性較佳，等到力量和速度已經提升，就可以用更高的強度進行耐力訓練。

由於反向式週期的設計首重力量與速度，因此特別適用於田徑 400 至 800 公尺，以及自由車場地賽 1 公里及 500 公尺個人計時等注重速度與速耐力的項目。但是如果選手的基礎能力不佳，則容易因為早期的高強度訓練產生負適應。

這裡所謂的「基礎能力」很難用量化的指標做描述。在運動訓練過程當中的再生機制，以及每日訓練後的恢復能力，不像運動表現一般容易量測；但這些能力又是屬於「基礎期」的訓練重點。

而雖然誠如第五章「耐力訓練」所述，運動員的基礎耐力可以藉由有氧閾值速度的五等第常模進行評斷，此外也可以透過最大運動負荷過後的乳酸排除率與 5 分鐘恢復心跳等生理參數來輔助分析；但是因為在一個週期剛開始的時候，選手才剛回歸到規律訓練，絕大多數的能力測

出來都會是屬於「不好」的等級；所以，如何評斷每一位選手能夠使用反向式週期來規劃訓練，仍須倚賴教練的經驗。

來自於荷蘭的知名游泳教練 Jan Olbrecht 在他的著作《The Science of Winning》書中提到，如果兩名選手剛開始的成績一樣好，但是其中某甲的「function」（比方說無氧閾值速度、游泳技巧或力量等等「效能」上的素質）較佳，而某乙則是「capacity」（例如最大攝氧量、心輸出量或肌肉量等等偏向「潛力」的素質）較佳；則把同樣的課表套用下去，絕對會得到不同的結果。

所以，Olbrecht 認為「high function」的選手需要多做基礎訓練，而「high capacity」的選手則需要強調專項訓練。若套用類似的概念，我們或許也可得出以下的結論，「high capacity 的選手較適合套用反向式週期課表」。

然而，因為在這裡 Olbrecht 所提出的的「好」或「不好」，依然只是質性的描述；故儘管有前述的無氧閾值及最大攝氧量等等生理參數可以輔佐參考，但在教練的判斷上，依然要仰賴對選手前一個週期的觀察，以及開訓初期的狀態來綜合決定。

減法訓練

廖教練講知識

在本書所提到的血乳酸濃度 2~4mmol/L 有氧與無氧閾值理論，是由德國科隆運動大學的 Wilfried Kindermann 教授所提出；而撰寫德文版「訓練學」教科書的 Hollmann 教授，使用的就是 Kindermann 理論。

但是同樣在科隆運動大學，還有另外一位學者 Alois Mader，也曾經花費畢生精力研究耐力運動與乳酸代謝。雖然早（1986）年 Mader 曾經與 Hollmann 等人撰寫專文，維護以 4mmol/L 的血乳酸濃度做為無氧閾值的正當性；但在研究生涯的後期，Mader 則

參照了美國加州大學柏克萊分校 Brooks 教授所提出的「乳酸穿梭理論」，大幅修改了自己的乳酸學說。

經過 Mader 所改良的乳酸學說，主張「閾值」的高低並非評判運動表現的唯一標準。相對地，他認為所謂「閾值強度」的顯現，是無氧能量系統和有氧能量系統兩者的發展程度，互相拉扯的結果；因此要有效從生理層面評估耐力水平，必須參照「最大攝氧量」和「最大乳酸生成率」兩項指標。

Mader 教授的實驗室，後來培育了兩位在耐力訓練領域相當知名的教練；其中一位就是前面所提到的荷蘭 Jan Olbrecht 博士，而另一位則是奧地利籍的 Sebastian Weber 博士。這位 Sebastian Weber 最著名的成就，是在歐陸的職業自行車賽場上，以「運動生理學顧問」與自雇私人教練等各種身分，協助過包含 Mark Cavendish、Andre Greiple 等衝刺名將，以及四屆公路個人計時賽世界冠軍 Tony Martin。

有氧和無氧兩種能力的拉扯競逐，是一個較為複雜的概念，不易完全釐清，因此本書的耐力訓練架構依然是以 Kindermann 的 2~4mmol 理論為主。但是隨著乳酸檢測技術的普及，Mader 理論也逐漸的能夠以商業化應用；例如 Sebastian Weber 就將他的成功經驗開發為一款名為「INSCYD」的應用程式，在自行車及鐵人三項領域廣受好評。

更多關於 Mader 理論的介紹，可參考：

▌板塊式週期（Block Periodization）

板塊式週期理論最主要的提倡者，是以色列「溫蓋特訓練中心」的 Vladimir Issurin 博士。根據他的說法，板塊式的設計是為了要解決

Matveyev 傳統式週期容易產生的兩大問題：1. 每個大週期的需時過長，不利於每年有多場比賽的運動項目；以及 2. 在每個週期中，由於不同的體能區塊同步（concurrent）進行訓練，不利於密集有效地累積訓練刺激。而板塊式訓練週期，則是把每一個中週期的時間縮減至大約三週的「block」，只集中做力量、速度或耐力的加強。

在本書第二章曾經簡單提到過，由於越是菁英層級的運動員，越不容易對訓練負荷產生超補償反應，必須要更加密集且連續地給予運動負荷。因此以板塊式的設計，才會在每一個 block（板塊）當中只練一種體能。而特別需要注意的是，這邊講的只純粹聚焦在「體能訓練」上頭；而專項或技戰術的訓練，依舊會連貫進行。

而應用板塊式訓練，必須特別注重停止訓練（detraining）之後導致體能流失的問題。所以通常會把訓練效果維持最久及衰退最慢的體能（最大力量和有氧耐力）板塊擺在最前面，維持效果較差的體能（無氧醣酵解能力和力量耐力）擺第二，而衰退最快的體能（速度和爆發力）擺在最後面。

而作為通則，你做了多長的板塊，練出來的成果就能維持多久；比方說如果你第一個板塊是六週的最大力量，後面就可以只少有六週完全不做力量訓練，但依然維持著訓練的成果。因此瞭解了板塊式週期訓練的原理，編排起來就相對簡單，例如以耐力性質的賽事來說（假設是 51.5km 鐵人三項），那就可以編排總共十二週的大週期，然後以六週的 aerobic endurance block，接續三週的 anaerobic endurance 及 strength endurance block，最後再加上兩週的 speed block（參照表 6.11）。

最後，其實本章前一節所介紹的週期編排方式，如果應用在兩場 A 級賽事非常相近（譬如說七月全國錦標賽與十月全運會）的例子上，看起來就會非常類似板塊式週期的練法；因為基本的概念也相當類似，進入下一週期的時候，前一期的體能訓練就不再是我這一期的訓練重點，可能只以維持模式操作，也可能完全不練。

減法訓練

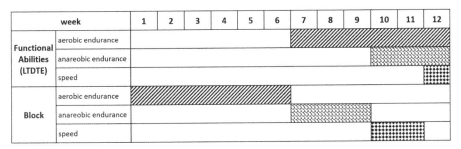

	week	1	2	3	4	5	6	7	8	9	10	11	12
Functional Abilities (LTDTE)	aerobic endurance							////	////	////	////	////	////
	anareobic endurance										░░░	░░░	░░░
	speed												▓▓▓
Block	aerobic endurance	////	////	////	////	////	////						
	anareobic endurance							░░░	░░░	░░░			
	speed										▓▓▓	▓▓▓	

表 6.11 板塊式週期的編排，需考慮訓練效果延遲出現（long-term delayed training effect, LTDTE）的長度，把效果維持最長的體能週期板塊安排在最前面。

　　而所謂的「準備期、專項期與比賽期」這三個名稱，最早是在上個世紀初期，超過 100 年前（1916）就已經由前蘇聯的 Boris Kotov 所提出，甚至比 Matveyev 的「傳統式週期」理論還要早了將近 5~10 年！而這套系統，透過共產世界的影響力進入到了前東德，並在兩德統一之後成了科隆運動大學遵循的學說。

　　在表 6.7 所揭示的年度計劃，就是套用加拿大自行車國家教練兼國際自由車總會教官 Houshang Amir 依據 Kotov 週期理論修改而來的範本。從這裡我們可以知道，各種不同門派的週期理論，其實是彼此疊床架屋及互相引用參考，再加上自己的修正而發展出來的。所以如果這些因為要「修正」而加諸在原始理論上的細節，對你而言會開始變得繁雜，當然也可以把這些後來的修正給直接「減掉」，回歸到最原始與最單純的理論來應用。

波動式週期（Undulating Periodization）

　　對於大多數賽季很長的球類運動，以及從事軍警或消防等工作人員，體能的最主要需求都是要能夠「隨時都把自己準備好」，而非逐步強化

並調整至巔峰。因為下一次任務和出賽可能就是立刻的事情，沒辦法有完善的長時間準備。

所以，和你以為的「職業運動員」不同，這些人們並不能有很完整的訓練週期規劃，這三週重點練什麼，然後再下來兩週重點練什麼？相對地，他們所應追求的是隨時把自己準備在 90~95% 的高檔位，並抓緊每一個可以用於恢復休息的空檔。

這樣要怎麼練？我們先以軍警的體能訓練為例，先把專項體能抓出來，包含（1）力量耐力（2）無氧耐力（3）最大力量（4）速度，就能進行每天變換的交叉安排。

由於單次體能負荷所需花費的超補償時間，大約是 2~3 天；因此假設週一做（1）跟（2），週三做（3）跟（4），週五再回到做（1）跟（2），等到下週的週一再改成做（3）跟（4）依此類推。其餘的天數，則安排 30 分鐘以內的慢跑課表，以維持有氧耐力與加速恢復。如此就可以頻繁地維持刺激，也不會大幅占用勤務時間，或者導致在出勤的時候狀況不佳。

波動式週期的訓練，看似天天都在變，似乎沒有明確的階段性目的，但其實背後的理論基礎是相當切合實際的。以這個例子來看，因為（1）和（3）兩種專項力量雖然生理機制不同，但在根本上並沒有哪一個要先練起來的問題。

而由於（1）與（2）是啟動類似的無氧醣酵解機制，（3）和（4）則是同樣聚焦在神經方面的適應路徑，因此把「生理機制類似」的訓練排在同一天做是最合理的。這樣就可以有效確保，儘管職務需求的體能種類相當多元，但依然有辦法維持每 3~4 天就重複接受到同一個訓練刺激，同時又符合要有充足休息時間的恢復需求。

此外，之所以提出這種週期安排特別適用於軍警或者賽季長的球類運動員（在此是預設職業選手的狀況，不考慮每年只有兩場密集聯賽的

高中球員），是因為他們維持在同一種「備戰情境」的時間都可能長達3~4個月以上。因此，不適合用前述幾種週期那樣以「儲備基礎體能」、「累積生理壓力」和「突破現況達到顛峰」的流程，反而是需要長期維持現有的能力水平。

換言之，既要足夠頻繁地接受刺激，又不能累積過大的訓練總量，以免被疲勞狀態影響到臨時任務（賽程改變、替補上場及值勤中應付突發事件）的發揮。所以這是屬於把體能狀況隨時都準備得「夠好」的一種訓練安排。當然，「隨時都夠好」也就代表著無法在某一特定時間點調整到「最好」。

特別要注意的是，在此所提出的波動式週期應用，是我依據過往的背景知識基礎和訓練經驗，對於這種訓練概念的個人解讀。如果你去從別的管道了解 undulating periodization，可能會發現它強調的反而是更大量累積訓練負荷，以及打破訓練課表的單調性（而且特別是著重於力量訓練在 rep range 的變動）。但本書的撰寫重點在於全面性的體能提升，因此不會只聚焦在力量訓練應用。

廖教練小提醒

對於軍警體能訓練的實務應用，以下還有幾點建議。首先是最少每兩週要做一次長時間耐力。就像外科醫師偶爾開一台刀就是要站上 5~6 個小時，能夠支持你長時間值勤（也許還有睡眠剝奪）的體能，絕對不是做那種 Tabata 高強度間歇可以練到的。你需要長時間穩定的低強度訓練，訓練結束後的感覺是有一種好像油箱快空了、很想立刻大吃一頓然後睡死的感覺。

這樣算起來每個月也才 2~3 次，其實不會很多。超過 10 天沒有接受這種刺激，你的這種長時間耐力就會下降，以前走過的 300 公里山岳行軍可能就只剩下精神戰力。

再來是不要常常練到耗竭（failure/exhaustion）。假設你如果身為消防員，今天在自己駐守單位的健身房先做完三組 10RM 胸推，第四和第五組降重量做 drop set，接下來再用小重量單關節動作把肌肉操爆，結果下一分鐘突然要穿上裝備衝去救火！那可能連背上氣瓶和抱起水龍帶都會手軟，要把人扛出火場更難。

既然「練到爆」和「隨時準備好」是相抵觸的，你的體能訓練就應該要有給自己留餘力；書本上說要做五組的課表，你可能做個兩組就收工。

第三個是要經常做時間短的，「緩和恢復型」的低強度耐力。由於壓力大和工時長之外，任務性質又經常挑戰生理和精神的極限，因此身體的恢復能力格外重要。抓每週 3 次，每次 15~20 分鐘的低強度（能維持聊天講話）運動，就可以很有效地提升副交感神經系統以及免疫系統活性，開啟身體「自我維修保養」的機制。

最後，速耐力訓練不用做太多。有好的無氧耐力加上速度訓練，你的速耐力就一定不會太差；而且速耐力訓練很傷元氣，所需要恢復時間又長，不適合軍警人員「隨時準備好」的備戰前提。

但是話又說回來，不知道自己的體能和精神極限在哪裡，容易在任務時對情況產生誤判。因此，速耐力訓練偶爾進行還是必要的，最適合結合部隊現有的障礙場，在休假前夕進行。訓練內容以 5 分鐘左右，要求完成時間短，並且避免過高技術層面的課目以減低受傷機率。

軍警和消防人員的身分，具有公務員、勞工和職業運動選手的多重特性，而在體能上的需求也頗為類似，就是什麼能力都要具備，但又不容易把單一特定項目練得非常好。如果你是軍警人員，希望讀到這個段落，對你的工作能有所幫助。

206

減法訓練

週期只是另一種信仰

最後我要特別提到，嚴格來講週期化的概念其實不是什麼很科學的事情。某方面來說，其實週期的設計和操作實施，更貼近於「信仰」的程度：「我因為真心相信這樣規劃會是有幫助的，所以也願意全力照著這樣的要求去做；當最後得到了令人滿意的結果之後，我也覺得是因為週期設計得有效。」

為什麼要說週期理論不科學呢？應該是說，週期理論的發展基礎以及我們在設計週期時所參考的背景知識，的確都是扎扎實實的科學研究成果；但是針對「操作某種訓練週期能獲得什麼成效」的實證性研究，卻少如鳳毛麟角。

這是因為「週期」先天就有著「長時間」的本質。而做一個科學實驗所需的時間越長，不可控制的變因就越多，你就越難以去排除實驗的結果是否跟「技術教練教得好」或「這段期間生活較穩定」，還是「換工作」、「交了新的男女朋友」或「開始使用某種營養補充品」的關聯。

無論是以技術純熟度或體能的發展程度，層級越高的選手通常都越難以接受研究人員的長期操弄。但偏偏就是層級越高的運動員，才越需要去講究這些訓練方法上的細膩；而樣本數要大、持續時間又長的這種研究，往往只能招募到「中上」等級的業餘運動愛好者來參與。這些人因為進步空間大，對於某一項生理刺激所獲得的反應可能較明顯，因此從他們身上所得到的研究結論也很難適用於「頂尖」族群。

更不用說，如果對照組的設計不夠漂亮，很容易讓參與實驗的自願者一眼就看出來，那麼要成功說服受試者認真執行是很不容易的。因為誰會願意付出時間、體力及忍受過程的痛苦，只為了做一些「研究人員覺得較差的訓練方式」並且期望練完之後「效果比較不好」呢？更不用說控制組了！誰會願意忍受 3~4 個月不能運動或只做同一種訓練！

換句話說，往往我們對一個所謂「成功的訓練週期」的評斷，都是

因為選手照著我這個規畫下去練，達到最後成績進步。然而實際在科學上，並沒有辦法去證明他的成功是因為我的週期設計，而非其他任何因素的影響。

在這裡並不是要否定週期化訓練的價值。恰恰相反；我個人深信，為了任何目標做準備的過程中，都必須要有著明確而清晰的藍圖。只是，我可以明確分別出來，這只是我「相信為真」的事情，而不是「可經證實的真相（demonstrable truth）」。

也正因為如此，週期的設計和執行應該要保有許多彈性，跟別人去為了「哪個理論才正確」爭個你死我活其實毫無必要，更不會有「不照我們的週期訓練就是亂練」這種事情。

說到底，競技運動是以成果為導向，能做出成績的就一定是好方法。而第二名和第三名是怎麼練的，大家肯定沒什麼興趣，但也不代表他們的做法就錯。如果下屆比賽換他們拿了第一名，也不見得是因為「吸取了這次的教訓」做出什麼改變；反倒可能是因為準備本屆比賽的方法好，奠定了良好基礎，才在下一次開花結果。

針對週期理論的科學化研究，目前依然在非常粗淺的階段，各學派之間所能夠取得的共識看起來不多。但有一件事情大家都同意，那就是缺乏規劃與漫無目標地訓練肯定不是最好的，你一定至少要有某種「先後次序」和「強度／總量／訓練方法」上的變化。

也許……其他全部都是不重要的細節？

CHAPTER 06 專項需求

CHAPTER

第**2**部

5 大熱門專項訓練
與應用技巧

7
CHAPTER

健身專項應用

本書到目前為止，都聚焦在競技運動的體能訓練。特別是在第六章，我們不斷地強調「專項」的需求之重要性；此外從第一章也開宗明義地談到「訓練」是有目標和時程，除必須講求方法之外，還要對過程有所規劃及編排。

但是很有趣的，以上種種討論似乎對一個族群特別難以套用：也就是幾乎所有的運動，無論是重訓、有氧或團課，都集中在健身房內進行的健身消費族群。選手練體能是為了加強專項運動的能力，但對於上述的健身族群，體能訓練就是他運動的主體。

正因為往往我們的訓練「手段」就是他們的目標本身，此外大家也不見得有什麼一定的時程要去做個什麼檢討和驗收，於是就讓人有種好像前面理論講得再高深，最後都無用武之地的感覺。剛開始踏入這一行的時候，就曾經有前輩暗示說我帶的內容「太專業」，學生不需要。

事實上，我也不只遇過一兩位運動員，在退役後轉往健身產業之際發生過這種困惑。他們一方面覺得不了解為何以前自己最討厭的東西，現在客戶做得一頭熱；另一方面又好奇為什麼大家把自己以前的練法批評得一無是處，但是放眼望去坊間的訓練，要嘛練不出什麼名堂，不然

就是雖然練得能力很強，卻好像不知為何而戰。

正規訓練賦予「健身」的樂趣

其實相信有不少讀者也是本章所定調的「健身族群」開始入門，而各位買這本書的目的，也不是為了要帶選手或者自己練了去比賽。所以說健身族研究體能訓練，究竟用意何在？

還是應該這樣問：健身族研究體能訓練，究竟「樂趣」何在？

就跟許多人享受欣賞運動賽事一樣，很多選手參與競技，最終圖的也不過就是「樂趣」而已。而參與競技運動的人也是五花八門，有些只是純粹想玩這項運動，有些人又在玩的過程中，變得喜歡弄清楚各種事物的運作方式。就像騎腳踏車的選手也分兩種，很多人只是愛騎、愛比賽，對自己的車子狀況怎樣漠不關心；有些人則像我一樣，喜歡自己組車、挑選零件、設定角度、調整剎車變速和弄點簡單的維修保養。

所謂的健身其實也是一樣，雖然剛開始很多人是懷抱著某種目標（或所謂的外在動機）才踏進這個圈子，但最終長久留下來的，絕大多數都是因為真心喜歡上運動的感覺，出於「想要繼續練」的內在動機才持續參與；因為健身能夠給他們帶來樂趣。

用更好的方法去發掘自己身體的潛力，看到跟之前不一樣的成果，這也是健身樂趣的來源。跟任何興趣一樣，你可以只是單純地玩，你也可以很懂玩；而從本書學到的知識，就是讓你「懂玩」的大好機會。

| 專業的健身教練？

回顧我在商業健身房工作的那段時期，每當預約參觀的客戶跟業務簽約成功，接下來總是要我們教練部的人員去接手，幫新會員「規劃」課程。當然，這講白了就是一個創造收入的銷售行為，所以我常常帶著「會員說他沒有什麼特別目標」的白目答案去回報主管，讓我的主管們

感到頭痛萬分。想當然爾，業績長紅這件事情往往也沒我的份。

　　不過我認為，每個人在社會上都有他適合的角色。在企業主以「獲利」的眼光看來，我的角色就是一個「養著不會讓公司虧損，但也無法賺大錢」的員工；而在客戶的角度，則是個「姜太公釣魚願者上鉤」的隨興教練。你若沒有抱著自己的目標前來，我也不會想辦法勉強去生出一個目標來給你，以此鞏固我的生計。

　　但是對於「有目標」的客戶，懂競技運動體能的教練就非常占有優勢；因為他熟知替目標設定計畫、及隨時因應突發狀況作出計畫修正的過程，也對哪些訓練會造成什麼樣的生理壓力非常熟悉。

　　只是競技運動的體能訓練，跟訓練一般健身族群，有著最重要的不同點：競技是不健康的！在競技運動的訓練中，我們往往為了追求最佳表現，把所有的資源（包含時間、金錢和心力）都投入在訓練之上，遊走著「巔峰體能狀態」與「過度訓練」的微妙界線。

　　對健身族群客戶，你不可以要求他做出這樣大的犧牲，也（絕大多數時候）不能預期他們對目標有同樣的堅持。另外一方面，你也要能夠理解他們的某些執著，在你的眼中也許看起來很奇怪；但只要沒有明確地違反訓練法則，也已知不會對人體的健康狀況產生妨礙，客戶的任何目標你都有義務協助他去達成，而且這個目標並不是你說了算。

　　教業餘的健身族群與訓練專職運動員相比，絕大多數都充滿著更多的不確定性。因此教練本身的做法就要很有彈性，但又不能是為了變化而花招百出，必須要謹記目標的方向和各種外在變因所造成的影響，隨時將訓練導回正軌。

減法訓練

健身族的週期應用

首先我要聲明，在我擔任私人教練的期間，絕大多數的客戶（超過九成）都沒有做明確的訓練週期設計，這其中甚至包括部分競技運動員。曾經就有態度非常積極進取的年輕教練，在得知我不幫客戶做週期規劃的時候，感到非常狐疑；好像一定要用週期化理論安排訓練內容，才算是有基本的專業素養。

誠如第六章所述，週期是針對階段性目標，做出理想的時間切分與訓練程序安排。所以當客戶來健身的需求，並不是要在某個「明確的時程」規範之下取得特定成果，那麼刻意做出某種階段安排不見得有意義。

所以我做自由教練的時候，來者不拘都一律只給 10 堂課的報價；你要在多少時間內上完這 10 堂課我也不管，而如果你對健身課沒有特別想法，這 10 堂的內容就由我來隨機見招拆招。反正，喜歡教練、覺得有收到好處，實際上又負擔得起，你就會繼續跟我上課；那麼若練著練著有了興趣，開始心目中想定某些目標要去達成，屆時我們再來規劃各個訓練階段。

記得之前所說的嗎？訓練是依照你的目標時程去設計週期，不是反過來由理想上的週期的理論去決定目標要在什麼時候達成。然而對於「沒有特定想法」的新手健身會員來說，往往教練會開出「解剖適應期 4 週和肌肥大 8~12 週，每週訓練 2 次」的所謂「規劃」來，結果就變成夯不啷噹的 48~72 堂課。

先不論教練有沒有能力完整地執行完這 72 堂一對一課程，或者這位新學生有沒有辦法持之以恆，在這 4 個月內按部就班排除萬難完成所有的訓練，不受任何工作及生活上的變故所影響，我本身是相當不喜歡把「訓練」的這門學問，變成用來包裝銷售行為的話術。

相對地，我給自己作為私人教練的能力，是抱持著這樣的期許：

1. 新客戶六週內要參加人生的首次鐵人三項比賽，該如何協助他最有效地運用時間，讓這場比賽成為美好而開心的經驗。

2. 健身許久但總是用固定式機器練肌肉的學員，忽然報了明年的斯巴達路跑，要教會他翻滾、爬行及跑跳等身體能力。

3. 喜愛騎腳踏的客戶要因公出差三個禮拜，中間只能使用飯店的健身設施，要設計一套簡單的流程可以維持心肺功能與肌耐力，以便回來之後快速銜接原本從事的腳踏車運動。

4. 愛漂亮的客戶在追求減脂的訓練期間不斷重複感冒和受傷，要如何針對她的運動習慣做出調整建議。

5. 體型嬌小的學員熱愛「巴西柔術」團課，總是覺得無法抗衡同學的體重和力量，希望透過健身課來加強身體的對抗性和減低傷害的次數；可是教練我沒有練過柔術。

6. 身高 173 的高中小朋友打籃球老是被蓋火鍋，他想要跳得更高。

7. 喜歡攀岩的朋友肩膀重複出現舊傷，物理治療師叫他要改善肩胛骨的穩定控制，他想跟你買 5 堂課把所有的方法一次學到手。

8. 爸爸公司的同事健檢出現紅字，但他工作時間很長及體力差又怕累，加上以前從來沒有運動過，生怕加了入健身房一個禮拜就受不了，可是又希望明年的這個時候可以更健康。

9. 出手闊綽的客戶，買課、上課都沒問題，但慢慢感覺現階段的教練無法為他帶來成效，而且在商場上聽多了逢迎拍馬的話語，希望在運動上有人可以告訴他什麼才是正確的選擇，而不是只講他喜歡聽的答案。

10. 退休的國小老師診斷出有骨質疏鬆的問題，醫生叫她要運動，但她一方面對自己的能力沒自信，也擔心運動的負荷反而帶來更多風險。

上述的幾種情境，有的是具有固定時程和具體目標，有的是針對突發狀況的因應，有的是既有訓練路線上的改變，還有一些則是開放式要你跟學生一起想答案的課題。如果你對於訓練的原則能夠有效掌握，那麼對於絕大多數開放式的目標其實不需要擬定週期，只要做好課程紀錄與適時回顧調整，就能確保自己的訓練能夠有穩定效果。

而對於有具體目標的學員，只要能夠有客觀精確的評量方式（比方說 5 分鐘登階心肺適能檢測、單腳閉眼平衡測試、功能性動作評估、立定 3 次跳及 1RM 最大力量等等）能夠切合他的「專項需求」，就可以參照第六章的三、四兩節敘述進行設計安排。

江湖傳言中的「增肌減脂」

還記得先前我曾經開過玩笑，說任何只要扯到與健身相關的議題，談到最後的結論都是你需要增肌減脂；搞到後來，這四個字比國語字典裡的成語還要膾炙人口，連任何跟健身及運動完全扯不上邊的人都會講。

於是，之前對於愛美的女生來說，體重計上的公斤數就是最可怕的數字；現在的時代則是進步到不分男女老幼，全部都關心體重計上的三個數字；體重、體脂率和肌肉量！雖然絕大多數人都不知道這三個數字為什麼重要及該如何解讀，但唯一知道的就是教練說我的數字還不夠好。

個人最無法理解的就是，曾經聽過有人說過「我舉得更重了，可是我的肌肉量掉了 0.5 公斤，我好焦慮」之類的話語。可能這件事情跟「教練必須負責幫學員設定目標」的概念一樣，永遠註定跟我不對盤吧？

因為在我的想法，從事訓練的目的就是為了要讓身體得到更高的效能；而如果這個效能是力量、速度和爆發力、肌肉燃燒能量產熱的速率、胰島素敏感性，甚至是對慢性疾病的抵抗能力，那因為這些全部都跟肌肉的訓練有關，所以我會希望透過肌力訓練達到這些功能的改善。如果上述功能都明確得到改善，為何要繼續在意你中介「手段」效果怎樣？

就像如果有人想要透過心肺訓練去改善三高，他會擔心的應該是健檢報告上的紅字有沒有消除，而不是自己的安靜心跳能不能低於72bpm，或者3000公尺可以跑進幾分鐘吧！

此外對於新手健身族群來說，可能沒辦法理解短期內的體重變動，其實絕大多數都是水分所造成的影響；而身體含水量增加也會讓導電性提升，因此用電阻式的體脂機量測也會得到「肌肉量增加」的結論。所以之前在商業健身房，常常有會員在運動後要求我幫他們測身體組成；有些教練可能會抓緊這個機會和會員互動，看看能否創造商機，而我則是都忙著苦口婆心告訴他們「不要留汗過後才來測，這樣測出來那個數字會不準」。

再來就是，有些學員會受到健美訓練的影響，誤以為健身就一定要經過所謂的增肌期和減脂期，以至於在熱量攝取和訓練方式的選擇上都要斤斤計較。對於這些客戶，我經常告訴他們不用想太多，需要講究方法的人和「想要講究這些方法的人」往往根本就是不同族群。

以大多數人的現狀，都是練對了就可以有最好的效果，而完全不需要考慮在生活習慣上做出任何額外的改變。而且，絕大多數的健身族群都可以在增肌的同時達到減脂目標，因為他們的身體現況並不難進步；甚至對他來說，就算脂肪量沒有減少，但因為肌肉增多及體重增加，除下來計算的體脂率也會是降低。

最麻煩的情況，往往是碰到體重想要降，但是又同時要求肌肉量增加和體脂率要減少的個案。這總讓我想到過往玩腳踏車的一句經典講法，「輕量化、高性能和價格便宜，你只能三取二」。

因為肌肉要能夠合成需要足夠的熱量攝取；而降體重則需要長期處於穩定的熱量赤字之下，才有可能成功。所以唯有對這樣的客戶，我才會建議要把增肌期和減脂期分開；但不同的是，我往往會建議把減脂放前面，因為概念上是屬於「減脂」的訓練方針，往往和運動員的準備期

練法類似。所以藉由這樣的訓練內容，可以把身體的底打好，之後的訓練效果才能夠提升。

而更常出現的狀況是，遇到以「改變身體組成」為主要目標的客戶，我都直接轉介給其他的教練去帶。畢竟人都有缺點，既然我自己對於以身形為目標的訓練沒有太大熱忱，做起來的效果當然就不會特別厲害。

專長練體能的教練，可以幫健身者做什麼？

個人認為，體能教練最重要的工作是幫學員分辨資訊的正確性和適用範疇。我們花了比一般人多好幾倍的時間和精神，來鑽研這些訓練的機制、方法和成效，並不是因為這些東西特別難，而只是因為尋常人沒有這樣的時間、精神或興趣。

所以健身業的從業人員，可以算是一種顧問或「代操」的角色。專屬於我們這個行業的能力，別人來做也無法取代的功用，就是所謂的專業；至少這就是「專業」在字面上的定義。

此外，體能教練必須要有熟練的術科操作能力，以及很多教學上的變通方法。因為不同人對於不同的教法，反應可能不一樣；而最最不濟，當所有教法都失靈的時候，至少你可以讓學生有樣學樣，模仿自己的外型和動作。此外，我也相信教練自己不願意練的課表，不能隨便開給學生。這種「因為我做得到，所以相信你也可以」的帶頭作用，個人認為是教練工作很重要的一環。

教練也有對學生誠實的義務。<u>做不到的不能輕易允諾；專長範圍不及的或於業務本分不適合操作的，不能說「這個我會，交給我就對了」。</u>學生對某項運動或某個計劃熱情過頭，你必須幫他踩剎車；學生給的資訊含糊不清，你也有責任告訴學生說我覺得你沒對我講真話，或者我認為你還不夠努力。

畢竟教練不是僅限於陪伴和鼓勵的角色；學生付你錢不是為了要繼續做他目前喜歡做或正在做的事情，也不是為了要聽你講好話。

　　絕大多數人會認為教練是服務業，也有部分同行自詡為是教育者。我不會說這種想法或定位是錯的，但我覺得自己比較像是個水電工。水電師傅如果不會修水管，那他的服務態度再好也沒有用；相對地，水電師傅可能也願意教客戶怎麼自己通馬桶，但前提是這個客戶有想要學。

　　有好的態度及服務客戶的心情，只是做人的根本而已；對我來說，這不是當教練最重要的環節，也不是教練唯一能幫「健身族群」客戶創造的價值。

減法訓練

CHAPTER 07 健身專項

CHAPTER

攀岩專項應用

（專家審訂：宋子然）

我開始認識攀岩，是當兵時在谷關的陸軍「麗陽基地」裡面那座山地戰技館。當時還沒有專用的安全吊帶，我們要用一條童軍繩繞著腰部和大腿自己打繩結，綁成看起來像是三槍牌內褲的垂降鞍座，然後在前方扣上 D 型環，穿著迷彩服和大頭皮鞋就上牆了。現在回想起來，當時的岩牆一定設計得非常簡單！

山訓包含了許多繩結法的應用，譬如架設突擊吊橋、坐姿垂降以及模擬的直升機滯空繩索下降等等；而絕大多數的訓練，大概一半左右的時間，是在山地戰技館的室內吹著冷氣進行。（題外話，當時的滯空下降是採用細繩徑的登山繩搭配八字環，跟電影《黑鷹計劃》裡面你能看到美軍的那種快速繩降不同。）

訓期到了最後有一個鑑測，還記得當時的結訓鑑測官膽子很大，鑑測內容就是繞著戰技館把所有設施玩過一輪，感覺起來不太像考試，反而有點以後玩不到了趕快最後一次回味的概念。

之所以說他膽子大，是因為以當時（2010 年）軍方的氛圍已經如驚弓之鳥，很怕在演訓中發生任何意外事件。而鑑測官竟然讓我們在攀岩

的項目，整梯分成兩個排做對抗，先由兩名尖兵在徒手無確保的狀況下攀爬至約 5 米高的岩牆上方架繩，再把事先打好了許多個單結的繩索垂放回地面，讓後面的兵快速拉繩上攀，完成地形穿越課目。當時是我們排贏了這項比賽，而我就是那個自願架繩的尖兵。

最原始的自我挑戰

　　無論是翻滾、爬行、跑跳或投擲等這些動作，在體適能界被廣泛認定是幾種人體最重要的基本運動模式。在成長發育中若跳過上述的任一階段（例如及早用學步車等器材讓孩子學走路，剝奪大量爬行的機會），都會導致「運動神經」的發展不夠健全；因此在青春期之前學習游泳、田徑、體操或攀岩，都是對往後的運動能力及健康都有極大助益的優良選擇。

　　在成人之後，文明化的生活環境讓我們沒有在地上翻滾的機會；大家每天用著道貌岸然的態度在過日子，與他人的相處中充滿著禮貌與拘謹，也不會隨便去看到城市中的設施或建物就恣意撒野攀爬。

　　但是，攀爬動作的新鮮感或對害怕墜落的刺激與恐懼，以及揣測「我到底能爬多高」的自我挑戰，終究是寫定在人類基因中的原始本能，相信這也是為何攀岩運動近年能在國內蓬勃發展的原因。

| 運動攀登的發展

　　現代化的攀岩運動，是由登山技術所衍生的一種戶外休閒與挑戰。而為了提升在天然地形攀爬的體能與技術，早期的攀岩者也開始建造專門的訓練器材與設施，並以人造的牆面和鎖在牆上可任意改變位置角度的塑膠岩塊，複製自己在戶外所欲挑戰的地形路線。

　　而隨著時間推演，人工岩場的普及尤其是「抱石」運動（岩牆高度在 5 米以下且地面鋪有緩衝墊，攀爬時無須以繩索進行安全確保）的推

廣，使得攀岩運動大肆流行，不再屬於小眾。時至今日，絕大多數的攀岩族群，所從事的「運動攀登」競賽皆以人工岩場為主體；新手從岩館入門的人數，也大大超越了從戶外接觸的族群。

但由於現代的商業化岩館，在競爭與獲利的環境之下，必須經常更換路線及求新求變以吸引客群；因此也容易造成攀岩愛好者很難有機會在之前爬不過的同一條路線上反覆練習與尋求突破，而必須轉從有辦法完攀的「難度級數」上獲得成就感，並當作是自己最近訓練有達到「進步」的指標。

這很容易造成，玩家每次去岩館都傾向於挑戰新路線和新級數；或者認定自我能力在某一級數的攀岩者，到了新場地或者是常去的岩館剛完成一次換線工程之後，就下定決心非得要把「我能夠爬的級數」所有路線全都收完。雖然攀岩的大部分樂趣來自於發現問題的解法以及自我極限的突破，但隨時求新求變及缺乏穩紮穩打的特定架構，在訓練上卻不見得是達成進步的最理想手段。

畢竟根據第六章的敘述，所謂「週期」的訓練概念就是要「在某一特定的時期，只專注做一兩件事情，並且確保前一個時期的訓練成果能得到維持」。因此若隨時追求新奇刺激，往往令人迷失大方向，不容易得到長遠的穩定成長。

▌系統化的攀岩訓練以及常見問題

也因為攀爬是靈長類動物的本能，亦是人與生俱來的天性，任何不具有運動習慣的人們都可以輕易參與並愛上攀岩運動。但攀岩能力的最大限制，卻恰恰是文明生活中最不容易使用及強化到的「指力」和「握力」；尤其指力上的突破，最能立即在攀爬能力上看到成效。

但是如果我們從手的功能來看，手指主要負責進行精細的技術操作，很少會出到非常大的力量，更遑論要以單單一兩指去承擔全身的體重。

減法訓練

也因此絕大多數人在剛開始接觸攀岩的時候，手指都處在相當弱的狀況下；不只是力量欠缺之外，連結構性的組織（包含肌腱和韌帶）強度也都非常低。

這會產生兩個方面的問題，其一是在接觸攀岩的初期，容易因力量的欠缺而導致動作失衡和產生不良的代償模式，在日後難以改正。其次，在中階到進階的攀岩者，力量強化到了一定水準之後，肌腱與韌帶卻因為沒有透過長時間與系統性的強化，而跟不上神經肌肉所製造的運動強度、產生受傷風險。

理想上，越是負責精細動作控制的肌肉群，就越不應該承擔主要的力量輸出。但在現代的坐式生活者來說，身體核心以及肩背等等「近端」的大肌群不見得會用力；因此若沒有好的前輩引導，新手剛開始經常會過度倚賴前手臂（負責控制手指和手腕）與手肘等「遠端」肌肉群的力量攀岩，而造成各種問題。即使在知道了正確的攀爬模式之後，卻也因為缺乏「啟動」與喚醒這些近端肌群的本能，結果連想要正確發力都覺得做不出來。

另一方面，以經常規律運動甚至是有豐富健身經驗的族群來說，由於對手腳並用的「爬行」動作模式也不見得熟悉；所以即便他們與尋常人相比體能狀況較佳，有時候也難以在攀岩上討到便宜。

甚至是因為傳統的健身器材都設計了很好的握把形狀，也大量運用粗糙的表面噴塗或金屬刻花來增加摩擦力；因此在健身的同時，反而容易讓指力與握力，無法跟其餘大動作的力量同步達到提升。而如果你為了練到很壯碩，而犧牲了攀岩所需的柔軟度、協調能力和平衡感，有時候還會比「沒在練」的人更容易疲勞衰竭。

所以說雖然攀岩對人類來講，應該是一件很簡單很基本的事情；但要做好攀岩相關的體能準備，卻往往一點都不簡單。

目前坊間的訓練體系，絕大多數圍繞著攀岩的技術，以及「與攀岩

直接相關的」專項體能週期強化。其餘輔助的訓練方式，包含瑜珈、皮拉提斯和動物流，乃至於健身房內的肌力訓練，又難以與攀岩的專項特性產生有效連結。

休閒運動與業餘競技

競技化的運動攀登，主要分為先鋒賽、速度賽與抱石賽，分別代表了早期熱衷戶外活動的人們對天然岩場的三個追尋：誰能成功爬完難度最高風險最大，不容許有任何失誤的路線？誰能用最快的速度登頂？而誰又可以做出最華麗與最技術性的動作，擁有最強的力量、爆發力和協調平衡等身體素質？

顯而易見，先鋒賽需要耐力、速度賽需要速度，而抱石賽則需要力量與爆發力。而對多數選手來說，至少先鋒賽和抱石賽兩項，是大家都會同時涉略；因此體能訓練的重點就相當的複合，必須考慮耐力與力量發展上的相互干擾。

從 2020 東京奧運開始，運動攀登已經列入奧運的競賽項目，可以想見世界各國針對攀岩的技術訓練以及體能強化，會越來越仔細重視。

國內近年的攀岩人口激增，公私立的攀岩運動場館也如雨後春筍般蓬勃發展，而業餘的賽事也有逐漸復辟的跡象。而由於參與門檻低，業餘的攀岩族群在參賽方面，相較於其他休閒運動項目也比較熱絡；出自於這個需求，攀岩教練在技術上的教學也從如何確保安全，演變成更多是教怎樣爬得更好，以及如何把自己變強來突破極限攀登能力。其中的潛在商機，自然也令人無比期待！

個人接觸攀岩已經超過 4 年以上的時間；而雖然本身的攀爬能力不算特別強，零星參加過的幾場比賽也只有一、二次好成績。但在教學上，則是持續協助攀爬能力高過我許多的業餘愛好者、國內甲組選手以及專業定線員與攀岩教練。本章接下來將會以自身從事攀岩的體認以及教學經歷，來剖析攀岩這個特殊運動項目的體能訓練重點。

攀岩的體能訓練要「減掉」什麼？

　　既然攀爬的動作是要對抗地心引力，想當然耳，自身體重越輕的人會越具有攀爬的優勢。因此，從事攀岩運動自然是不需要進行增肌訓練，因為增肌就是增重，雖然肌肉練大看起來很強壯，但對攀岩者卻反而是負擔。

　　但在少數的例外狀況，針對特定肌群或某一單獨肌肉弱點，進行健美式的肌肥大訓練，也是可以有好處的。這樣做的主要優點在於，<u>重量訓練所誘發的組織增生可以促進微創傷修復，也可以達到後續疲勞性傷害（overuse injury）的預防</u>；其次，有時候<u>透過單關節訓練的局部疲勞感，可以達到本體感覺的敏銳度提升</u>，就更容易體認到在攀爬時「哪裡該用力」的教練提示。

　　此外，如同前一節所述，攀岩者的身體能力強化會因為該項運動的先天特性而容易產生失衡。具體來說，通常運動員的上肢推力和拉力會相對均等，或者推力會強過拉力；而攀岩者則恰恰相反。

　　從這個觀點來看，體能訓練師要改善攀岩者的攀爬能力，有時候可以選擇減掉「拉」的訓練。這也許非常違反直覺，尤其是許多時候當攀岩者找上健身教練，他們會說希望自己的力量能夠增強，譬如說單槓要一口氣能夠拉到多少下。然而，菁英攀岩者的拉力不一定是最頂尖的；譬如說據 2018 年奧斯卡最佳紀錄片《赤手登峰》的主角 Alex Honnold 自述他單槓只能拉十幾下，而我身為初階的攀岩者，單槓卻可以一口氣拉 20~25 下。

　　所以應該是說，<u>對於長遠全方位強化攀岩者的身體素質而言，多強調推撐的動作是很好的「打底」</u>，類似於體能訓練要區分基礎體能與專項體能的概念。<u>因為「拉」的動作原本就是攀岩者的強項，也是在攀岩過程中反覆會使用到的動作模式，只需光靠多爬就能夠維持，不太有額外再去強化的必要。</u>

此外由於負責「拉」的肌群，經常過度疲勞和緊繃，容易造成含胸、圓肩及駝背等姿態上的問題，產生胸大與胸小肌等肌肉的高張力，反過來抑制斜方肌和菱形肌等負責穩定肩胛的肌肉，削弱肩背肌群該有的功能。這些問題也特別適合透過「推」的訓練動作來改善，尤其是在側推與上推。

而我在訓練拉的動作，則往往會從水平往內往後、垂直往上（倒拉）、雙手左右互夾抱住或單手側向往內（側拉），以及手肘、指腹向外（gaston）的動作模式為主，甚至結合由拉轉推及由外傾面轉向內傾面的「mantle」類型動作。因為若以爬不完一條路線的原因去分析，垂直把自己往上拉的力氣不夠或者耐力不足，往往不是主因，通常都是敗在與上述技術類似的單動「難關」。

於此同時，因為大量攀爬而累積的不良代償動作，在健身房裡做拉的訓練時也容易一再地重複發生，例如最常看到的就是在做引體向上的時候聳肩。所以如何避免這些錯誤，被類似的體能訓練動作再度放大？我們就必須額外的重視。

然而，與修正代償相關的「矯正訓練」並不在本書的討論範圍；因此如果你缺乏相關領域的實務經驗，遇到類似問題的時候，最好是先避免拉的訓練，或改採代償情況較少的替代動作，甚至尋求物理治療師的協助。

最後，攀岩在做體能（尤其是初期）的時候，可以考慮減掉「最大力量」的訓練。這個原則並不是死的，如果動作設計恰當沒使用的時機點巧妙，總負荷量也不會到太高的話（個人最多只安排到三組），偶爾接觸最大力量刺激其實也可以得到很好的成效，而且不限於力量或爆發力的提升。

但就像成藥廣告說的：「先求不傷身體、再講究效果」，做大重量的訓練，最主要的風險就是受傷的隱憂。

對於不習慣做重訓的初學者而言，動作不標準及要領掌握不到位，都是潛在的傷害因子；即便是訓練年資較長的選手，考慮到不同時期所有訓練及備賽的壓力累積起來，若再加上容易誘發皮質醇（cortisol）反應的最大力量刺激，可能就變成壓垮駱駝的最後一根稻草。

所以我會認為，如果要以健身房內的訓練提升最大力量，必須在準備期進行才最為恰當；這時候的攀岩訓練強度不高，因此除了整體的生理適應壓力容易控制在合理範圍之內，高強度重量訓練所產生的疲勞也不至於對攀登能力產生太大影響。

體能教練可以幫攀岩者做什麼？

我在帶攀岩者做體能訓練的時候，所依循的主要大方向是找出攀岩所需要的身體能力，挑出其中「完全只練攀岩」所無法達到有效刺激的幾個重點項目，並以「看起來有點像攀岩動作」但實際上不牽涉抓手點和踩腳點等技術細節的方式，去設計訓練內容。

主要的原因是在於，我們大腦的工作能力有限，當你在「注意力」（訊號回饋）與「控制力」（訊號輸出）的拉鋸之間已經讓大腦過載，就很難藉由敏銳的注意力集中度去達到高效的學習，也無法藉由足夠大的控制力（請參照第三章「中樞神經驅動力」之描述）去達到生理上的超負荷。

甚至是，如果輸出和回饋的資訊量已經讓中樞神經過載，那麼人有時候會連最基本的思考和判斷都產生障礙。譬如說一個新手若覺得自己快要掉下來了，在牆上搞得自己緊張兮兮、死命抓緊根本不需要過度用力去摳的岩點，那你跟他說動右腳踩膝蓋外側，那他很可能會去動左腳踩小腿旁邊。

相對地，如果把抓點和踩點的控制需求去除，就可以把大腦的注意力更加集中在「攀岩很需要、但光靠攀岩卻又練不到」的核心控制，重

心轉移、肩胛穩定、呼吸及臀部發力等細節。這也就是為什麼瑜珈、皮拉提斯和動物流等等徒手訓練，特別受到攀岩者歡迎的原因；只不過我在訓練動作的挑選上，會更加刻意去設計與「牆上」攀爬動作類似的變化種類。

我不太會去設計爆發力類型的體能課表，理由是要有效強化爆發力必須要有很長的組間休息達到幾近完全恢復，才能夠重新開始；對於攀岩者來說，這不是他來上教練課最划算的時間投資。

而且，至少從我個人意見來看，絕大多數的路線設計在動態會跳不過都不是因為爆發力不足，而是因為柔軟度、軀幹連動及協調性等方面出了問題。或者有時候甚至只是教學者的指導語抓錯了重點，沒辦法有效誘導出學生的本能反應，去完成一個好的動作。

畢竟換個方向思考，定線員通常都不是什麼體能怪物，沒辦法做出什麼飛天遁地的大事情；所以定線員若自己爬得完，你就一定該要有合理的方法能夠爬完。而如果某路線的難關是純粹吃身高或依賴體能，通常也會被批評說這條路線出得不好。

用增強式訓練去試圖改善攀岩者的跳躍能力，我個人是幾乎完全不列入考慮的。由於絕大多數攀岩者的下肢力量基礎都不夠好，再加上長時間穿著像是古代中國女人裹小腳的岩鞋，腳趾與足弓的減振和支撐能力也普遍不佳，因此很容易產生膝內塌（valgus，正確的解剖學描述叫做「膝關節外翻」）的動作瑕疵。

要訓練下肢的瞬發力有很多好的方法可以取代；尤其是對於下肢較弱的攀岩者，幾乎做什麼都能夠帶來進步，實在沒必要讓他們承受額外的傷害風險。

許多人在訓練平衡感的時候，會採用不穩定平面的動作設計。然而這種器材所要訓練的能力，是快速反應與調整，而非緩慢細膩的動作控制，與攀岩上所需要的「平衡感」不盡相同。此外，太過於不穩定的訓

練條件，會抑制最大力量的輸出；因此如果要採用不穩定訓練，個人建議採取熱身的方式進行，避免做為主課表，也不要當作爬完之後才做的輔助訓練。

以上所訓練的幾點大原則，是專門針對攀岩運動設計體能訓練時，與其他項目主要不同的特殊考量。其餘方面，就算是針對賽事的準備，除了盡量避免肌肥大訓練之外，大致上原則都與本書第一部分所述雷同。

體能教練「不能」幫攀岩者做什麼？

最後我們來談談體能教練，尤其是「自己沒在爬」的體能教練，沒辦法幫攀岩者練到什麼。首先當然是技術！如果你聽不懂「倒拉」、「側拉」、「gaston」、「drop knee」和「mantle」這些名詞各自是什麼意思，你自然不會理解他們所各別需求的發力要領是什麼，而就算你自己這些動作全部都會做，但能做得最好及教得最好的依然是攀岩教練。

因此，體能教練不應該介入攀岩的技術訓練。而如果你接觸的時間越來越長和看過的越來越多，或甚至因為自己開始爬而累積了一些心得，對於技術的分析仍然應該要與攀岩教練討論，並與攀岩教練和客戶本人多方收集資訊來共同研究，以他們所提出的需求作為最優先參考的資訊，避免太過主導和堅持訓練走向。

如果客戶本人沒有額外聘請攀岩教練，而他自己的年資與攀爬能力又沒有達到中階以上，也許你就先不要對他技術面的東西探討太多。

其次是指力。手指的力量來源是前手臂肌群，但手指的力量限制最終是在於手指關節的強健程度，尤其是屈指肌腱和滑車韌帶的強度。這些結締組織的強化程序，比神經適應和肌肉纖維的重組再生還要慢上許多，必須要以幾個月甚至好幾年的時程慢慢去加強。

系統化的指力訓練，還是必須遵循攀岩教練的指導，絕對不是一般體能教練或健身教練（特別是沒在攀岩的健身教練）能有效執行的！

相對地，體能教練應該幫攀岩選手強化腕力，包含手腕的內旋、外旋、內翻、外翻及伸指和伸腕肌群的力量耐力。伸指與伸腕肌群是攀岩指力的結抗肌群，透過訓練它們可以幫助屈指與屈腕肌群的放鬆；此外，由於前臂的肌群彼此在位置上複雜交錯，因此在訓練伸肌地同時也往往可以同步改善屈肌的低強度耐力，提升它的有氧能量代謝延後泵感（pump）的產生。

　　最後，不要用肌力訓練的理論，去幫攀岩者規劃訓練週期！相對地，你應該要以攀岩訓練的週期為出發點，安排適當的肌力訓練內容作為輔助。比方說以備賽選手來講，主要目標賽事前的 3~4 個月前，就應該要進行最大力量訓練；而到接近比賽的最後 1 個多月，才開始加入全身循環式力量耐力（抱石選手）或等長收縮型態核心肌力（上攀選手），這跟一般的肌力週期相比可能是完全顛倒的。

　　最後要再次強調，絕對不要輕易安排肌肥大課表，因為體重是攀岩者的天敵，尋常健身愛好者因為肌肉內肝醣含量所造成的那種 2~3 公斤體重波動，都可以直接導致一個岩點抓不住就摔下來。

減法訓練

CHAPTER 08 攀岩專項

CHAPTER

自行車專項應用

（專家審訂：黃亭茵）

「我騎得越多，體力就越好。當體能越好，我就可以去到越遠的地方，看到越多新奇有趣的風景和事物，就越發激勵我騎得更多，然後我體力就更好」。這段話是出自一九七○年代的英國手工車匠 Dave Moulton 的部落格文章；原本精確的字句我已不記得（也找不到）。

絕大多數騎士們對自行車運動的愛好，就是出自上述如此單純的理由。這種正向循環的過程令人上癮，更讓許多職業選手退役之後依然對「騎車」這件事情癡迷不已；也難怪自行車的休閒運動人口在台灣是如此眾多，因為儘管它的硬體門檻稍高，但是可以不用有比分壓力及不需要參與競爭，也不一定需要夥伴才能夠從事，讓這項運動對普羅大眾有著另一種的吸引力。

即便是我，當年因為讀到英文報紙上 Lance Armstrong 奪得環法六連霸的新聞，燃起一股純粹是因為想競爭和想獲勝的無名熱血才踏入這門運動，在訓練中也常會不禁沉浸在這樣美好而單純的平靜。那是一種可快可慢，看似衝突但其實和諧的享受。

我在 2004 年升高三的暑假，因為每次跟家裡伸手拿補習費都得要遭受白眼，因而退掉了英文補習班的註冊改訂《英文中國郵報》（China Times）練習英文閱讀，以準備大學考試。

夏天正好是舉辦環法自由車大賽的時節，當年適逢 Armstrong 打破了比利時名將「食人魔」Eddy Merckx 與西班牙計時好手 Miguel Induran 的生涯五勝紀錄，因此美國人發行的《China Times》當然將這位美國英雄的事蹟大肆報導，每天都有 3~4 個版面的相關文章可以讀。

從三期睾丸癌痊癒的抗癌鬥士 Lance Armstrong，人生故事並未止步於此；他隔年再度成功拿到了第七次總成績「黃衫」（自行車多日賽的傳統，總時間優勝者每天會穿著黃色上衣出賽）之後退休；四年之後復出，又騎了兩年比賽，且在復出當年依然拿到該年度環法的總成績第三名。

然而這些成績（自 1998 年的首勝之後），因為日後被美國反禁藥組織揭發的禁藥風波，全部都遭到國際自由車總會撤銷。

你就是練不夠

「騎得越多，體力就越好。」唉呀呀……事情如果真的有這麼簡單就好了！確實在初入門的階段，騎車之外的輔助訓練對於「騎得更好」這件事來說，還真的沒什麼立即幫助。而早年的自行車選手們，也的確在沒有高科技設備、欠缺精良的器材以及新銳的輔助訓練方式之下，創造過許多現今依舊難以達到的成就。

但隨著人類的運動表現越接近自身基因條件的極限，每一個新的突破就越來越難以達成。新的科學觀念也不斷挑戰舊有傳統；而隨著頂尖選手的競爭實力越加能夠得到維繫，職業生涯也不斷延長。

別的不提，光以器材的調整來說，上個世紀中期的知識和現今的做法就差了十萬八千里。以前由義大利和西班牙體系為首的歐洲職業公路車訓練系統，只單純教車子坐墊的鼻尖到龍頭距離剛好是手肘到中指的長度、握把的寬度要等於肩寬及座高是跨高乘以 0.875 等等，把所有人套用同一個模型下去要求。完全不若現代的 fitting 系統會考慮個人關節活動角度、足內翻補償、坐骨寬度、足弓高度、長短腳，乃至於騎乘時的動態特徵等等。

從六〇年代開始稱霸職業車壇，多次拿過環法、環義和環西總冠軍，登山王衝刺王統包，因為那吃人不吐骨頭的求勝野心而被封為「食人魔」的比利時名將 Eddy Merckx，在職業生涯長年受膝傷所苦。當他退休許久之後，某一天因緣際會認識到 BG Fitting 體系的創辦人 Andy Pruit，短短幾個小時內就解決膝蓋疼痛的陳年痼疾，也不禁對 Pruit 博士大喊「天啊！我當選手的時候你在哪裡？」

事實上，自行車是全世界極少數有一線的職業選手，在年過四十還能夠維持競爭實力的運動！想想看如果像 bike fit 這樣僅僅屬於支援性質的服務，都能夠有效減緩慢性疲勞的累積、甚至避免傷害產生，是否在當初也有機會延長 Merckx 的職業生涯呢？更不用說與比賽能力直接相關的體能，因為訓練方法革新，可以達到什麼程度的巨變！

在 Merckx 的那個年代，普遍認為季外期的訓練心跳率不可以超過120bpm，在計時賽前 2 小時會吃一頓包含牛排等肉類的豐盛大餐，比賽過程中的補給是抹奶油或夾起司的小餐包，除了訓練和比賽之外能坐著就不要站著，能躺著就不要坐著。沒有重量訓練，沒有所謂的物理治療，關於乳酸生成和代謝方面的生理知識還相當原始，變速器只有 6~7 個檔位，爬坡最「輕」的齒輪比是前 42 後 21。

如果 Eddy Merckx 生在現代，車隊贊助商不是在米蘭地區賣義式香腸的小肉商 Moteni，而是現代的英國媒體大亨 SKY TV 或者世界知名的

比利時木質拼接地板名廠 Quick Step，擁有配置齊全的隊醫、治療師、生理學家以及教練，那麼「食人魔」的稱霸又可以達到什麼樣的程度？還可以繼續宰制同一個世代的選手多少年呢？

花錢就能買到的進步

自行車運動對於器材性能的倚重，往往讓消費族群養成一個錯誤的習慣，喜歡用金錢來換取最即時的成效；翻開雜誌或搜尋網路專文，乃至於社群媒體和討論區，最熱門的話題也永遠都是「怎樣改裝可以多減輕五公克」、「降低風阻十種最划算的消費投資」或者是「年度新車騎乘性能大評比」等等。

也因為這一層金錢上的門檻，國內參與自行車運動的族群以社會人士占大宗；同時由於踩踏的動作對於骨骼和關節的衝擊較低，也越來越多以前玩其他運動的人，在中年之後轉換投入自行車的行列。也就造成了參與這個項目的運動人口，常常在青壯年時期因為經濟能力的限制，對業餘賽事無法全心投入；待中年過後消費能力提升，車子鞋子衣服眼鏡安全帽越買越好，卻又似乎沒有體力騎得像年輕時那麼快，這樣一種特殊的現象。

從健身業的眼光來看，這個充滿熱情、消費能力又高的客群，自然是一個值得開發的巨大商機；但是項目的特性又往往與多數教練的背景相差甚遠。此外，同樣是 Eddy Merckx 的名言：Don't buy upgrades. Ride upgrades.「不要用花錢買的方式來幫裝備升級，要努力訓練把自己的腿力升級！」，該如何幫消費客群建立這種「在訓練上做最大投資」的正確觀念，並且幫他達成這項成功的投資，就是教練從業人員的使命。

畢竟無論是想要延長生涯顛峰的運動員，還是成年之後才投入自行車運動的業餘愛好人士，都同樣面臨著年紀逐漸增長的問題。當速度與恢復力等生理機能無可避免地衰退，該如何用更好的訓練方法來達成同

樣的刺激效果但累積更少的破壞，對於教練們也踏入了全新的未知領域；不僅是過往的運科知識疆界要被挑戰，在於個人的訓練經驗上，也要面對不再像國高中生那樣充沛的體能及揮霍不盡的訓練時數，和驚人的恢復速度。

廖教練講故事

各位也許認識我前面所提到的 Lance Armstrong，但你們知道最近一位拿到三大賽總冠軍頭銜的美國人是誰嗎？他的名字叫 Chris Horner，1971 年出生，跟 Lance Armstrong 同歲（甚至還當過 Armstrong 的隊友，幫他抬過轎送過水壺）。他 24 歲「才」開始當職業選手，且直到 2019 年才以 48 歲高齡退休，職業生涯長達 24 年橫跨好幾個世代，名符其實的半輩子都在當職業選手。

Chris Horner 是現代車壇能夠在世巡賽（World Tour）等級維持頂尖實力的最佳典範；他拿到 2013 年環西班牙大賽冠軍的時候已經 42 歲，絕大多數選手若能撐到這個時候，大概也只能當個隊長擔任「負責教年輕新秀騎車比賽」的角色，發號施令指揮作戰，甚至是犧牲自己當苦力，助攻、防守、領騎和退下去拿補給，終點衝刺要負責當開路先鋒，主將在比賽中想尿尿的時候要幫他推著屁股前進，這些苦差事。

特別的是，Chris Horner 的生涯早期，似乎專門都是在負責這些「苦力」的工作。法文中把這些車隊副將稱呼為「domestique」，字面上翻譯就是「僕人」的意思。他的存在，完全只是為了要替車隊主將服務；而爭勝，通常是沒有這些 domestiques 的機會。

自行車公路賽的職業選手通常很早就被定型。這似乎是與心理素質有些關係；許多擅長做 domestique 的選手們說，被賦予一個副將的神聖使命，能夠讓他們徹底燃燒自我，發揮出比擔任主將時更大的潛能，也因此開心認命地就這麼做了一輩子的「僕人」。

所以説，當副將的其實也有很多是強者，並不是因為他實力較差才會落得去負責打雜。

　　然而無庸置疑的是，若要是想當主將，你就一定必須是全隊實力最強的霸主。

　　大器晚成的 Chris Horner，在 2010 年才開始拿到多日賽的總成績優勝，當時 Armstrong 都已經準備要二度退休了。像這樣子以往被認定是「不可能」的奇蹟，在競技運動場上不斷地顛覆著既有的認知和想法，也逼迫著教練和科學家們追隨在運動員的身後要跟著進步。

▌舊的知識經驗 無法創造新的成就

　　在本書的第一章，我們提到過「邊際效用遞減」的問題。這隱含的意義是，雖然你過往所付出過的努力，造就了你現在的成就；但是因為你現階段的狀態已經跟當初開始的時候不一樣，所以就算用同樣的方法和決心再努力一次，卻依然沒辦法保證在未來能夠獲得同樣的成功。

　　因此「騎得越多體力就越好」這個循環，終究有被打破的一天；不管是在「騎的方式」必須做出改變，從騎得多一點改成盡量騎得快一點？騎快和騎慢的比例要抓多少？這個階段結束後下一步該做什麼？又或者是最終在「單純騎車」之外，終於開始要對體能的各區塊做針對性地加強，採用許多不是騎腳踏車的全新方式來加入你的訓練計畫。「改變」終究是必須的！

　　在個人的進步歷程之外，以競技運動的發展史來講，體能訓練的輔助也逐漸越來越受到重視。比方說，2000 年初的公路賽選手可能還不知道什麼是核心訓練，想要趴得低就只知道要拉筋；反觀現在的職業賽車手，就算個人對於重量訓練興趣缺缺，也至少都會做些瑜珈或皮拉提斯

之類的輔助；並且除了傳統上的按摩之外，也廣泛使用物理治療等等更為積極的恢復與強化手段，改善身體的失衡狀況以期降低傷害風險。

口說無憑，用數據解釋最清楚。光從齒輪比觀察，2000 年雪梨奧運的場地車男子一公里個人計時冠軍 Jason Queally，正式比賽中使用的器材配置是 53/13，成績是 1 分 01 秒 609；而在 2021 年的世界錦標賽中，奪得金牌的荷蘭人 Jeffery Hoogland 估計是使用 59/13 或 64/14，成績則是 58 秒 016。

廖教練講故事

Jason Queally 在 2000 年奧運所使用的齒輪比，詳細記載於西班牙學者 Inigo Mujika 所撰寫的賽前減量教科書。當年的英國自行車協會不重視短距離項目，Queally 等於是自己研究訓練編排、自己當教練規劃課表。他在書中提供了自己奧運前 30 天每日的訓練內容，直至今日依然有非常大的參考意義。

至於 Jeffery Hoogland 的齒輪比，我又是怎麼知道的呢？網路上並沒有任何謠言或訪談資訊，也不能找到書面的紀錄。

不過場地賽的情蒐其實非常簡單，因為齒輪比固定加上輪徑也相同，從他騎完四圈踏板要轉幾次，就可以直接推算出這台車傳動系統的「機械效益」（mechanical advantage）。

從 2021 年的場地車世界錦標賽影片觀察，Hoogland 總共做出了 109 圈的踩踏動作，來跑完這一公里的賽程。如果不算過彎時因為離心力外拋多走的距離，這等於是每踩踏一圈會前進 9.345 公尺，約莫前面大盤 59 齒後面小到 13 齒。（59T 的齒輪已經比你平常吃熱炒的盤子還要大，如果是以類似比值的 64/14 來做搭配，那更簡直是大得跟臉盆一樣了！）

減法訓練

間隔僅僅 21 年，兩位頂尖好手的成績相比之下竟然達到了 5.83% 的突破，而所使用的齒輪比相差更達到將近 25%。如果你在 2000 年初的時候，告訴大家有一個運動項目的成績會在 20 年內突破 5%，那麼大家應該會用懷疑的眼神看著你；而如果你再告訴大家，這個 5% 的進步必須用器材設定上將近 25% 的差異來換取，相信所有人都會認為你瘋了！

科學儀器的商業普及

從現實的工具應用和科技層面上來講，近代的自行車運動也有了極大的突破；光以所謂的「功率計」之普及，也讓以往只有在實驗室裡面才能夠達到的精確數據量測，到現在只有是稍微有在「認真騎車」的人都能做到！而入手功率計的價格，也從千禧年初期的新台幣幾十萬之譜，到現在變成可能兩萬元有找。

想像一下，如果做汽機車改裝的店家，能把測試引擎動力的「馬力機」縮小到可以裝在車上滿街跑，這樣的科技需要花多少代價才能獲得？

再退一步回來，先談談休閒運動的族群好了。許多人講起訓練，總會說「唉呀！我又不是要去比賽的，沒必要練得那麼認真」；然而真正追究其原因，你卻經常會發現他們只是無法接受正經八百的枯燥過程，以及對於隨時用數據追蹤自己的進展感到極大壓力。

但是這些嘴巴上說「我又不是要比賽」的車友們，器材裝備卻一個比一個還要高檔，買的都是廠商拿來贊助一級職業車隊的好貨，為的是什麼？當然也是為了騎得更快更輕鬆。

如果你能讓他發覺，過去所嚮往的破百行程不再容易肩痠手麻；如果是讓他每週三的晚上跟車友相約夜騎，可以同時抵達半山腰的咖啡廳，不再脫隊讓人家多等那 5 分鐘；如果你讓他能夠趴得更低，用同樣的出力換取更高的巡航時速，或甚至只是每次騎車完回到家的恢復速度變快，不會因為喜愛的運動造成膝蓋痛與腰背緊繃等問題。

如果你能告訴某位休閒騎士，只需要一丁點的額外付出，就能夠換取到這些美好的結果？保證沒有任何人會開口拒絕。

平凡的目標 不平凡的價值

《減法訓練》的撰寫流程，是有了章節架構之後，先從序言開始寫起；而我在本書的序就有提到過，這本書是針對運動員和教練所撰寫的。為什麼忽然在此岔題呢？因為我想藉由我生命中所熱愛過的第一項運動，來告訴大家，平凡人的運動目標，其實沒有比頂尖選手廉價。

用所有人都能夠理解的金錢來說，今天我身為一位私人教練，針對頂尖運動員的課程收費水準，其實也不會比聽起來很端不上檯面的「普通人」來得高多少。那麼對一般業餘愛好人士的訓練內容設計，又怎能隨便敷衍呢？

業餘者的運動目標，對他個人依然可能有著神聖的意義；參加「雙塔挑戰賽」（從台灣最北端的富貴角燈塔騎到墾丁鵝鑾鼻）在關門時限內完賽，對一位客戶帶來的感動可能不亞於我另一名學生選到全運會的縣市代表隊，甚至當上國手。

「君之所想，吾之所望」。我認為任何敬重自己工作的體能教練，對他的學員都應該要有這樣的使命感；不能夠預設立場，幫對方的目標在心裡定下高低。

無論是騎 4000 元的菜籃車完成環島 1000 公里的騎乘，還是使用與一級職業隊選手相同等級要價 50~60 萬一台的最新款公路車，每趟練習都要下載數據用電腦軟體分析的瘋狂愛好者，只要是找上健身房教練，不管他是買 3 堂課還是 180 堂，每堂課的設計用心和教學細膩度都應該要是等值的。

廖教練講故事

在社群媒體興起之前，人們在網路上浪費最多時間的平台，大概就是論壇與部落格了。這些互動都是自發的；尤其是部落格，沒有任何演算法會把作者的新文章自動推送給你（除非是你使用了 RSS 訂閱），讀者必須把自己喜愛的作者網址收在自己的瀏覽器書籤列，然後時不時自己點進去，查看看有沒有新文章。

本章開頭所提到的 Dave Moulton，是我大學時期因為興起對車架與頭管、前叉幾何與操縱性能及路感相關的興趣，無意間搜尋到的。但我花越多時間閱讀，就越發現 Moulton 不但是英國及美國自行車歷史上重要的選手與造車師傅，更是一位出色的散文家。

貼地飛行這四個字，是清華大學單車社在楓橋驛站 BBS 的社板，在進站畫面的板標。針對這四個字的詮釋，我想要引述一段 Moulton 的文字，讓各位在正經八百的本書中找到一絲放鬆氣息。

「去前十一月的某一天，我騎在一條靜謐的鄉間小路上，天氣乾爽晴朗。在我的輪胎滾動之下，滿地的橡實發出劈啪的聲音，吸引了我的注意。整個路面都鋪滿了新鮮的橡實；從遮蔭在這條小路上方的橡樹，新進落下的果實。要閃過它們是完全不可能的事情。

如果我是開車的話，就算把車窗搖下能夠聽到同樣的聲音，感覺依然會是完全不同的。若是走路或跑步的話，又或者甚至只是單純用腳去踩這些果實，那種效果也依然不會一樣。

這似乎跟行進的速度有關，而這件事情大概只有騎自行車的人才能夠體會；這種『我的前進是由我自己驅動著』的感覺。這種努力使勁的感覺，這種從肌肉的力量轉變為向前行進的過程。

不知怎地，這種聲響給了我全新的能量，驅使著我更力去騎乘。我騎得越快，這些劈啪的聲響就越急促，催促的感覺就越強烈。這種感覺就好像在飛一樣，只是你沒有真的離開地面。事實

自行車訓練方式與專項體能需求

整本書寫來寫去，就屬這一章的廢話特別多！沒辦法，因為自行車畢竟是我接觸最早、感受也最深的一個運動項目。不過接下來還是要趕快言歸正傳，來談談自行車訓練上的重點。

絕大多數的自行車競技項目，都有很高的耐力元素；甚至包含登山車的下坡賽，場地賽短距離的爭先、競輪及團隊競速，都可能因為回合賽制所牽涉到的恢復問題，或者因為賽程當中就已經需要一定程度的心肺適能與有氧代謝能力（用白話文來說就是依然會喘到爆），因此不能被當作是「純」無氧運動，也不能只用高強度的方式訓練。

不過，以短時間高強度項目來說，所謂「有氧耐力」的重點自然不在於要可以耐受長時間及持續輸出的運動模式；而是要能夠在相對高的速度與強度，還能維持有較低的生理壓力。

因此不是所有的自行車運動項目都需要長時間「堆量」騎乘，但這並不代表短距離選手就不能做長距離訓練；而是要謹慎在訓練週期上做出選擇，並且思考什麼時候開始會算是騎太多，造成無謂的疲勞累積，使訓練效率低落。

另一方面來看，比賽時間較長的項目或者是挑戰性質的活動，往往

也依然需重視無氧耐力的提升。因為最終，我們是比一個固定的距離誰能最快完成，而不是維持一樣的速度看誰能撐最久不被累垮。

此外，適當地應用無氧強度刺激，其實也可以對有氧代謝起到提升的效果。因此在過去認定的「冬季訓練期不可以做高強度」是一個不盡然正確的觀念。應該是說，與前段「短距離選手做長時間耐力」的例子相同，長距離選手在非賽季拉強度，雖然並非必要的訓練手段，倒也不用看得像洪水猛獸那麼可怕，一切還是要回歸到安排上的比重。

▎下車之後的練習

以上都只是基本概念的描述，說到底，騎車的方面還是交給自行車教練安排，最為妥當。那麼騎車以外的訓練必須注重哪些要點呢？

首先，自行車是一項非常單調及缺乏變化的運動，人體被器材固定，關節與肢體不斷以類似的模式反覆施力與受力；而且幾乎全部的動作都發生在「前後」的方向上（生物力學上稱之為縱向面 sagittal plane），缺乏左右橫移和以脊椎為縱軸的旋轉動作，也很少需要去「用力」地維持姿態。

也就是說，針對自行車騎士的體能訓練，反而必須先多加重視「光騎車無法帶給他」的運動刺激。這是從預防疲勞性傷害的發生為出發點；甚至包含重量訓練都要能「先求不傷身體再講究效果」。

從生物力學上來看，騎乘自行車是相當違反人類本能的事情，長時間的前趴及配合踩踏時的屈髖「收腳」動作，使得後側肌群容易拉長無力，前側肌肉與筋膜系統則傾向緊繃；加上手肘內收以及下巴前凸與抬頭瞪眼的軀幹姿態，更容易加重現代人常見的肩頸問題。

因此儘管騎車除了摔倒碰撞之外，很少產生急性傷害，但疲勞累積所造成的慢性傷害卻非常普遍。而在訓練自行車客戶之前，為了要能夠建立良好的體態與核心啟動與發力時序，經常要先用把這些因「緊繃」

或「無力」所造成的動作限制給排除掉。

　　這包含髂腰肌、股四頭肌與髖關節前外側的筋膜系統，要使用滾筒或按摩球等工具做處理，降低這些肌肉群的神經活躍度，並改善筋膜間的滑動特性。其次是胸大肌、胸小肌及前三角肌的放鬆，合併向側邊推撐以及往後拉的力量；這些做完之後，才進入基本的核心訓練。

　　我在國訓中心工作的這段期間，幾乎每週的三、五早上都會配合教練要求，帶自由車隊的國手進行這套放鬆伸展的流程；讓他們以改善後的身體狀態，去銜接下午的重量訓練，才能夠把動作操作得更標準，我指導起來也才會更容易。

　　以力量素質而言，絕大多數的自行車運動，需要的是較低負荷與重複多次的「力量耐力」訓練；隨著體能進步，這種訓練模式的調整應該以「增加次數或組數」的模式去進行調整，或縮短休息時間，而非增加重量；動作的選擇應盡量多變，如果機器式的訓練越來越熟悉，就要逐步嘗試加入自由重量動作。跑動和跳躍的訓練內容，雖不符合專項需求，但可考慮在熱身時適量納入；只要不造成傷害風險，這些「平時很少碰到」的刺激可以有效提升神經活性，也有助於提高客戶的訓練動機。

自行車的體能訓練要「減掉」什麼？

　　運用多種體能訓練動作所組成的「高強度肌力循環」或「Tabata 間歇」，是我相當不建議的訓練方式；儘管現下無論在商業健身房或私人工作室，這都是很受到歡迎的課程類型。

　　會這樣提出建議的原因，是在於絕大多數的自行車騎士，對健身房內多樣性的訓練工具與動作模式，掌握度都沒有到很高。因此儘管這些課程採用的各種動作，單獨在執行的時候可能看似沒問題；但在強度拉高及疲勞感湧現的狀況下，往往就只能努力去「撐」完，無暇顧及動作要領和細節，也大大的提升了傷害風險。

所以，如果要做循環式肌力，我會建議以個人化的方式操作，制定幾套器材簡單、適合自己執行的慣用模式或者是找私人教練上課。如果要高強度的心肺刺激，則建議簡單的全身性器械如風扇車、划船機或雲梯等心肺器材，並尋求專業諮詢以制訂專屬內容（最好還要先做過詳盡的心血管疾病風險評估）。

　　而若是單純希望享受團課氛圍，則我推薦可從瑜珈和皮拉提斯開始，或參與例如像森巴之類的有氧課程，甚至 body combat 都可以；但是要盡量減少有操作到自由重量或有大幅度跳躍及跑動性質的團課，而其他例如 TRX 課程等也建議先從初級或入門難度上起，並且審慎選擇師資。

　　其次就是增肌訓練。增肌本身並沒有什麼錯誤，不用完全避免；但因為在「肌力」與「耐力」（騎車）同步操作之下，增肌的效果本來就不好，所以有必要詳細考量這樣練是否真的符合專項需求？你花下去的時間成本，以及連帶產生的痠痛與生理壓力，對你是真的划算嗎？

　　縱貫本書篇幅，前後多次提到體能教練是為專項的需求而服務，不是反過來以我們的想法去領導客戶，改變人家的認知。因此今天如果有一位學生告訴說他有在騎腳踏車，然後他想把肌肉練壯，我就會去給他增肌的課程內容；因為他是一位「有在騎車的健身愛好者」，騎腳踏車不是他的運動主軸，所以我不會死抱著「耐力選手不可以做肌肥大訓練」的教條，去限制自己的做法與違背客戶的需求。

　　只是如果今天這位學生對騎車的興趣越來越高，我就會誠實告訴他肌肥大的訓練會開始對騎車產生影響，而騎車的量大了也會干擾到整體的恢復，甚至抵消讓肌肉長粗變壯的生理機制。

　　而對於追求自行車運動表現的客群，幾乎在所有情況下，肌肥大訓練都要絕對避免；甚至是近代科學證據也傾向連「力量耐力」都不要做（至少對於部分特別長距離的賽事項目）；因為力量耐力強化的是無氧醣酵解系統，與長時間耐力需要倚重運用脂肪作為燃料的「有氧系統」

相違背。當你抓到大原則，訓練就很容易安排得當，切勿因為「我擅長教重量訓練」就把重量訓練看得特別重要，忽略以專項特性或客戶需求為優先考量。

最後，自行車的專項體能不需要做任何的彈跳訓練，或是在做重量的時候強調離心收縮（eccentric）的階段。原因是在騎乘自行車的動作中，肌肉全部都是純粹的向心收縮，幾乎沒有任何時候是處在「收縮出力與肌肉長度增加」同步發生的狀態。

所以，就不需要花心力在強化離心階段的力量，因為這些東西是騎車時根本用不上的。那如果你想改善選手的爆發力呢？傳統上來講，爆發力不是經常使用所謂的「增強式訓練」嗎？此時我建議可以應用最大力量等長收縮的輔助，再結合爆發式啟動（ballistic）的快速力量訓練模式，同樣可以達到提升爆發力的效果；或者是用最大力量搭配速度訓練，自然就能把終點衝刺的能力給組合出來。

但這種「不用練離心或彈跳」的原則有一個例外，就是對於中年以上的客群（而且可以不用區分一般人或運動選手）；因為承受離心的衝擊可以刺激神經反射，此外也能夠強化骨質，從健康促進的觀點是很值得進行的。

不過考量到動作熟悉度以及受傷風險（或整體的疲勞累加）等因素，這些衝擊性的刺激可以單純用落地方式給與，不一定需要反彈上跳。比方說 50 歲以上的老人家你可以讓他從 25 公斤的橡膠槓片高度跳下來，先用類似半蹲動作的「軟著陸」（soft landing）來建立基本動作品質，再漸進地改為「硬著陸」（hard landing）以增加衝擊力道，提升刺激效果。

因為跳的高度或訓練後的疲憊感並非真正目的，訓練的效果才是。反彈上跳對於中樞神經主動的訊號輸出需求較高；相對地，著地訓練所產生的反應機制只透過被動迴路，就能夠達到非常好的快縮肌運動單元徵召效果。如果有兩種以上的訓練手段，都可以達到同樣的成效，那我

們當然要選副作用最低的來做啊！

體能教練可以幫自行車騎士做什麼？

作為一名稱職的體能教練，首先必須要能協助釐清客戶在訓練上的許多疑惑；譬如說「我要先做心肺還是先練耐力」的這個萬年老掉牙問題。這個專題雖然已經在前一章做過討論，但在自行車客群的應用上比較特殊。特別是對於如果有減重需求，但又需要提升爆發力或者改善整體在中低強度騎乘時的踩踏力道，就很適合把「大重量」的訓練單元擺在前面，練完之後立即接續長距離有氧騎乘（或者維持相同順序但分成上下午，中間休息數小時亦可）。

原因是，大重量訓練雖然在練的過程中總能量消耗不高，但是在改善整體的運動單元徵召有相當好的效果，而後續恢復所需的耗能也大；若結合低強度長距離訓練，可以在訓練前就預先活化快縮肌纖維單元，讓這些高閾值運動單元在長時間騎車的初期就參與收縮，並有效改善它們的抗疲勞能力。

而結合重量訓練後肌肉恢復所需的耗能，若再結合長距離有氧的持續輸出就可以達到極大的熱量赤字，並且抑制肌肥大的適應機轉，有效達到體重控制。

相對地，如果只是要進行基礎的肌耐力維持或是做為輔助訓練，就可以在騎車的課表結束之後再做重量。但在這種情況之下，就必須接受身體已經疲勞的事實，負荷要相對應做出調整，並且特別強調姿勢安全正確。

運動員在減重的時候，往往會遭遇到「去脂體重」也會隨著體脂肪減低的狀況；也就是說「增肌」和「減脂」這兩件事情，是幾乎不可能同時發生在運動員身上的。往往最好的狀況是體脂肪略減而肌肉量維持，肌力略微下降，然後專項運動表現提升。

減重一定要發生在熱量赤字的狀況下，也就是說吃進身體的總熱量必須少於你這段期間消耗的總熱量。理想上，這個缺口是由脂肪代謝去補足，但是肌纖維的蛋白質分解成胺基酸也可以產生能量（或由肝臟變成醣類）；而高強度運動也傾向於消耗醣類，抑制脂肪的分解。

而肌肉並不「知道」你想要它拿什麼來當燃料，它只知道自己收到了神經的訊號必須要消耗掉 ATP 來進行收縮；至於後面的環節到底發生了什麼事情，才能夠取得新的能量來補足這些 ATP？跟「製造動作」這個任務並沒有直接關係。

所以脂肪的總體減少，發生在「運動中直接被分解消耗掉」和「脂肪細胞在運動後的恢復期搶不到養分」這兩個層面上。而如何有效且安全地操弄這兩個機制，就是導致能否成功減重的關鍵。

本書從頭到尾都沒有寫到減重，在這章我也不打算多談。但是，要提到一個重要概念：決定輸贏的是你在場上的運動表現水準，而這個水準取決於你身體的功能是否強大，而非量測起來的數字好不好看。太多人在追求體重、體脂率或 1RM 力量等等「次要目標」的時候失去了焦點，而忘了自己的主要目標是跑得更快、跳得更高及堅持的距離更遠！

▎訓練的時段調配

　　協助客戶去「圍繞著現有的運動安排」調整體能訓練時段，也是體能教練相當重要的任務。因為耐力運動的總時數較長（而自行車又是屬於幾種耐力運動中訓練時間特別長的，僅次於鐵人三項），很難找到合適的空檔把額外的訓練再塞進去，所以時段的選擇就又特別重要。

　　長距離訓練的前一日，可以進行高強度（無論是大重量或者多次數快速反覆）的訓練安排，對耐力適應的影響相對較低；但是必須綜合考量到是否會對免疫系統產生不良影響。此外，高強度的訓練要避免在晚上進行；不然就是結束後要安排徹底的緩和運動，否則自律神經系統過度興奮，將會影響當晚的睡眠品質！

　　通常我做這樣的安排（高強度的隔天搭配長距離），只會開給底子比較好且訓練年資較長的客戶去施行；因為他們往往恢復能力較佳，心態上比較能夠接受自己在身體狀況不佳的時候把課表吃完，感官對健康出問題的一些警訊也比較敏銳。

　　如果耐力的課表是間歇、團練、總爬升量較高的行程或者比賽，則結束後 1~2 天之內就不太適合如前述這種安排高品質的體能訓練。特別是如果客戶的行程結束後有在海拔 2000m 以上的高度停留一段時間，則因為低氧以及高劑量輻射的關係，也會帶來額外的生理壓力；那麼儘管他告訴你這個行程是「輕鬆騎」沒有很拚，可能隔天的訓練安排還是要稍微斟酌一下。

　　話又說回來，如果客戶的基礎體能很好，某些比較不重要的小賽事整體對他負荷量不大，就可以借力使力，利用這種機會來協助強度的突破。比方說在賽後的連續 2~3 天，做強度很高但是量很少的體能刺激，之後再回復原本的訓練節奏。

　　如果你不像我一樣本身同時也是自行車教練，那麼在安排體能課程的時候，就要跟客戶的教練（如果他騎車沒有找教練的話，就直接對客

戶本人）詳細討論騎車的規劃；而雖然在某些原則上要有所堅持，但也要應該盡量以專項需求為重。

最重要的是，排課的時候不要用「我自己可以接」的空檔來塞，也不要以「新手時期最好每週上練2次」等想法，勉強對方接受你的規劃。如果你發現對方某個時段特別適合做重量，但自己又擠不出時間來，那就幫他設計簡易的自主訓練菜單或乾脆介紹給自己的朋友去帶吧！

廖教練小提醒

分課或轉介學生給別的教練，往往是一個微妙的操作。通常做這件事情最有可能成功的狀況，是你們之前互不認識，而且是還沒有上過課或者只帶了一堂體驗的新學生。

如果是老客戶介紹，或者看到網路資訊及聽朋友談論慕名而來，甚至跟你已經合作一段時期很穩定上課的這幾種狀況，往往就比較不容易交接出去。儘管從你的出發點考量，可能由別人來帶會比較適合，是為了對方好；但是依然很難避免學生心情上產生「教練為什麼不想教我了」或「他是不是找一個能力比較差的來敷衍」這類想法。

在這種狀況下要如何創造雙贏，我想大概就跟「怎樣練才最有效」的問題一樣，是沒有標準答案的。而且在正常情況下，有機會成交新客戶、創造自己更高的收入，這大家都想要，很少有誰會把錢推去給別人賺。（何況，某些商業健身房的惡質教練，開始時會先對客戶滿嘴掛保證；等賣完課拿到業績之後，再把上課的苦差事扔給菜鳥，這就更糟糕）。

你如果真心相信某位學生由別人來帶比較好，那麼就值得用最大的誠意來溝通；當這樣的做法越來越成為常態，交接的教練彼此之間也越來越有默契，我想就是整個健身市場被成功改善的明證。

也不用怕這種事情做多了會沒學生，新的或更合適的機會一直都在，只要在每一次的交手中留下好的商譽並擦亮自己的招牌，就算沒成交的學生都依然可能是你的活廣告。

體能教練「不能」幫自行車騎士做什麼？

首先，不要對騎姿或車輛的設定提出建議！做出這個主張，其實我自己是蠻糾結的；因為我自己以前是騎自行車出身，加上對身體的訓練有比較深入的了解，往往一看到新手騎在車上的姿態，就能夠發覺哪裡出了問題。

再者，由於目前業界對於自行車座艙設定（fitting，中文偶爾有翻譯成「適身」）的普遍做法，是以車輛設定去「遷就」目前騎士的狀態；但在我的眼光，其實人體可以很快速地達成許多改變，因此我也可以用另一種思考邏輯：改變人體，讓身體更加符合「騎自行車」這項運動的特殊需求。

另一方面，若缺乏適當的肌肉誘發，有些時候光以座高、手把仰角或車鞋扣片內外八等參數的調整，其實也不見得能夠把你「理想」中的施力方式給引導出來。比方說，我曾經遇到一位選手在做 7 分鐘的場地巡航適性訓練過後，下來說她的左臀有出力的感覺，但右側卻只有大腿前側會痠；而我當下幫她在場邊做了一些單腳半蹲的肌肉誘發之後，第二趟騎乘的狀況就完全改善了。

這就是車輛設定完全沒更動，光以訓練介入而改善騎乘能力的例子。因此，不是所有慢性疲勞或者運動表現上所遭遇的問題，都只能用一種方向的介入去解決；往往這是一個雙向的過程，且必須透過不斷地實驗微調修正，不是一次就能保證做到好。俗話說：「如果你僅有的工具是

一把槌子，那麼所有的問題看起來都會像鐵釘」。這就是我對現今部分車友太過於神話 fitting 效果的看法。

但於此同時，我依然尊重 fitting 是一門高深的學問，需要花費許多時間去鑽研及經過無數人次的實證，才能夠做到好。這也是我早先沒有試著去學做 fitting 的原因；因為我認為研究訓練已經占據我大部分的時間，若勉強要去「添加」某個專長，最後恐怕只會學個半調子四不像。

所以我很少真的去建議學生調車子；如果有的話，也會先問過對方的車當初有沒有給專家做過設定，是多久以前弄的，以及這樣做背後的邏輯為何。而相信我的許多客戶也可以替我背書：當他們主動來找我要做騎姿調整的時候，我通常是轉介給專家處理，極少親自動手。

那麼，如果你是沒有騎車經驗的體能教練，你更不應該以自己的學理背景，去建議學生用什麼姿勢（比方說背打直或肩胛骨收好）去騎腳踏車。因為適合降低風阻的姿勢，能夠幫助提升衝刺的瞬間輸出及改善控車靈活度等，所需要做出的動作以傳統體適能教學的眼光來看都會覺得它是錯的。

因為你只會教一般體適能；你只有在健身房裡訓練的經驗，你只有一把鐵鎚。無論你這把鐵鎚使得多好，騎車姿勢的問題終究需要以另外的工具解決。不要把全天下的問題都當作釘子！

▎營養知識不完全通用

第二個我認為體能教練沒辦法幫自行車客戶做到的，是營養上的建議。由於絕大多數的自行車項目都屬於耐力運動範疇，單調及反覆的動作過程中會不知不覺消耗極大的熱量；加上運動強度提升和高溫脫水，都會影響消化道的吸收能力，因此絕大多數的健身相關營養知識，其實不見得適用於自行車運動。

更不用說，很多我們以前習以為常的營養學「知識」，其實很多時候根本都是錯的！例如，以往很多人會認為，脫水或者電解質流失是造成運動中抽筋的主要成因。

但是根據近代的科學研究成果，卻頂多只能證明，我們對於抽筋真正成因的瞭解程度依然極其有限。少數已確知會誘發抽筋的風險因子包含性別、過往發生過抽筋的歷史（也許可以籠統稱呼為「體質」）、訓練狀態以及疲勞度。

如果營養補給策略得當，確實是有可能因為延後疲勞的產生進而降低抽筋風險，但這兩者之間並沒有直接的關聯。所以不是你減量期間吃得鹹一點或開賽前吞兩顆鹽錠，就能夠保證不抽筋！

反而，聽起來最土法煉鋼的講法「騎車會抽筋就是因為你練不夠」，其實才是最精準的。

其他例如脂肪與碳水化合物在運動中的能量利用比例，各種增補劑對於人體的恢復再生之功效等，在沒有取得基本生化檢驗結果（其實坊間的醫檢所就能實施）或者運動能力診斷（最基本是 VO2max 以及其衍生的換氣轉折點判斷）之前，要想應用任何理論基本上都是隔空抓藥。

因此若缺乏運動營養相關的學歷與證照，以及在沒有進行過任何檢測的前提之下，體能教練最好都還是不要針對自行車選手的營養補給提出任何見解。何況依照現行國內法規，沒有營養師執照的人對於「吃」這件事情給出建議，都有可能觸法！

廖教練講知識

科學家們是怎麼知道抽筋不是因為流失電解質的呢？其實這都是因為一開始，有一群研究團隊想要「證實」酸黃瓜汁緩解抽筋的功效。就如同台灣跑馬或玩鐵人三項朋友的們會使用酸梅粉來抑制抽筋，在西方國家常使用的偏方是黃芥末或者酸黃瓜汁。這些東西共通的特點就是又酸又鹹，因此「流汗會損失電解質，需要吃鹽補充鈉離子以緩解抽筋」的假設，聽起來自然是非常合理。

但是在 Miller et al.（2010）等人的研究當中，他們發現服用酸黃瓜汁對於抽筋的緩解是「立即見效」。這速度不但是快到不合理（液體必須經過消化道的吸收，加上裡面的成份還要透過血液運輸才能夠達到肌肉內部，這至少需要數分鐘的時間）；而且因為飲用的量其實非常之少，所攝入的電解質根本不可能對出汗所損失的量達到有效補充。

所以這反而證明了，酸黃瓜汁的療效一定不是因為鹽分。那會是因為什麼呢？現今科學界傾向是認定神經生理相關的機制，因為抽筋基本上就是一種神經驅動的失調，而能起到類似療效的口感包含了酸味、辣味和鹹味，或者生薑大蒜等的嗆鼻刺激性。

時數調配的關鍵比重

第三個不適合由體能教練提出建議的，是騎車時數的調配。這比較屬於灰色地帶，不容易拿捏得巧妙；但基本上「時間」的分配，無論是總量、單趟持續長度以及前後的順序，對耐力運動訓練計劃成功與否佔了相當關鍵的比重。誠如第二章所談到的，體能教練的腳色是要為專項需求服務，不應該反客為主去以自己理想的架構來要求專項運動配合。

因此除非兩者的訓練目標，在最基礎的生理機制上（例如增肌與提高最大攝氧量）明顯會產生衝突，否則健身房內的訓練還是配合騎車的課表來設計會比較理想；就算是你這個客戶現階段沒有請教練幫他規劃

減法訓練

騎車的內容，我的建議依然是，體能訓練不要佔掉原本自行車騎乘時數20% 以上的量。

那如果你擔心這樣變成每星期只有一堂課怎麼辦？不用煩惱！因為以絕大多數練車的人來講，對重量訓練的掌握度都相對生疏，新手蜜月期的成效會很明顯。所以只要你的方向有抓對，別擔心看不出效果；就算是立即的數據上顯現不出來，但藉由改善客戶的平衡發展以及整體健康，讓「可負荷性」提升，以後他也可騎得越來越多，騎乘的「內容」也越來越好。

承受「大量」且「高品質」的訓練負荷，是提升體能的不二法門，但前提是你不會被這些訓練負荷所擊潰！而對自行車騎士來說，體能教練最重要的價值，也許就是提升他對「自行車訓練」的可負荷性。

回到本章開頭所引述的 Dave Moulton 說法，「當我的體能越好，我就可以去到越遠的地方，看到越多新奇有趣的風景和事物，就越發激勵我騎得更多，然後我體力就更好。」

騎自行車的體能很好練，不要複雜化，不用想太多！

CHAPTER

跑步專項應用

（專家審訂：李奇儒）

我父親小時候住在台中市黎明新村附近（約莫現今的市政路以南），每天早上要步行一個多小時，才能走到超過兩公里外的西屯國小去上學。他雖然一輩子與運動員沾不上邊，但農業社會出於生活上的需求，加諸身體的日常活動量其實就已經相當高；反觀這種每天來回4~5公里的「基礎里程」，在現代的上班族業餘跑者來說，可能已經是一次訓練跑的距離，還不一定擠得出時間來執行。

生活在這個文明的時代，很容易讓人忘記，其實我們距離 Christopher McDougall 所撰寫的《天生就會跑》這種生活模式，其實也不過就一兩代人之前的事情而已。

「天生不會跑」的世代

時空轉換到前幾年，當我協助台北市自由車隊進行暑期的新生訓練，竟然發現這個年頭的小朋友們協調性之差，導致連一些基礎的平衡及反應都做不出來，慢速小幅度轉彎竟然會去放外側腳著地。

這些「體育班」的國一新生，對腳踏車的陌生程度反而比我們幼稚園剛拆掉輔助輪還要生疏；可想而知，這些小朋友們的童年是充斥著電視、手機與平板，可能在學校裡唯一的身體活動就是體育課，下課時間也沒有玩過「紅綠燈」或「鬼抓人」。

所以在撰寫本章「跑步的體能訓練」之前，我想要先提到現代人基礎活動量不足的事實。這些基本活動或勞動，你也許不會把它當作「訓練」看待；但是它們是否也在某種程度上提升了人體的基本韌性，或者承接訓練的「可負荷性」呢？我想答案是肯定的。

回顧起 10 年前曾經盛極一時的路跑風，為何消逝地速度也跟當初流行起來一樣快？除了台灣社會喜歡一窩風之外，我想更多隱性的原因是在於「成績無法突破」和「練到受傷」這兩個癥結。

由於大多數跑者不了解正規訓練的重要性，那些有在認真練的人們又面臨著「訓練不夠多元」的問題，以導致身體持續地承受著重複性的耗損，又沒有辦法好好的排解疲勞；基底還不夠強就拚命求快。

別的不說，當我 10 年前剛投入健身職場，僅只是因為每天上班平均站立 3~4 個小時，雙腳的慢性痠痛就花了兩個月才逐漸適應。這還是以「體育運動」相關科系畢業，上課做研究寫論文之餘還維持著「大致良好」的運動與訓練習慣為前提！

如果連這些零碎加總起來 3~4 個小時的站立，都會令一個「有規律運動習慣」的坐式生活者稍感不適；那麼如果是連續罰站 4 小時呢？想必是痠痛到不行吧！然後你要是再把這個單純的直立姿態加上跑動，以 4 小時為目標去跑一個全程馬拉松，那麼加上每一步的衝擊吸收，對骨骼、關節與全身各處的結締組織，想必都會有更大的影響了。

所以練跑步，絕對不是把速度、爆發力和耐力這幾項體能元素，做排列組合這麼簡單。要把一個普通人從坐式的生活拉回到「直立」的跑步運動，除了單純「跑起來」外，可想而知身體也需要做過許多額外的

準備。而這些準備工作，在以往是由日常生活上的通勤與勞動所提供；在現今社會裡，就變成了體能教練的任務。

雖然人類「天生就會跑」（Born to Run），但是我們若想要練跑步，就必須力求把自己準備到可以跑起來及「隨時都能跑」（Ready to Run）的境界！

破除短跑和長跑的思考框架

受到一般健身房內的體適能訓練型態影響，以及拜前幾年的「路跑風」所賜，通常當我們講到練跑步，大多數指的都是耐力型態的訓練。但若從田徑的徑賽項目分別，我們可以知道跑步的比賽項目也可以有極短的距離；事實上除了大家所熟知的 100、200 與 400 公尺之外，歐美國家在冬季的室內田徑賽，還有短至 60 公尺的比賽項目。

我們常會把這些短距離的競賽項目，當作是另外一種跟絕大多數「跑步」是不同專項的運動。確實，光看頂尖選手的動作型態，我們很容易得出短跑和長跑毫無共通性的結論；比方說以 100 公尺成績 11 秒內的選手，平均步幅約為身高的 1.27 倍（Mattes et al., 2021）；這麼高的步幅，想必要透過強大的水平推進力道及相當高的彈性能量儲存來達成。

所以，傳統上短跑會相當重視髖伸和髖屈的力量訓練，以及使用諸如爆發上搏（power clean）之類的舉重衍生動作，以及強調高速離心收縮的增強式訓練，去強化肌肉在垂直方向的瞬發力（RFD）以及彈性（SSC）。而相對短距離比賽的絕對輸出，長距離比賽的訓練則更加強調相對地「效率」，也就是如何耗費更少的體力，去換取更大的成果。

而也因為通常「效率」和「運動表現」兩者是不相容的，因此在不同項目的訓練上，經常也看起來天差地別。但是我們其實應該要破除這種思考上的框架；也就是說，所謂的「運動表現」其實只是相對的，而上述的「不相容」，其實也只是你在目前的這個狀態無法同時做到。既

然訓練的目的就是要改變現有狀態，那麼就沒有必要接受這種「短跑只能從速度和爆發力去練，而長跑就只能從耐力去練」的假設。

在 2018 年的柏林馬拉松，曾經有人對拿到冠軍的 Eliud Kipchoge 做過分析；在那場比賽 Kipchoge 以 2 小時 01 分 39 秒的成績刷新了世界紀錄，平均步幅是 190 公分，平均步頻是每分鐘跨步 185 次，均速超過每小時 20 公里。這個均速很多人連騎腳踏車都做不到；而在前幾年的台北馬拉松賽前博覽會，布置了一台大型的履帶式跑步機，讓大家體會這個世界記錄的速度，結果絕大多數的挑戰者撐不到 10 秒鐘。（題外話，Kipchoge 的身高僅僅 167 而已，算起來他跑馬拉松的步幅也有身高的 1.14 倍，跟 Mattes 研究中的短跑選手好像也不會差太多？）

頂尖的長跑選手需要速度，而頂尖的短跑選手也需要耐力。回到前面說的，訓練的目的就是要改變現狀；所以如果練短跑、肌力或彈跳力可以改變你在長跑上的成績，或者練耐力可以提升你的短跑成績，那麼何不嘗試看看呢？

廖教練講故事

在 2017 年的台北世大運，我跟我某位練 CrossFit 的教練朋友一起去看第二天的田徑賽事。當天的一萬公尺冠軍跑出了 29 分 08 秒 68，由於賽程是在晚上進行，我朋友脫口說出「哇靠！才不到半個小時他就從台北火車站跑到南港了，坐公車都還沒有這麼快！」

時間換到 2020 年的秋季常青田徑錦標賽，當時我為了參加 400 公尺項目，從 19 年就開始醞釀訓練，也找了北體短跑專長的退役選手幫我開課表。由於當時檢測 100 公尺的成績有到 11 秒 9，我的教練就叫我先以 200 公尺間歇及每趟 30 秒「先不用很快」的配速，建立「基礎的乳酸耐力」，以儲備應付日後的大量訓練。

結果他叫我總共跑八趟，每趟不要休超過 3 分鐘；搞得我跑到第二趟就爆了，休息拉長到 5 分鐘之後勉強跑完第三趟便直接收工下課，整體完成度不到 40%，意志力徹底被摧毀，更別說練到什麼耐力了。

每趟 30 秒、休息 3 分鐘並重複 8 次，意思就是給我 28 分鐘的時間，去跑完全部總共 1600 公尺，這樣我做不到。然後人家那個來自烏干達的大學生，同樣時間都快要可以從台北車站跑到南港的北大荒去吃水餃了。這樣的經驗，讓我這個不練跑的人，對跑步所需的體能有了全新的認識，遠比從書本上讀來的印象還要深刻太多。

「平衡」是最重要的關鍵

跑步大致上是屬於一種線性的運動。即便是「斯巴達路跑」之類的障礙賽性質或者是「越野跑」，無論是穿釘鞋在草底和爛泥巴裡面進行的 cross country 越野穿越賽，還是在山徑或險惡地形比賽的 trail running，絕大多數的跨步依然是一腳落在另一腳的正前方，不會有太多的姿態改變和行進方向變換。

然而姿態的維持和方向的改變，又是跑步運動中非常關鍵的環節；此外就算是以每天訓練 4~5 個小時的全職運動員來說，生活中絕大多數的時數依然是在做著「跑步以外的事情」，因此身體也必須擁有除了跑步以外的其他功能。

此外，人體的各個關節，往往都具有多個活動自由度（degrees of freedom）；而每個肢段上，也有著更多交互纏繞的肌肉，共同控制著這些關節與肢段的動作。如果要有那麼多的肌肉、關節、骨骼和韌帶的通力合作，才能完成跑步這件看似簡單的事情，但實際上它們的功能，卻

沒辦法都透過單純地「多跑」就能夠加強，那麼想必就容易產生許多失衡的狀況。

所以跟前一章所討論的自行車相同，體能教練對跑者最重要的貢獻，可能是在改善平衡及提升可訓練性，反而不一定是在傳統認知的「強化」方面上。但依據專項特性的不同，詳細作法上也可能會有差別；比方說跑步有絕大多數的體力是消耗在「吸收衝擊力道」上頭，所以肌肉的離心收縮、核心與下肢在側彎和側移穩定能力的強化，以及彈性能的訓練就會比自行車占有更多比重。

結構與姿態上的不良，也會對跑步造成許多影響。人類是世界上唯一適合長時間站立行走的物種，那麼如果連站的習慣都不好，要怎麼能期待他跑得好呢？所以骨盆前傾、過度挺胸、駝背或腳掌外八等等問題，以及肩關節與胸椎的活動度限制，都必須要透過體能訓練去改善。而且重點是要把它們變成是可以下意識地維持，或者至少是透過各種回饋及感知就能夠自然反應出來，而非隨時想著提醒自己想到才做得到。

跑步訓練要「減掉」什麼？

是的，被你猜到了！我首先要說的就是，跑步選手不應該做增肌訓練。這與時下許多流行的講法聽起來互相牴觸；很多教練認為耐力訓練會促進分解代謝，因此必須透過肌力訓練去製造合成代謝，來促進長遠的健康。

然而我們必須要知道，肌肉透過力量訓練的刺激，第一個步驟也是破壞和分解（所以才會有痠痛的產生）；是因為之後的合成作用大過了剛開始的分解程度，才產生了長粗變壯的淨效益。而分解蛋白質的脫氮作用會產生血胺，必須透過肝臟轉換成尿素再由腎臟排出，大幅增加了這些臟器的工作量。

那麼試想，跑步每踏地的一次所產生的離心收縮都已經對肌肉和肌

腱韌帶產生了特定程度的微創傷，紅血球也因這些衝擊，分解凋亡的速度高過一般人。腸胃道的黏膜因為核心溫度升高而通透性增加，抵抗病原的能力下降，吸收營養的功能也受損；更不用說因為晃動的關係，在運動中不容易吃到足夠的熱量。而為了符合耐力的需求，蛋白質合成也以粒線體的增生為優先，而不是肌肉纖維蛋白。

那麼長期處在以上的壓力之下，你再去增加一個增肌訓練的負擔，真的就比較健康嗎？這其實讓「更強壯＝更健康」的論述不攻自破。

更不用說其實人體的外型是為了因應「功能」而改變的，也就是「form follows function」。如果跑步的需求就是要更輕盈的體重，以達到低的衝擊力和更高的散熱效率，那麼這些跑者長期訓練之下所產生的消瘦體型其實是由「精實而高效能」的跑步肌肉所構成，而不是因為虛弱。因此拿他們來跟大力士或者格鬥選手來做比較，是完全不正確的。

此外大量地從事肌力訓練，因為長期給心血管系統暴露在高的收縮壓，容易讓心壁增厚；而越厚實的心壁就越不容易有效擴張，使得心輸出量下降，也讓耐力訓練增大心室容積的效果變差。那麼在增肌的成效出現之後，要以同樣大小的心臟去替更多的肌肉量供給氧氣，其實也就更進一步限制了耐力表現。

從以上的論述，都可以知道從事肌肥大訓練，對跑步選手的運動表現會有所妨礙。而即便是田徑的短跑選手，在進行肌力訓練的時候依然很少以增肌為目標（這也和自由車短距離選手成了鮮明的對比）；因為短跑的專項力量素質是推力與重量比，追求的是啟動力量和快速力量越強，但體重依然要相對較輕。

而因為他們的身體在運動中承受了巨大的應力，再加上短時間高強度的練法，對睪酮素和生長激素的分泌有較佳的刺激效果，因此自然體格看起來會比長跑選手來得壯碩，這也純然是因為 form follows function 的這個原理，而不是因為肌肥大訓練。

所以跑步選手的肌力訓練，應該以力量耐力、快速力量和反應力量為主，避免從事肌肥大訓練。而最大力量訓練可以視情況實施；原因在本書第五章曾有過討論，而在下一節也會有更詳細的說明。

▍累絕非進步的保證

　　第二個跑者應該減掉的，是過多的高強度訓練。原因與自行車族群相似：因為他們可能對健身房內經常使用的工具與訓練方式不熟悉，所以在進行高強度訓練的時候應該謹慎為之，最好避免複雜度太大的動作，並且在每一組訓練之間要能得到充分的休息。這最主要是為了盡量免除傷害的產生，畢竟我們訓練是為了要變強，不是要受傷找罪受，無傷無痛才能夠練得長久練得好。

　　同樣要強調的是，累不是進步的保證，如果我可以用比較不累的方式練到相同的效果，那就可以留更多的體力去練跑步，或者得到更好的休息品質，去讓訓練的效果得到更佳的轉化。

　　雖然高強度是達成超負荷的必要刺激，但對於耐力選手而言，要長遠與穩定進步的關鍵依然是「大量」的訓練累積，以及「理想」的時間與強度分配。誠如第五章所敘述的極性訓練原則，每一分的高強度，大概要用五分的低強度訓練，才能夠平衡得過來；所以如果某個跑者今天臨時多出了 30~40 分鐘的零碎時間，在絕大多數情況之下，去練個一趟「恢復跑」的效益，都比多做一次肌力訓練、多衝 5 趟間歇、甩戰繩或耍壺鈴來得划算。

　　曾經有醫療業的學員跟我分享，他們醫生跑團中所有的跑友，只要是採用大量強度和間歇訓練追求進步，2~3 年內都保證受傷、無一倖免。而無論是用了多麼積極的治療和恢復手段，嘗試與傷和平共處持續訓練，下場都依然不會太好；唯一徹底好轉的機會，是長達數個月甚至半年以上的徹底停練，得不償失。

在第六章登場過的游泳教練 Jan Olbrecht 更曾經提出過一個主張：進步的關鍵，不是高品質、高強度或者大量的訓練。雖然安排這些課表內容是絕對必要的，但為了要讓這些手段能夠確實奏效，你必須策略性及階段性地安排減壓輕鬆練的時期。只有在這些短的及輕度訓練的過程中，人體才能夠有效地重組提升效能，並把「超補償」的體能提升效果顯現出來。

除了上述兩點之外，沒有什麼太多訓練內容是跑者訓練必須絕對避免的，只要能夠符合本書第一部分的原則安排即可。

體能教練可以幫跑者做什麼？

首先，我認為一名稱職的體能教練，最應該要幫跑者做但也最難有效做到的，就是改善身體彈性的訓練。這在傳統上會被歸類為所謂的「增強式訓練」；但在實際的操作上，它不會只是大幅度的蹦躍，或是只能以欄架和跳箱作為訓練工具。

根據力量訓練學者 Yuri Verkhoshanksky 的概念，所謂的「彈性能訓練」至少分為四種能力等級及七個重要階段；前兩個階段分別是「廣泛實施低強度彈跳」和「增加少許荷重的彈跳訓練」。這兩個階段，都還不以運動表現（也就是高度和距離）來要求。而過渡到第三階段，則是先要提升最大力量。

進入到第三個層級，則是循訊漸進地引介自由重量增強式訓練；先是槓鈴的輕重量連續跳躍（四階段），再來是啞鈴或壺鈴的深蹲跳（五階段），最後才是 30~60%1RM 的背槓下蹲跳（CMJ）。

只有在最高的第四層級，Verkhoshanksky 才會引入所謂的「depth jump」，也就是由高處落地反彈的訓練方式。之所以要有這麼繁複的分層分級，是因為肌肉的伸縮循環作動時間非常非常短暫，幾乎可視為一種自動化的過程；這在先前的動作學習理論曾經提到過，技術要快速簡

潔及減低對大腦的倚賴，必須通過大量的重複執行。

　　所以在對觸地反應自動化之前，或者是技術還存在缺陷與必須「有意識控制」的時期，都絕對不適合增加訓練強度。此時例如跳繩之類的簡單練法，就遠遠優於跳箱或欄架，因為肌肉的牽張收縮反射，本身就是幾乎無意識的；所以如果你這種動作做得不自然，需要的是大量的低強度刺激。

　　此外，彈性能的強化也包含對肌鍵等等軟組織的結構改造，以及骨質的增生。而這些改變都要好幾季的耐心，甚至幾年的認真投入，才能夠收效，而不是更認真更努力，做更多訓練及忍受更大的痛苦，就能夠提早奏效。所以彈性能的訓練必須長期投資，也需要教練本身對於繩梯與小欄架，乃至於基本馬克操的示範與教學有相當好的掌握度，以及對於動作敏銳的觀察力。

　　再來就是最大力量訓練。前段提到在 Verkhoshanksky 的系統中，具備最大力量是要操作高強度跳躍的先決條件；此外在耐力訓練的章節也曾提到過，即便是對於頂尖的耐力運動員，提升最大力量依然有改善運動經濟性的訓練效果。

　　不過，在實際的訓練應用上，最大力量有許多限制；其中最主要的，就是因組間休息時間過長，導致效率不彰的問題。除此之外，從事大重量訓練對於中樞神經系統帶來的疲勞較大，會拉長恢復所需時間，也容易在幾週過後累積慢性的疲乏。

　　對此，我會建議將通常會做的最大力量訓練方式提出修改。首先是每週只做一次，而且簡化成只有 1~2 種動作。第二是大幅修改總組數，並且視狀況需求降低負荷的客觀強度，改以 RPE 作為調控依據；第三則是巧妙應用活化後效能增益（PAP）的原理，跟前述的彈跳訓練結合在同一次課程操作。

　　最後是任何能夠改善平衡度、提升基本人體動作品質和活動度的核

心、矯正與輔助訓練。但是要特別注意，過度拉伸下肢特定肌群的肌肉長度，可能會對於彈跳力和速度的訓練有所妨礙；因此任何活動度的訓練，應該以減低潛在的受傷風險為原則即可，不必一味要求好還要更好。

在髖關節的外展與內收肌力強化，以及重物拖行倒退的膝伸展力量，對跑者提升可負荷性、吸收衝擊力道和維持下肢骨骼關節的結構穩定，有非常重要的功能！特別是<u>髖關節內轉與內收的力量必須要與外展及外轉共存，才能夠發揮出共收縮的穩定作用；而且要以接近直立的角度去訓練，才能夠符合肌肉長度和關節角度的特殊性（specificity）</u>，而不是用坐姿夾腿的機器猛練。

體能教練「不能」幫跑者做什麼？

首先，不要幫客戶規劃跑步的菜單！要誠實說出這點，對我來講還真的有點掙扎。因為我就犯過這項罪行，以一個沒有練跑經驗的人去幫

選手開課表（雖然有幾個最終成效還算不錯）。

　　但是至少我能夠說，這些找我進行課程規劃的客戶們，全都是從一般的私人教練課程開始，練到後面才自己主動提出開課表的需求。我從來不曾在客戶沒有開口的狀況下，對自己的學員說，你的跑步訓練課表可以由我來負責。

　　與前一章所提到的自行車訓練時數安排類似，體能教練本身若沒有從事這項運動的經驗，很容易誤以為這幾種運動不過就是體力的消耗和恢復，而忽略了許多技術性的細節。

　　第二個是，不要去調整客戶的跑姿。但是相信這個建議和很多人的經驗和認知相違背！那麼為何我會這樣提出呢？

別盲目只相信一種跑法

　　說到這個話題，我想要先來講個故事。八年前我剛踏進體適能產業時，「赤足跑法」正要開始流行；這一派的訓練特別強調要前腳掌著地，而崇尚赤足的 Vibram 五指鞋，就是推崇這個跑法最不遺餘力的品牌。

　　那時任職的公司有在賣這牌的鞋子。記得型錄上有一款叫做「Bikila」的款式，推測是紀念 1960 年羅馬奧運奪冠的 Abebe Bikila 選手；當年這位衣索比亞跑者因為國家公發的鞋子穿了會腳痛，就直接打赤腳上場，最後以 2 小時 15 分 16 秒的成績率先抵達終點。

　　某次為了要幫公司的同仁教育訓練，要從生物力學科學研究文獻中，找資料來探討人類跑步的「步態」與運動傷害的關聯性；當時為了準備，我特別去找了羅馬奧運的馬拉松比賽影片來觀看。比賽從傍晚鳴槍起跑，持續進行到天黑；在賽程最後段，Abebe Bikila 背對著裁判車跑向羅馬體育場的時候，修長的身影被車燈投射在漆黑的柏油路面上。在他腳著地的瞬間，我發現了一個驚人的事實：Bikila 是用腳跟先著地的！

　　結果史上第一個把赤足跑法在賽場上用到淋漓盡致的選手，根本沒

有用前腳掌落地！為什麼當我們接觸一個「感覺聽起來很有道理」的講法之後，竟然絲毫不試著做任何查證，就這樣無條件接受呢？甚至做到扭曲事實，來符合自己的理想？

我到現在依然非常支持赤足鞋款薄底、前後落差小及腳尖幾乎沒有 toe sprung 的設計（就是穿著站直的時候腳趾頭下面可以抓地，不會空空的）；自己也曾買過不下五雙的 Vibram 赤足跑鞋來穿。但是，對於盲目相信天底下只有一種最好的跑法，並且用外在特徵去要求跑步的「技術」，聲稱這樣是符合力學原理，個人感到非常的不能認同。

實際上，各方的學術研究，都再度證實了 form follows function 的這個原理！比方說頂尖跑者和頂尖鐵人三項選手，在相同跑速之下，騰空時間、步幅和步頻等力學參數都有很大差異；而無論新手老手，在特定速度之下的自選步幅和步頻，幾乎也都剛好是他們最佳運動經濟性的選擇，不太有改變的必要。

而我之前也曾經訓練過客戶，剛開始要他有某些跑姿特徵會做不出來，甚至練到足底筋膜炎；但是在兩年的健身課程過後，跑姿也漸漸自然呈現出人家所宣稱的那些「好」的動作特徵了。

也就是說，跑姿是人體現階段能力的自然展現，硬去改動幾乎都是不對的。如果你覺得現在的姿勢不理想，也許可以透過身體素質的改變，去讓他的「硬體」有機會可以做出你想要的動作；而最後，人體自己會做決定，不用你強迫。

這個道理，中國古代有一個典故叫作「邯鄲學步」；只不過可能我們都只知道死背成語、不重視身體的教育，所以從來都沒有發覺自己在唸的是什麼！

CHAPTER 10 跑步專項

11
CHAPTER

技擊類專項應用
（專家審訂：仁飄零）

目前世界上主流的競技運動項目，大致已建立「總教練、技術教練及體能教練」的分層分工訓練架構，以及防護員、醫療團隊、心理師及營養師等全面的後勤團隊。

但以技擊類運動而言，許多具世界錦標賽及亞奧運奪牌實力的國家與選手，乃至是職業聯盟的冠軍腰帶得主，依然有部分是選擇不做體能訓練，或者以技術動作的組合與變化做為強化體能的方式。

這本書的觀點，強調體能訓練必須是為專項需求而服務。因此我並不會因為自己的身分是體能教練，就宣稱每個運動單項都非得要額外壓重量、練心肺，或者非加入一些新穎器材或絢麗招式的輔助不可。

俗話說，「If it ain't broke, don't fix it.」沒壞的東西就不要去修！

技擊類選手需要額外練體能嗎？

由此觀點，確實如果你已經是該項目及該量級長年制霸的冠軍，而且備賽過程或場上表現並沒有難以克服的狀況，自然不需要勉強做出改變。相對地，格鬥選手在思考自己「是否有必要做體能訓練」之時，不

應該只是出於「看某某人做這個東西感覺很帥」的想法；而是要分析自己目前的資源與能力，來評估某項體能的加強是否能協助突破瓶頸，作為通則。

廖教練講故事

UFC 的女子蠅量級（125 磅以下，53~57 公斤級）常勝冠軍，吉爾吉斯籍的「子彈姊」Valentina Shevchenko，是一個武術界的奇葩。她不練重訓也不做心肺，每天只練上午一個時段（由於需要涉略的項目眾多，多數綜合格鬥選手每日會練 2~3 餐）；甚至是連當她去到泰國，在當地拳館進行泰拳訓練的時候，也不跟著拳館裡的其他選手一起跑步。而泰國人晨跑練心肺的量是出了名的高！

Shevchenko 說，練角力的時候把人推來搡去及抓起來抱摔，就是最好的力量訓練；若在健身房裏面舉鐵，那些重物是不會反抗的，所以這樣的訓練就不具功能性。至於練心肺，她認為格鬥訓練就是最佳的方式，重點是不可以「懶」；在對練的過程中，如果不積極出招，永遠都只在等待時機點、拖延對方節奏或是採防守策略，就不會有真正的訓練效果。

至於她每天只練一餐的理由是，如果要練到兩次以上，那麼勢必每一場的訓練就要為下一個場次留力；這樣你會累積到很多的疲勞，但卻沒辦法真正在每次的訓練中竭盡所能挑戰自我。

這些觀念，在現代化的競技場上看來，是相當地匪夷所思。但既然她已是全面制霸的選手，在同一量級裡面無人能敵，顯然不需要做出任何改變。

關於更多「子彈姊」的訓練哲學，請上網搜尋 UFC 賽事講評者 Joe Rogan 的 podcast：JRE MMA Show #115 with Valentina Shevchenko。

▎規劃體能的觀念

在規劃技擊類的體能，我通常是以「改善弱點」的方向下手，而不是「提升強項」。但這樣做的目的，並不是要把弱點練成強項；而是要讓這個弱點造成的影響能稍微減低，比較不會「干擾」到強項的發揮。

畢竟，許多時候體能上的弱點，與天分和身體特質有關。舉例，具有高爆發力及經常以擊倒對手（knock out）方式獲勝的運動員，通常耐力就差；若遇到連續換拳、纏鬥時間拉長，或比賽進入較後面回合數，最後讓裁判以比分判定，就會對他不利。而原因是他的肌纖維組成以白肌的比例較高，先天就比較不容易把耐力練起來（尤其是在訓練方法跟別人相同的前提下）。

對於上述的例子，改善耐力弱點的方法，就是要從與「快速恢復」相關的生理機制去下手；以重複高爆發搭配短的間歇休息，整體感覺強度中等為主軸，而非完全只做大量對抗、幾乎不給休息時間，催逼心肺耐受度極限的訓練。

雖然選手在比賽中會感覺到的是第二種情境，但在訓練中適度安排幾次即可；如果放太多，反而容易讓身體無法承受，導致原本先天具有的優勢也連帶下滑。

因為無論如何投資時間心力，受先天的生理條件限制，適合重複高爆發的這類選手終究無法成為「以頻繁出擊與快節奏壓制對手」、用得分取勝的類型。反而是在作戰策略上，要特別強調該如何避免落入催逼心肺耐受度極限的情境？以及萬一不幸居於此劣勢之下，應該如何反轉逃脫，而非一味承受忍耐。

不過，制訂作戰策略自然是技術教練的職責範圍，與本書所探討的體能訓練無涉。這裡所強調的是，體能教練能否透過檢測數據以了解選手特性，從而調整訓練內容？而如果不方便執行檢測的話，你與技術教練的溝通就更加關鍵。

技擊運動的高風險本質

技擊類運動與其他的競技運動項目相比，最大的差別在於它的比賽是以「傷害對手」為目的；即便是為了利於推廣而將格鬥、搏擊運動化及規則化，但高傷害風險的本質是不變的。

例如，以得分為主流策略的國際跆拳道規則（WTF, World Taekwondo Federation 規則，亦即目前奧運所採用的賽制）中，依然有擊倒勝的獲勝方式。更不用說以「降伏技」為主要取勝方式的柔道、柔術或桑搏等等，動輒勒脖子折關節，即便是在訓練時都有可能造成真實的傷害。

此外在訓練當中，由於方向變換、快速重心轉移和打擊及纏抱訓練過程各個不同動作的轉換，都帶有不可預期性。而出於實務上的需求，選手經常會在疲勞的時候進行技術訓練，更加強了動作控制的難度，也增加了「非接觸性」傷害的風險，例如扭傷、拉傷或者骨骼關節方面的疲勞性傷害。

也因此在規劃技擊類的體能訓練時，必須特別重視「高受傷風險」的本質；並且在操作訓練之前，要特別注意近期是否曾發生扭傷、挫傷或拉傷，選手身上是否帶有痼疾，上次出賽是否必須嚴重脫水以及最近是否曾被擊倒過。

廖教練講故事

在 2020 東京奧運的賽場上，曾發生過一場相當詭異的勝負判定：男子空手道 75 公斤以上量級的金牌戰，比賽中占有優勢的沙烏地阿拉伯選手 Tareg Hamedi，某次在對手上前壓迫的瞬間，以一記漂亮的前腳側踢、踹中了伊朗選手 Sajjad Ganjzadeh 的下巴，造成對方瞬間倒地昏迷。

若是在一般的技擊類賽事中，勝利顯然會是判給 Hamedi。然而由於奧運的空手道是打「寸止」規則而非「全接觸」，擊中對方之前必須收力，Hamedi 的這一記 KO 踢擊，明顯違反寸止規則。

而由於 Ganjzadeh 失去意識無法繼續比賽，大會最終判決 Tareg Hamedi 失格，而把金牌給了被 KO 的 Ganjzadeh，這也創下了少見「躺著贏到金牌」的奧運歷史。

這個故事並沒有誰對誰錯，只能說運動場上往往充滿著遺憾，落敗者不是惡意犯規，贏家也不希望自己是透過這種方式獲勝。

而不了解規則的觀眾們，往往無法理解為什麼會有這樣的判法，也因此常有「看不懂比賽」的困惑；甚至是有時候越看越生氣，覺得規則怎麼這麼爛。但是說到底，規則所保障的是公平與安全；我們畢竟是在競技，不是真的以殘害對手為目標在惡鬥。

與站姿相關的身體失衡

除卻以表演性質為主的「武術」類型之外，技擊類的運動，主要又分為兩個大的類別：角鬥類的運動（grappling）如角力、柔道、桑搏和巴西柔術，以及打擊類的運動（striking）如拳擊、踢拳、空手道、泰拳和散打等等。而無論是哪一種項目，因為慣用手的力量或精準度、位移的靈活性等優勢，以及為了縮小身體正面以利防禦，大致上都有雷同的前後腳基本站姿，又稱為「站架」。通常，打擊類（又統稱為立技）的格鬥項目會採慣用手在後方，而角鬥類（有時又統稱為摔技，雖然絕大多數的角鬥都包含「摔法」和「地面技」兩種攻擊方式）則經常採取慣用手在前方的站姿。

而近年來，部分新興的綜合格鬥（MMA, mixed martial-arts）訓練體系，則逐漸放棄以「慣用手」決定站架，而改為採取「慣用腳」在前的方式設定基本站姿，以取其位移靈活的優點，並且鼓勵在比賽中換架，與多數傳統項目（例如拳擊）要求選手只專精練習一種站架的做法不同。

廖教練講知識

　　如何決定慣用腳？很多時候，同一名運動員的慣用手和慣用腳，其實不見得是在同一邊，因此必須要額外判別。慣用腳的判定有很多方式，比方說田徑項目會以五次「水平連續單腳跳」的總位移距離，來判定哪一隻腳力量比較具有優勢、可以作為蹲踞式起跑的前腳。

　　但由於格鬥是要求步法的靈活，尤其前腳又決定了快進快出、進到自己打擊範圍之內，和脫離對手攻擊範圍外的能力。因此「直覺反應」就成了關鍵。通常以初學者在沒有任何技術基礎的前提之下，雙腳併攏站立，然後教練在學員背後輕推，使其無預警失去重心，那麼學員本能踏出去的第一步就是決定為優勢腳或慣用腳。

　　站架的決定並不是依據什麼鐵則。多數右撇子選手採用右腳在後（正架，orthodox）的站姿理由是由於慣用手力量較大，以拳擊而言作為行程較長與破壞力較大的後手重拳比較理想；然而具有詠春拳背景的華人動作巨星李小龍，就是身為右撇子卻反而站右腳在前（反架，southpaw）的代表人物。理由是慣用的右手在前比較適合做出拍擊（parry）動作以格擋對方攻勢，類似詠春的黐手。

　　但無論是否經常換架，絕大多數選手都比較擅長其中一種站姿，鮮少有人兩種站法都同樣精通。因此長時間的練習與比賽之下，特定模式的位移、髖關節與踝關節的角度關係，以及衝擊力道的吸收等，都有可

能會造成身體左右兩側不均等的特化。再加上為了保護頭部和軀幹不受打擊，大部分技擊運動的基本姿勢都鼓勵聳肩、縮胸及頭頸部往前往下。這會進一步對軀幹與上肢的平衡發展產生影響。

因此在進行技擊類選手的體能訓練時，很多時候必須先考慮身體平衡發展的問題。這包含了關節活動度的差異、左右側的力量差異、肌肉緊繃或強弱失衡所造成的結構性特化，以及與項目相關的疲勞性傷害。

依據訓練時期不同，這些失衡情況的處置，也許沒辦法設為第一優先。但識別這些失衡狀況依然是相當重要的；因為我們最少必須知道，強化體能的動作要如何設計，才能避開因為這些不平衡狀態所產生的傷害風險？以及其次要怎樣訓練，才不會加重目前的失衡現狀？

大多數的格鬥訓練都相當艱苦，選手長期累積疲勞的前提下，還要能執行高品質的體能訓練其實並不容易。若不能與專項教練針對總量進行協調，又或者是由選手個人負責籌劃自己的所有練習內容（除了上班族愛好者之外，其實絕大多數有參加職業賽事，但無法賺取到豐厚收入的的高層級選手都屬於此一類型），總之若是客戶以「額外加練」的做法增加體能訓練，通常都必須先注重滾筒、按摩球或彈力帶牽引之類的肌肉放鬆與活動度加強，以及姿態修正。

這樣做的原因是著眼於傷害的預防，並以「最不增加疲勞感」的形式達到身體狀況的改善。雖然沒有額外提升負荷的作法，乍看之下與第二章所提到「超負荷原理」所描述的生理適應程序相違背；但是在比較好的身體狀況之下，能做到更高品質的專項訓練和更佳的恢復。因此介入初期依然能夠產生一定程度效果。

當然，只做肌肉放鬆與活動度改善，選手在心理上不免會覺得無趣或不踏實。此外在獲得新的肢體活動範圍之後，若不能在這些額外的動作範圍建立起足夠的力量控制；或更甚者，放大了某些欠缺穩定性的缺點，則不僅效果有限，更可能有害。因此滾筒放鬆和伸展在結束之後，

至少安排全部訓練時段 1/3 的時間，做少量但是帶有強度的肌力或核心訓練，是我相當建議的做法。

以「強化」而非「消耗」為重點

前一節所描述的策略，屬於適合體能介入的初期採用。待「新手蜜月期」結束後，就要開始以「中等到略高」強度的訓練，進行身體的強化；畢竟，身體產生正適應的流程，最終仍需要透過接觸更大的負荷來達到。

但之所以選擇「中等到略高強度」，而不直接採用高強度的原因，是因為高強度訓練對中樞神經系統所產生的壓力很大，也許對於專項訓練會產生不良影響。而如果真的要採用高強度，切記以「不要出到全力」為原則，比方說 5RM 的重量只做 2~3 下；原本是十趟衝 2 分鐘，組休 1 分鐘的間歇課表，改成只做兩趟的 3 分鐘，休息時間則拉到 5 分鐘以上。

廖教練講知識

這裡所說的「中等到略高強度」到底是什麼意思？其實這是一個相當籠統的概念，與其以數據（重量幾公斤、心跳率多少 bpm 及最大攝氧量的多少百分比）給定強度，倒不如用主觀的「自我感覺強度量表」（RPE, rate of perceived exertion）來描述最為方便。簡單講，就是憑感覺抓看看自己出到「幾成」的全力。

使用 RPE 的原因，是因為大多數體能訓練方法，尤其是格鬥選手經常採用的一些非典型訓練方式，複合了技術品質、負荷劑量、重複次數和休息時間等多種影響因子，強度難以客觀地量化。

舉例說明，假設我的蹲舉 1RM 是 140 公斤，概念上做最大力量訓練應該要用這個重量的 90~95% 做為負荷，也就是大約 125 公斤來練習。但是如果我昨天練了 2 個小時的拳擊，今天腰有點痠及腿有點無力，那麼 125 公斤就不是我「今天」的九成力。相對地，

如果我今天感覺自己的 90% 水準只能舉到 100 公斤左右，就要用 100 公斤來做訓練，而不是 125 公斤。

通常體能教練習慣用 1 到 10 分來訂定 RPE，而回到前一段所說的「中等到略高」強度，意思就類近於 75~80% 的全力，或者 RPE 8 的負荷。相對地，「高強度訓練」的感覺就要有 RPE 9~10。

RPE 應用並不僅限於重量，比方 tempo 區間的耐力訓練強度，就大概等同於 RPE 6~7，短跑選手賽前熱身抓的速度大概會是 RPE 9；而複合了爆發力、短時間耐力及力量等元素的非典型訓練方式，例如抱摔假人或翻輪胎等，也通通都可以用 RPE 來規範。

特別要注意的是，隨著訓練組數的增加，剛開始覺得只有 RPE 8 的負荷，做到最後可能也會變成 RPE 10，甚至還有可能會做不完。因此採用 RPE 的訓練方法，比較適合訓練經驗夠多的選手；而且你必須忠於自己的身體狀況，不能因為面子問題或求好心切，而去把訓練負荷灌水。

以「不要出到全力」的前提執行高強度訓練，此一概念近年來最大力的推崇者，是美國 Strong First 訓練機構的創辦人 Pavel Tsatsouline；與一般健身者所追求的力竭、痠痛和「泵感」不同，Pavel 相信做完力量訓練的隔天不應該有任何痠痛，才是好的訓練法。

姑且不會對於增肌或突破體能極限的效果之優劣，但以「練完隔天不會嚴重痠痛」這點，對於技擊類選手有極大的優勢。因為這樣，才能夠有更多的機會去接受這個刺激；而不會因為疲勞而導致拉長休息恢復的天數。而且也許更重要的是，這樣才能確保專項訓練的品質，而不至於在身體疲勞的狀態之下累積了許許多多錯誤的神經印記，甚至是提高在對練過程中受傷的風險。

Pavel 把他所提倡的這個概念稱為「grease the groove」，中文有些人翻作「神經蝕刻訓練法」。尤其在力量訓練上，這個方式特別有效；因

為力量在極大程度上是反應了神經系統的能力，無論是中樞神經驅動力，或是肌肉徵召等「發力技巧」的改善，都要透過累積「好的刺激」，來好像把泥濘路面的車轍印痕加深，達到神經系統的真正改造。

舉例，如果某人拉單槓的次數極限最多只能到 5 下，那麼對他來講最理想的訓練方式不會是一口氣拉 5 下，而是每次只拉 2 下並每 1~2 個鐘頭做一次，這樣一整天下來就可以累積「好的」10~15 下。

如果他滿心想要突破極限，第一次全力拉到 5 下，第二次只能完成 3.5 下，那麼他今天拉單槓的總數就只有不到 9 下。

如此一來，不但累積了最後卯足了全力才能勉強達成、技術特徵很糟糕的神經「印記」，更糟糕的是隔天還會痠到不能練。長久累積下來，每組只拉 2 下的練法，全部的訓練量反而會是「突破極限法」的 2~3 倍，而且品質更佳！

廖教練講故事

Pavel Tsatsouline 是西方國家功能性訓練的先驅，也是把壺鈴訓練推廣到主流的關鍵人物。Pavel 是俄國人，在前蘇聯時期是紅軍特種部隊 Spetz Natz 的教官；他的訓練系統，目前也廣為角力和格鬥訓練採用。

然而 Pavel 所提倡的許多概念，對於只接觸過一般體適能訓練的人們來說，可能會覺得非常難以理解。包含「mind over muscle」的概念，強調肌力訓練的神經生理基礎，而非從肌肉練起；不講「workout」而只用「practice」來描述課表內容，因為力量是一種技巧，而技巧是透過「練習」而純熟；以及「針對慢縮肌纖維的肌肥大訓練方式」等等。

透過 Pavel 的訓練方式，你往往會覺得怎麼才狀況正好的時候，訓練就結束了？但是以最大力量的提升而言，這才是取得進步最理想的方法。因為「練到累」不是我們要追求的，進步才是。

▍重要的東西不等於越多越好

「不要做到力竭」這件事情，前面曾經在第三章說明過；而「累積大量且高品質的訓練負荷」的概念，則是分別在第二章和第五章都有出現。不過由於技擊類運動的勝負，常常是決定在誰能「拚那最後一口氣」；因此大家很容易有錯誤的認知，會以為這個最重要，因此所有的訓練就都在突破極限。

但是，重要的東西不等於越多越好！這是思考訓練時，無論新手老手，最不易察覺到的一個盲點。以打造一把日本武士刀做比方：選擇合適的鋼材，用鍛爐加到適當的溫度，重複捶打、延展、揉合及扭轉的程序，打出刀胚的基本形狀，研磨出「蛤刃」的幾何，塗上灰泥保護刀背，然後加熱及淬火，最後才是磨出刀鋒。如果因為你認為銳利的刀鋒很重要，就把打造程序全都聚焦在磨刀上面，最後你只會做出一把很銳利的美工刀，而不是武士刀！

訓練全部都只做高強度，就是在做美工刀的概念。以「強化」為前提做的訓練，則是把照理說應該有 RPE 9~10 的訓練負荷，用縮減次數及縮減單趟時間的方式，降到感覺只有 RPE 6~7 來大量執行；是好像打造刀胚，淬火及回火的這些過程。

只有重視這個過程，才能夠做出既銳利又具有韌性的武士刀。

技擊運動的生理能量系統

傳統上所講的「耐力」或「心肺能力」之於格鬥的重要性，在沒有武術學習經驗或不曾對練及對打過的人來講，是非常難以體會的。

以前我替本章的校稿者，綜合格鬥選手仁飄零做訓練的時候，幫他這一位自稱「最討厭跑步」的運動員做基礎耐力檢測，結果發現他的無氧閾值速度居然比我當時手邊的一些路跑愛好者還要高。而在左營國訓中心工作的期間，替中心的國手們做 YOYO test，也發現平均成績最好的

項目竟然是拳擊。

雖然踏入擂台或八角籠的選手，無論專業或業餘絕對是已經具有無比的勇氣，但「疲勞會讓任何人成為懦夫！」在體能無法支撐的時候，你有再重的拳或再精湛的技巧都無法施展；心態上也會從積極取勝，變成只能想辦法不要輸。

甚至以表演性質的美式職業摔角來講，雖然不是競技加上彼此都先套過招，但依然是拿出真功夫來摔來打。在疲勞的情況下，整個場面很容易就從「哇靠！這招超屌」變成「哇靠！這下子真的不妙了」。

廖教練講故事

提到職業摔角的體能訓練，大家應該會想像到一堆合成類固醇用到翻掉的壯漢，額頭爆著青筋、下巴跟脖子一樣粗，深蹲硬舉臥推每項隨便都能做個 200~300 公斤；總之就是力量和爆發力類型的東西。是嗎？

然而跟據近期剛退休的九〇年代 WWE 巨星「送葬者」Mark Calaway 某次在訪談中提到，對摔角者來説「心肺功能」才最重要的體能要素。心肺差的時候，動作都會失準，跟夥伴套好的招使不出來，也無法扎扎實實做足一個小時的表演。因為無論電視節目或者現場秀，職業摔角「把時間打滿」都是基本的，你若不夠誠意提前「終結比賽」，可是會被觀眾丟啤酒罐抗議的啊！

「我曾經跟一個狀況很差的死肥仔同台，他喘到該做招的時候整個時間點都抓不到位，以致我撞進去的時候不是碰到前手臂有肉可以緩衝的部位，而是一臉撞到他的拳頭上。我帶著這個眼眶骨折的傷勢又繼續打了三天」！

The Undertaker 説：「那種會讓夥伴受傷的人，職業生涯都不會太長啦」。

因此我們知道，技擊類選手最重要的體能就是耐力。然而不同項目所需要的耐力，在根本上也相差甚遠；以打擊技（striking）決勝的項目，對於 ATP-CP 無氧耐力就必須特別強調，才能夠符合賽事的特性。至於以摔技或降伏技（grappling）為主的項目，則必須強調無氧耐力，以及肌肉持續等長收縮的無氧容量或者「耐乳酸」能力！

　　如果你是純粹愛好武術而看到這一節，跳過了本書的第五章，那麼在這裡簡單做個說明：ATP-CP 就是球類運動所需要的體能型態，而無氧耐力就是田徑、游泳或混合健身（CrossFit）所需要的體能型態。

綜合格鬥選手仁飄零專業解說

　　有這樣的差別，主要是由於立技選手每幾秒鐘會來一波攻擊，每一波之間盡量恢復，這樣一直到回合結束。這裡第一要求是每一波保持速度。而當在做降伏技的時候需要長時間的出力才能使對手投降，而被降伏者也需要長時間抵抗，才能製造機會逃脫，第一要求是長時間保持力量不變。

　　摔技方面，則是每一波攻擊用全力全速度做動作，對手也是全力抵抗，每一波之間恢復。這方面要求速度以及力量兩者都能保持。簡單來說，慢的拳腳打不到人，力量弱的人無法降伏，速度與力量不夠無法摔。

減法訓練

技擊類訓練要「減掉」什麼？

　　談到技擊類選手，我優先想到會避免去做的就是最大力量訓練。如同前述，技擊類選手的身體經常存在著姿態上的特化，而不利於承受巨大的重量負荷。此外，長時間偏重技術的練習，會讓身體的疲勞狀態與新舊傷害，進一步提高了做最大力量的風險；而且可以花在體能訓練的時段被壓縮，更往往讓選手沒有時間熟習進行力量訓練所需的正確要領。

　　因此，至少在開始訓練的前期（幾個月以內或是度過第一場賽事之前），最大力量的測定與課表安排都不是那麼的必要。當然，力量的提升可以帶來許多好處，因此這個訓練模式不必然與技擊類的體能需求相衝突。這裡只是提出，權衡到前述的諸多影響因子，這種訓練方法潛在的成本相當高昂，也許高到你必須慎重考慮是否值得去冒這個險。

──────── 綜合格鬥選手仁飄零專業解說 ────────

　　以不同的項目來講，其實傳統上就已經有很多貼近專項技術的特殊動作，可以從事最大力量的刺激。比方說角力選手喜歡用「保加利亞袋」（Bulgarian bag 又俗稱牛角包）做功能性訓練，也習慣壓大重量。

　　散打選手很少做重的訓練，都是做比較輕重量、次數多而速度非常快的動作（jump squat, power clean, military press, etc.），再是一個跑步衝刺。拳擊隊最喜歡丟藥球（medicine ball throw）和跑步衝刺。柔道隊則習慣做三個人的「uchikomi」，一個人練動作、一個人被施術而第三人抓著被做的人從而加上阻力，也喜歡爬繩因為需要強大的握力。

再來當然就是肌肥大訓練。本書走筆至此，相信各位讀者已經能發覺到我並不特別推崇「增肌」或肌肥大的練法；然而特別是對技擊運動來說，絕大多數的賽制都有體重量級的區別，而選手接受訓練最大的困難之一就是要避免超重。

因此，無論是以容易刺激到肌纖維長粗變壯的負荷型態，或是因應增肌訓練所額外攝取的熱量與營養素，都是完全在給我們辛苦所努力的目標扯後腿。

在鮮少的特例之下，有些選手會選擇出戰比自己更高一個量級的比賽；但即便是在這種時刻，絕大多數人都是透過比較不嚴格的飲食控制，或者比較不那麼激進的賽前脫水過磅手段，來換取更高品質的訓練及更佳的健康狀況，以及較低的生理及心理壓力來取得優勢。

換句話說，即便是提升量級出賽，大家往往也只是「回到更接近自己原本的狀態」來備戰；而非先想辦法練出更多的肌肉，然後再操作同樣的脫水過磅流程。

最後，技擊運動選手必須小心別做「太過分的」耐力訓練。因為在理論上，所有的高強度耐力刺激，都可以透過節奏更緊湊的專項練習來達成。因此技擊類選手所最為需要的，其實往往是「低強度有氧耐力」的提升。

無論是出自於體重控制的原因，或是為了提升運動中短暫的能量再生回充，又或者是為了達到訓練結束後能有更好的恢復；以上的種種目的，都要透過「強度夠低」的耐力訓練才能夠有效做到。

大家往往會有個迷思，認為因為回合制的格鬥，都需要極高強度的大量輸出及在極短時間內快速恢復，所以做「耐力訓練」的強度也全都要很高才對。殊不知，無氧耐力的提升只是讓你「比較不容易爆掉」而已，但是若同樣都逼近爆掉的邊緣之後，能夠以多快的速度拉回來，反而就是對有氧耐力的最大考驗。

但話又說回來，如果你的格鬥訓練中，充滿了許多低衝突、低複雜度及節奏較慢且對抗程度不高的輕度技術學習（light drilling），那麼你的低強度有氧耐力也同樣的在此刻就已被培養出來了。所以很多選手喜歡做長時間慢跑，也有很多選手無論如何就是不願意慢跑，這倒不一定誰比較對。

因此技擊類選手的耐力訓練，必須要小心斟酌設計；而且最好是要能夠透過檢測，才能用最小的疲勞累及達到最大的進步效果，避免平白無故「賺累」得不償失！

廖教練講故事

幾年前我在幫仁飄零規劃耐力訓練的時候，曾經鬧過一次烏龍。還記得當時所開的是「5 x 3min」高強度間歇跑，每趟休息 1 分鐘，速度是設定在早先做增階耐力測試所能夠完成的最後一階。

這個課表的概念是，以 3 分鐘的高強度刺激，稍微累積身體的代謝壓力，以提升短短 1 分鐘的快速恢復；並且藉由這個相當高的強度，提高無氧醣酵解能量系統的效率，又不至於過度累積疲勞。

這還能有什麼問題呢？好笑的就是，我寫的「5 趟，每趟 3 分鐘」課表，被選手看成「3 趟，每趟 5 分鐘」的課表。因為絕大多數美式的訓練教科書，在描述訓練內容的時候習慣把負荷寫在前面而組數寫在後面，跟我的寫法正好是顛倒過來。

於是一個不應該那麼累的課表，直接就變成操死人不償命，跑到你吐血的沒良心速耐力課表。結果仁飄零還說：「哇！這個課表真的太棒了！我練完後，五個對手輪著上來跟我打，都不會累。」

這時候我能說什麼？時間已經接近比賽，我當然也不好說你課表做錯了，只能拍拍手跟他說你超猛，幹得好。

但這個故事也開了我的眼界：格鬥類的選手不僅有極佳的身體素質，更有超強的心理韌性，可以吃苦當吃補，再怎麼非人的課表設計都吞得下去。這除了讓我體會到不要被自己的想法設限之外，更重要的也許是，正因為你的選手能吃苦、什麼都願意做，教練在給出強度的同時就要更小心去注意細節，避免「鍛鍊意志力」過頭，變成在殘害運動員。

糗的是，多年以後我才知道，綜合格鬥剛好就是每回合打 5 分鐘，而且絕大多數比賽是打三回合（只有主賽的等級才會是五回合）。這也難怪我的選手會搞錯；而且以結果論，其實跑到 5 分鐘也是很好的訓練！

體能教練可以幫技擊類選手做什麼？

力量耐力訓練！無論是採取普通人最討厭（但許多技擊類選手卻反而最喜歡）的循環式訓練，抑或者是單純以小重量或每組提高反覆次數，但拉長組間休息時間的「重複訓練」方式，給肌肉提供局部的缺氧刺激都是對格鬥選手很好的做法。

理由是，因為格鬥選手的心肺通常都很好，故要單純以跑步、騎飛輪或者格鬥訓練等等方法在肌肉局部達到缺氧，都是非常困難的。因為他的能力已經太好了，所以用全身性的運動來刺激，很難在局部奏效。

然而在第五章我們曾經提過，耐力的限制大略可以分成「體循環」（也就是俗稱的心血管功能）和「肌肉能量代謝」兩個大區塊；你的運動員在哪個方面比較差？又或者單純做這項運動，比較不容易對哪個生理系統達成足夠刺激？這時候就特別適合把它獨立出來，針對性的加強。

肌肉內部的能量代謝若達到改善，則在進行高強度運動的時候，同樣的輸出就可以有較少的代價，在多回合的戰鬥中就會慢慢顯現出優勢，

同時也有助於在平常訓練中吃下更大量的訓練負荷。

更何況，肌耐力刺激就算做到將近力竭，也不太容易對肌纖維產生大幅度的破壞（前提是負荷要真的夠輕）；而免疫能力和中樞神經系統也較不容易產生疲乏。甚至，它對肌腱韌帶等軟組織，還可以起到很好的合成代謝作用。

▌體能教練最大的價值

另一個適合由體能教練來協助技擊類選手提升的則是爆發力。雖然砸藥球與甩戰繩等經常用於訓練爆發力的方法，幾乎也是每個格鬥選手都會；但是身為體能教練最大的價值，是可以教導正確的發力模式來改善動力鏈的缺點，以及用最適當的負荷、重複次數以及休息時間等組合，來幫選手達到效果。

就像廚師有他的價值，不是能拿鍋鏟的人就等於會炒菜，也不是每個能準備家常菜的人都能夠擺出一桌請客宴席。尤其是像爆發力這種練多不如做得巧，而且很容易一不小心就會讓選手累過頭的課表內容，就最適合由專業的體能教練來負責制訂與調整。

最後就是身體的均衡發展。本章的第三節曾經提到過，從事技擊類運動，最容易造成身體各式各樣的失衡；而這些不平衡的狀況，雖然現階段或許不致對運動表現造成影響，但再專業的選手也終究要退休，隨著年紀增長及恢復力下降，早年不構成問題的結構與姿態缺陷就會慢慢地浮現。更何況，絕大多數從事格鬥運動的人，就算是已經到達了具有相當高的競爭實力，依然有正職工作要兼顧；而就算是全職訓練的職業選手，不在拳館的時間，也還是要試著過正常人的生活。

這時候作為一位體能教練，先撇除你是否熟習「動作矯正」的相關技能與經驗；但至少在如何均衡安排訓練動作上，理應能提供非常有效的協助。

廖教練講故事

在前面的章節我們舉過 UFC 傳奇人物，次中量級與中量級雙料冠軍 Geroges Saint Pierre 的例子。但 GSP 的生涯，如同絕大多數的技擊類選手，也是曾多次為傷害所苦；其中最嚴重的一次，就是他 2014 年在訓練中造成左膝的前十字韌帶撕裂。

幾年前在台灣的教練界曾經流行過一本書，中譯版叫做「靈活如豹」，是由一位專門擅長動作評估及自我放鬆與矯正的物理治療師 Kelly Starrett 所撰寫的。當 GSP 的綜合格鬥教練 Firaz Zahabi 首次接觸 Kelly Starrett，他很驚訝地發現 Starrett 所提出的一個小小問題：GSP 在做體能訓練時，起跳和著地動作會呈現膝蓋內塌，竟然會是前十字韌帶受傷的根源。

Firaz Zahabi 在綜合格鬥界，已是首屈一指的頂尖教練。但即便是成就這麼高的資深教練，依然能夠（也願意）從其他領域的專家身上獲得新知。

身為體能教練，我們沒辦法去冀望自己的看法和評斷，永遠都能讓人接受。但是，當你有朝一日真的運氣夠好，能夠遇到像 Firaz Zahabi 這樣在本業上優秀專精，又能抱持開明態度的專項教練和 GSP 這樣的頂尖運動員，你自身的實力準備好了嗎？你要如何幫助比自己傑出的運動員持續達成進步？「你要怎麼練？」

不要忘了神經系統

平衡與協調能力，也很適合放在體能訓練的範疇來加強。因為這兩種能力都牽涉到神經系統；不論是極快的本能反射，或者是針對訊息與狀況立即做出反應，甚至組織出新的解決方案，都對技擊運動極為重要。

金庸在他的武俠小說裡曾經寫道，「天下武功，唯快不破。」而這個快，不只是動作的快速，也不是只有「在訓練中想辦法做得更快」這

一招能解決。如果能在不大幅消耗體力的前提下，對燈光、顏色、聲音或形狀等不同信號做出反應與處理，也許能帶來技術教練所無法想像的效果。

還記得在第四章曾經說明過，影響速度表現的諸多因子當中，包含了有「感覺、認知及心理層面」的面向。熟知這些原理，就能在傳統的鐘擺閃躲、棍靶、速度靶和繩梯角錐等「動作」的訓練之外，用其他的方式（諸如短期記憶、動態視覺挑戰與狀況判讀）來提升速度和流暢性，以及判斷與變化的能力。

廖教練講故事

在第二章曾經談到，產生「負適應」的其中一個主要原因，就是「技術和體能訓練目的不明確」。從表面上來看，技擊類運動，幾乎就是最常犯這個錯誤的典型。

然而在特定情況下，疲勞狀態下的技術訓練依然有其意義。例如我剛開始練拳擊的時候，我的教練為了糾正我的左鉤拳缺點，曾經強迫我連續做 20~30 個左鉤拳連擊；目的就是要在已經極喘與極累的時候，學會用最巧妙及最省力且迅捷的方式，依然用類似「鞭甩」的方法打出具有破壞力的拳。

在體力充沛的時候，很多技術上的缺點不會被暴露，也有很多的問題可以被蠻力給掩飾，而變得難以察覺。當你已經疲勞了，但客觀的品質要求（比方說教練出靶的速度和角度）依然沒有降低，就會「被迫」要做出速度和技巧上的提升。

只是儘管有這樣的應用方式，生理的機制依然不可忽略。在新的技術學習以及肌力與爆發力的突破上來講，還是要求身體狀況越好的時候來做，才能夠事半功倍。因此採取能夠獲得完全休息的「重複訓練」模式，在絕大多數狀況下依然是最佳做法。

> 　　而什麼時候要在不累的狀況練，什麼情況之下又要刻意把你先操累了才練？這時教練的經驗就是最重要的依據；但好的教練不能只依賴經驗，結合了背後知識的巧妙應用，就能把訓練發揮到「藝術」的層次。

體能教練「不能」幫技擊類選手做什麼？

　　首先最關鍵的是，不要用自己的評斷來試著幫選手決定他在場上的戰法。技擊類的運動不是純體能的較量；它是綜合了高超技巧的展現，在極高的壓力之下要用最快的速度，面對一個不可預期而且跟你同樣身經百戰的對手，進行一場智力與氣魄的豪賭。

　　而技擊選手拿出來的賭注，不是金錢也不是單純的勝負，而是自己的健康甚至生命。所以不管你再怎麼樣考慮透徹或自己練過多久，只要你不曾報過比賽，沒有上場被踢過被揍過，體能教練是不可能了解要贏得一場技擊類比賽，那看似簡單的戰術設計背後有多少複雜的考量。

　　體能訓練的設計背後，也有同樣複雜的考量。但無論你對體能了解得再透徹，那充其量也只不過是勝負許多因素的其中一個環節。

　　所以沒有技擊類運動背景的體能教練，絕對不要去建議「因為你耐力好，所以你應該怎麼打」或者「因為你的拳特別重，所以針對這個對手你該怎麼練」。因為最終，選手拿出來跟人家對賭的運動生涯或性命安危，遠比你潛在可能會失去的客群、薪水和名氣來得重多了。

　　記得嗎？前面講過對於技擊類運動，體能訓練的重點應該是補強弱點，讓它們不會影響強項的發揮，僅止於此而已。至於要怎麼發揮，除了技術教練外，更重要的是選手自己個人的選擇。如果他們問你，也許你可以提出建議；但是對比賽的結果，你要承擔得起。

如果知道下場比賽對手的優缺點，那麼就應該讓體能訓練來輔助戰術。比方說，如果對手擅長摔法，那麼體能訓練應該以力量為主，而技術訓練以抗摔和從地板起立為主。如果對手擅長踢拳，那麼移動速度就十分重要，才比較不會被打到，那時體能訓練可以集中在腳步和心肺。

話說回來，格鬥賽常常因對手受傷而臨時換對手，體能訓練應該搭配戰術的。擅長角鬥的對手，他的優勢就是力量，如果你選手的力量不如對方的話，那麼他就容易失態；就像擅長踢拳的選手如果心肺不如對手一樣會失態。

有一位非常有趣的綜合格鬥選手 Justin Gaethje，他本身在過去是一位角力高手，卻很少在八角籠內採用摔法贏得比賽。因為他自己說：「摔人太累了！」他反而常常以精湛的立技重擊對手，用 KO 和 TKO 的方式獲勝。

第二件體能教練無法（或至少是很難）幫技擊類選手做到的，是訓練週期的規劃。這聽起來可能相當違反直覺；絕大多數人們對專業教練的預期，是至少他要對訓練週期的概念要確實掌握。

但因為技擊類運動，尤其是職業選手，很難有機會明確知道下一場比賽在哪裡。以這方面來講，其實技擊選手很像軍警或消防人員，接到任務就必須隨時出動。因此他們必須隨時把自己保持在至少七到八成的備戰狀態，預備很快就能夠拉到巔峰，甚至有可能是必須立即接戰。

這會讓訓練實務上，無法在某特定階段先放著什麼東西不管，專注加強另外一兩個體能或技術面向。而偏偏要設計訓練週期，最重要的就是釐清時間因素。你如果連自己能有多少時間來準備一場賽事都無法確知，那又要如何來對這段備賽時間做出合理且有效的切分呢？

以學生運動員舉例，雖然每一年的大小盃賽日期大致固定，但因為選手的發展迅速、每一階段的進步並非那麼的容易預期；再加上，技擊類的訓練，很大程度受到了有沒有高水準的訓練夥伴能互相砥礪的影響。

所以在學生隊伍中，若每個人的目標賽事不一致，同一量級的對練夥伴人數不多，派人報名出賽的奪牌戰略考量，教練人手不足無法為個人客製訓練內容等以上種種因素，都會使得設計理想化訓練週期變得不切實際，必須要見招拆招。

當然，以「同一時間只先專心做好一件事情」的角度看來，某種程度上把各訓練階段的大方向抓準還是相當重要。但即便是這些方向，依然必須依實際需求來設計，而非你理想中的一定要先做什麼再做什麼。

英文有句俗諺叫做：「Great is the enemy of good.」設計週期也一樣，事事追求完美，抓緊著你理想中要顧到的每個細節不放，最後往往失去變動的彈性；甚至因為起初的過度龜毛消耗了精神，又得不到預期的效果，而變得虎頭蛇尾。

減法訓練

| 後記 |

整理知識是一個讓人感到心靈富足的過程。我的人生到目前為止，有過三部像這樣的著作：第一部是碩士學位的畢業論文，第二部是國際奧會營養學程的期末報告，而第三部就是本書《減法訓練》。它可以算是我這十年結合過去所學、自我尋思創造，和在業界工作所得到經驗的總整理。

實務工作能力比我強的教練一定很多，帶出來成績比我耀眼的肯定更多。所以回到初衷，這本書就是個人的分享，它是結合諸多知識與方法，用我個人的理解，所做出最佳的整理和呈現；但它一定不是最正確的，也不是我拿來揮舞嚷嚷著「我這一套比較好用」的。而在可以預見的將來，我也一定會回頭對裡面的內容作刪除、補充或更正。

透過這本書，我希望能對台灣健身和體能訓練市場，做出些許影響和貢獻，讓大環境變得更像「我喜歡的樣子」多一點。這本書就是我對此事所做的努力，可能也要在多年之後，我們才會知道這場努力是否能有所成效。

感謝這一路上曾經指導我的師長，相處過的長官同儕，我的父母和家人，與曾經讓我帶過的每一位客戶和運動員。當教練曾經只是我的一個夢想，所以你們都是我實現夢想裡的重要一環。

最後，我要感謝我的未婚妻；是妳在去年五月那個失眠的深夜，讓我鼓起勇氣向未知踏出這一步，謹將我微小的夢想在此獻給妳。

Adams, G. R., B. M. Hather, K. M. Baldwin and G. A. Dudley (1993). "Skeletal muscle myosin heavy chain composition and resistance training." J Appl Physiol (1985) 74(2): 911-915.

Allen, H. and A. Coggan (2010). Training and Racing With a Powermeter. Boulder, Collorado, Velopress.

Andersen, J. L. and P. Aagaard (2000). "Myosin heavy chain IIX overshoot in human skeletal muscle." Muscle Nerve 23(7): 1095-1104.

Bompa, T. O. and C. Buzzichelli (2015). Periodization Training for Sports, Human Kinetics.

Bottinelli, R., M. Canepari, M. A. Pellegrino and C. Reggiani (1996). "Force-velocity properties of human skeletal muscle fibres: myosin heavy chain isoform and temperature dependence." J Physiol 495 (Pt 2): 573-586.

Brooks, G. A. (1985). Lactate:Glycolytic End Product and Oxidative Substrate During Sustained Exercise in Mammals — The "Lactate Shuttle". Circulation, Respiration, and Metabolism. Vol. A: 208-218.

Brooks, G. A. (2000). "Intra- and extra-cellular lactate shuttles." Med Sci Sports Exerc 32(4): 790-799.

Chiu, D. A. (1996). Explosive Power and Strength, Human Kinetics.

Davis, R., J. Roscoe and R. Phillips (2004). Physical Education and the Study of Sport, Mosby Ltd.

Craig, N. P. and K. I. Norton (2001). "Characteristics of track cycling." Sports Med 31(7): 457-468.

Garcia-Pallares, J. and M. Izquierdo (2011). "Strategies to optimize concurrent training of strength and aerobic fitness for rowing and canoeing." Sports Med 41(4): 329-343.

Guellich, A. and D. Schmidtbleicher (1999). "Struktur der Kraftfähigkeiten und ihre Trainingsmethoden." Deutsche Zeitschrift fur Sportmedizin.

Hass, C. J., L. Garzarella, D. de Hoyos and M. L. Pollock (2000). "Single versus multiple sets in long-term recreational weightlifters." Med Sci Sports Exerc 32(1): 235-242.

減
法
訓
練

Heck, H., A. Mader, G. Hess, S. Mücke, R. Müller and W. Hollmann (1985). "Justification of the 4-mmol/l Lactate Threshold." International journal of sports medicine 6: 117-130.

Heemsoth, C. (2009). Methoden und Verfahren der Trainingswissenschaft, Das Institut für Sportwissenschaft der Carl von Ossietzky.

Hirtz, P. (1985). Koordinative Fähigkeiten im Schulsport. Berlin.

Hottenrott, K. and G. Neumann (2010). "Ist das Superkompensationsmodell noch aktuell?" Leistungsport 2: 7.

Issurin, V. B. (2014). "Periodization Training from Ancient Precursors to Structured Block Models." Kinesiology(46): 7.

Kindermann, W., G. Simon and J. Keul (1978). "Dauertraining - Ermittlung der optimalen Trainingshertzfrequenz und leistungsfahigkeit." Leistungssport 8(1): 34-39.

Kindermann, W., G. Simon and J. Keul (1979). "The significance of the aerobic-anaerobic transition for the determination of work load intensities during endurance training." Eur J Appl Physiol Occup Physiol 42(1): 25-34.

Komi, P. V. (2003). Strength and Power in Sport. Oxford, UK, Blackwell Science Ltd.

Kraemer, W. J., J. F. Patton, S. E. Gordon, E. A. Harman, M. R. Deschenes, K. Reynolds, R. U. Newton, N. T. Triplett and J. E. Dziados (1995). "Compatibility of high-intensity strength and endurance training on hormonal and skeletal muscle adaptations." J Appl Physiol (1985) 78(3): 976-989.

Krüger, A. (2014). "Arnd Krüger: Wie funktioniert Blockperiodisierung? Lernkurven und Superkompensation: Besonderheiten der Blockperiodisierung. Fd Snow 32(2014), 2, 22 - 33." Fd Snow 32: 22-33.

Mader, A., H. Lesen, H. Heck, H. Phillipi, R. Rost, P. Schürch and W. Hollmann (1976). "Zur Beurteilung der sportartspezifischen Ausdauerleistungsfähigkeit im Labor." Sportarzt Sportmed 27: 80-88.

Mader, A. (1994). Aussagekraft der Laktatleistungskurve in Kombination mit anaeroben Tests zur Bestimmung der Stoffwechselkapazität. Stellenwert der Laktatbestimmung in der Leistungsdiagnostik. D. Clasing, H. Weicker and D. Böning. New York, Fischer Verlag Stuttgart.

MacDougall, J. D. (2003). Chapter 13: Hypertrophy and Hyperplasia. Strength and Power in Sport. K. P. V. Oxford, UK, Blackwell Science Ltd.

Matveyev, L. P. (1964). Problem of periodization the sport training. Moscow, FiS Publisher.

參考資料

Moritani, T. (2003). Chapter 3: Motor Unit and Motoneurone Excitability during Explosive Movement. Strength and Power in Sport. K. P. V. Oxford, UK, Blackwell Science Ltd.

Morrison, M. and D. Weicker Long-Term Athlete Developement, Athletics Canada.

Mujika, I. (2009). Tapering and Peaking for Optimal Performance, Human Kinetics.

Naito, E. and S. Hirose (2014). "Efficient foot motor control by Neymar's brain." Front Hum Neurosci 8: 594.

Neumann, G., A. Pfutzner and A. Berbalk (2000). Successful Endurance Training, Meyer & Meyer Sport.

Ohno, H., K. Shirato, T. Sakurai, J. Ogasawara, Y. Sumitani, S. Sato, K. Imaizumi, H. Ishida and T. Kizaki (2012). "Effect of exercise on HIF-1 and VEGF signaling." The Journal of Physical Fitness and Sports Medicine 1(1): 5-16.

Olbrecht, J. (2013). The Science of Winning, F&G Partners.

Pampus, B., K. Lehnertz and D. Martin (1989). "Die Wirkung unterschiedlicher Belastungsintensitäten auf die Entwicklung von Maximalkraft und Kraftausdauer." Leistungssport 19(4): 6.

Queally, J. (2009). Training for World-Class Sprint Cycling. Tapering and Peaking for Optimal Performance. I. Mujika, Human Kinetics: 224.

Saris, W. H., M. A. van Erp-Baart, F. Brouns, K. R. Westerterp and F. ten Hoor (1989). "Study on food intake and energy expenditure during extreme sustained exercise: the Tour de France." Int J Sports Med 10 Suppl 1: S26-31.

Schmidtbleicher, D. (1984). "Strukturanalyse der motorischen Eigenschaft Kraft." Leichtathletik(50): 8.

Seiler, S. and E. Tønnessen (2009). "Intervals, Thresholds, and Long Slow Distance: the Role of Intensity and Duration in Endurance Training." Sportscience 13: 22.

šiška, I., H. K. Andrej, P. and J. Brodáni (2020). "Development of specific training load in boxing." Journal of Physical Education and Sport 2020(05).

Stienen, G. J., J. L. Kiers, R. Bottinelli and C. Reggiani (1996). "Myofibrillar ATPase activity in skinned human skeletal muscle fibres: fibre type and temperature dependence." J Physiol 493 (Pt 2): 299-307.

Storen, O., J. Helgerud, E. M. Stoa and J. Hoff (2008). "Maximal strength training improves running economy in distance runners." Med Sci Sports Exerc 40(6): 1087-1092.

Sunde, A., O. Storen, M. Bjerkaas, M. H. Larsen, J. Hoff and J. Helgerud (2010). "Maximal strength training improves cycling economy in competitive cyclists." J

減
法
訓
練

Strength Cond Res 24(8): 2157-2165.

Verkhoshansky, Y. V., N. (2011). Special Strength Training, verkhoshansky.com.

Washif, J. A. and L. Y. Kok (2020). "The Reactive Bounding Coefficient as a Measure of Horizontal Reactive Strength to Evaluate Stretch-Shortening Cycle Performance in Sprinters." J Hum Kinet 73: 45-55.

Yakolev, N. N. (1955). Survey on Sport Biochemistry (in Russian). Moscow, FiS Publisher.

Zatsiorsky, V. M. and W. J. Kraemer (2005). Science and Practice of Strength Training, Human Kinetics.

Zatsiorsky, V. M. and W. J. Kraemer (1995). Goal Specific Strength Training. Science and Practice in Strength Training.

Zintl, F. (1994). Ausdauertraining. Grundlagen, Methoden, Trainingssteuerung., BLV Verlagsgesellschaft mbH.

張嘉澤 (2010). 運動能力診斷與訓練調整 . 桃園 , 台灣運動能力診斷協會 .

張嘉澤 (2018). 訓練學 . 桃園 , 台灣運動能力診斷協會 .

參考資料

國家圖書館出版品預行編目（CIP）資料

減法訓練：減去不適合的方式，科學化高效體能訓練 / 廖歆迪作 . -- 初版 .
-- 臺北市：墨刻出版股份有限公司出版：英屬蓋曼群島商家庭傳媒股份
有限公司城邦分公司發行 , 2022.07
　面；　公分
ISBN 978-986-289-718-8(平裝)
1.CST: 運動訓練 2.CST: 體能訓練
528.923　　　　　　　　　　　　　　　　　111005977

墨刻出版

減法訓練
減去不適合的方式，科學化高效體能訓練

作　　　　者	廖歆迪
出 版 經 紀	本是文創 胡文瓊
編 輯 總 監	饒素芬
責 任 編 輯	林彥甫
圖 書 設 計	袁宜如
行 銷 企 劃	周詩嫻

發 行 人	何飛鵬
事業群總經理	李淑霞
出 版 公 司	墨刻出版股份有限公司
地　　　　址	台北市民生東路 2 段 141 號 9 樓
電　　　　話	886-2-25007008
傳　　　　真	886-2-25007796
E M A I L	service@sportsplanetmag.com
網　　　　址	www.sportsplanetmag.com

發　　　　行　　英屬蓋曼群島商家庭傳媒股份有限公司城邦分公司
　　　　　　　　地址：104 台北市民生東路 2 段 141 號 2 樓
　　　　　　　　讀者服務電話：0800-020-299
　　　　　　　　讀者服務傳真：02-2517-0999
　　　　　　　　讀者服務信箱：csc@cite.com.tw
　　　　　　　　劃撥帳號：19833516
　　　　　　　　戶名：英屬蓋曼群島商家庭傳媒股份有限公司城邦分公司

香 港 發 行　　城邦（香港）出版集團有限公司
　　　　　　　　地址：香港灣仔駱克道 193 號東超商業中心 1 樓
　　　　　　　　電話：852-2508-6231
　　　　　　　　傳真：852-2578-9337
馬 新 發 行　　城邦（馬新）出版集團有限公司
　　　　　　　　地址：41, Jalan Radin Anum, Bandar Baru Sri Petaling, 57000 Kuala Lumpur, Malaysia
　　　　　　　　電話：603-90578822
　　　　　　　　傳真：603-90576622

經 銷 商	聯合發行股份有限公司（電話：886-2-29178022）、金世盟實業股份有限公司
製　　　　版	漾格科技股份有限公司
印　　　　刷	漾格科技股份有限公司
城 邦 書 號	LSP019

I S B N　978-986-289-718-8 （平裝）
E I S B N　9789862897195 (EPUB)
定價 NT450 元
2022 年 7 月初版
2024 年 6 月初版 3 刷